新型工业化·新计算·区块链与数字经济系列

ni
新型工业化教育
New Industrialization

U0725713

区块链技术
原理与实践

刘园　杨青林　田志宏/编著

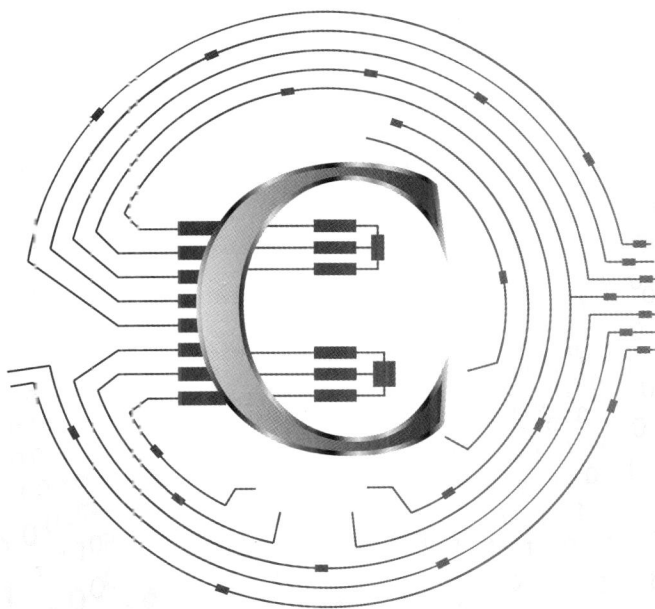

BLOCKCHAIN
and
DIGITAL ECONOMY

电子工业出版社
Publishing House of Electronics Industry
北京·BEIJING

内 容 简 介

本书是一本面向区块链技术爱好者、开发者、本科高年级学生及研究生的教材，旨在为读者提供一个区块链技术实践指南。本书帮助读者从区块链的基本理论出发，逐步深入理解比特币等区块链系统的核心逻辑，并通过比特币源码解读及应用开发，指导读者实现从理论到实践的跨越。

全书分为三大部分：理论基础篇、源码解析篇及应用开发篇，每个部分既独立又相互补充，帮助读者掌握区块链技术原理，进而能够在实践中灵活运用。理论基础篇聚焦于区块链技术的根基，为读者梳理区块链基础知识。源码解析篇深入分析比特币源码，揭示其背后的核心逻辑。应用开发篇是本书的实践部分，旨在通过具体的代码示例，带领读者从比特币源码的编译与节点启动开始，逐步实现定制化的加密代币系统。

此外，本书并不仅仅局限于区块链基础理论技术介绍和比特币的源码实现分析，还通过拓展章节引导读者从区块链数据、网络、合约等多个层面思考和分析区块链的安全性问题，帮助读者开阔视野，激发他们在区块链领域进行更深入的研究和探索。

总体来说，本书通过理论与实践相结合的方式，全面介绍了区块链技术。无论是从区块链的基本理论、源码解析，还是从应用开发的角度，本书都为读者提供了系统且深入的学习路线。通过本书的学习，读者不仅能够理解区块链技术的基本原理，还能够掌握如何在实践中开发和定制区块链应用。对于区块链技术的初学者和开发者来说，本书是一本极具参考价值的教材，也为进一步探索区块链的研究与应用提供了坚实的基础。

图书在版编目（CIP）数据

区块链技术原理与实践 / 刘园，杨青林，田志宏编
著. -- 北京 ：电子工业出版社，2025.8. -- ISBN 978-
7-121-51060-1
Ⅰ．TP311.135.9
中国国家版本馆 CIP 数据核字第 2025LS7924 号

责任编辑：刘 瑀
印　　刷：北京雁林吉兆印刷有限公司
装　　订：北京雁林吉兆印刷有限公司
出版发行：电子工业出版社
　　　　　北京市海淀区万寿路 173 信箱　　邮编：100036
开　　本：787×1092　1/16　　印张：12.75　　字数：269 千字
版　　次：2025 年 8 月第 1 版
印　　次：2025 年 8 月第 1 次印刷
定　　价：59.00 元

凡所购买电子工业出版社图书有缺损问题，请向购买书店调换。若书店售缺，请与本社发行部联系，联系及邮购电话：（010）88254888，88258888。
质量投诉请发邮件至 zlts@phei.com.cn，盗版侵权举报请发邮件至 dbqq@phei.com.cn。
本书咨询联系方式：liuy01@phei.com.cn。

前　　言

区块链是一种去中心化、安全可信的分布式账本技术。从数据层面来说，区块链是一种分布式的账本技术；从协议层面来说，区块链是一种建立去中心化信任的互联网协议；从应用层面来说，区块链是一个提升合作效率的价值互联网。相较于传统的中心化数据库系统，区块链中的每个节点都包含完整的账本副本，对账本的任何更新都需要区块链网络中多数节点的共识。区块链独特的设计理念和共识算法保证了数据的安全性和不可篡改性，削弱了传统中心化机构的中间衔接作用，从而降低了交易成本，提高了交易效率。

经过十几年的蓬勃发展，区块链已经逐渐从去中心化加密数字货币技术演变成提供可信服务（Blockchain as a Service, BaaS）的平台技术，同时也成为推动全球数字经济发展的重要力量。从比特币的诞生到以太坊的智能合约，再到如今各种基于区块链的应用场景，区块链技术在金融、医疗、能源、供应链管理等多个领域展现出了巨大的潜力。

区块链技术的迅速发展离不开理论的奠基与实践的推动。然而，在技术飞速演进的过程中，如何系统、深入地掌握区块链技术的核心原理，并将其应用于解决实际问题，已成为众多学习者和开发者面临的挑战。本书的编写初衷是为区块链领域的初学者及从业者提供一个从理论到实践的完整学习路径，帮助他们更好地理解并掌握这项前沿技术。

在区块链技术的学习和应用过程中，理论与实践的结合至关重要。本书正是基于这一理念，为读者提供了一个系统化的学习路径，帮助他们在掌握区块链核心理论的同时，培养他们解决实际问题的能力。本书主要包括三大部分内容：理论基础篇、源码解析篇及应用开发篇。通过循序渐进的结构安排，读者能够从区块链技术的基本原理出发，理解密码学基础及通信等理论，并通过对比特币源码的深入解析，掌握区块链系统背后的核心逻辑。特别地，在应用开发篇中，本书以代码为切入点，带领读者从比特币源码的编译与节点启动开始，逐步实现一套定制化加密代币系统，为读者提供了动手实践指南。本书三大部分的具体内容如下。

理论基础篇详细阐述了区块链的定义、工作原理及其与传统中心化系统的区别，深入探讨了区块链如何通过分布式网络去中心化存储数据，确保交易的透明性与不可篡改性。此外，还介绍了密码学基础，帮助读者理解哈希函数、对称加密与非对称加密、公钥与私钥管理等加密技术，并阐明它们在保障区块链安全性中的作用。共识机制部分则分析了工作量证明（Proof of Work，PoW）和权益证明（Proof of Stake，PoS）等不同的共识机制，帮助读者理解这些共识机制是如何解决区块链系统的去中心化带来的一致性和安全性问题的。

源码解析篇将带领读者通过具体的源码示例，解析比特币区块链如何实现去中心化、如何保证数据的不可篡改性，以及如何通过工作量证明机制维护网络安全性与一致性。书中首先介绍了比特币的架构与模块化设计，深入剖析了比特币如何组织和管理数据，如何通过网络协议实现节点之间的通信。交易与区块的生成也是源码解析中的重点，通过这部分内容，读者将了解到比特币如何处理交易，并从交易的创建、签名到区块的生成与验证，全面掌握比特币交易和区块生成的全过程。此外，书中还深入探讨了比特币网络的同步机制，包括节点如何通过 P2P 协议进行通信，区块如何传播，以及如何解决分叉问题等，以确保区块链的一致性。

应用开发篇介绍如何在本地环境中编译比特币源码，并启动比特币节点。读者将学会如何配置比特币节点，与比特币网络进行连接，以及运行一个完整的比特币节点。本部分能指导读者根据实际需求，定制和实现简单的加密代币系统。

我们希望本书能为更多的学生和从业者提供有价值的学习资料，帮助他们在区块链领域探索出属于自己的创新之路。同时，也希望本书能够成为读者学习区块链技术的良师益友，在未来的技术道路上为读者带来更多的思考与启发。

本书的源码解析和实践的内容已经在东北大学"区块链技术"实验课程中试用，学生学习效果良好。本书根据学生的反馈修正了部分表述和解释。本书实践内容拟在大连理工大学、南京大学、北京航空航天大学、广州大学等高等院校的区块链技术相关课程中试用和推广。读者在使用本书时若遇到问题，请反馈至邮箱 {yuanliu, yangqinglin}@gzhu.edu.cn，不胜感激。

最后，特别感谢我的学生们，他们在本书的编写过程中提供了无私的帮助。特别是闫霄桐同学，他协助梳理了关键源码的解读和细节调整，帮助我更加准确和清晰地呈现复杂的技术细节。同时，也感谢博士研究生张瑶瑶和张国满、硕士研究生黄瑞信同学进行了书稿的校对工作。

愿你在区块链的世界中，探索无限可能！

编者

目　　录

理论基础篇

源码解析篇

应用开发篇

理论基础篇

在信息技术快速发展的今天，区块链作为一种革命性的技术，正在深刻改变多个行业的运作方式。其独特的去中心化、透明、安全、不可篡改的特性使得它成为解决信任问题的理想工具。然而，要充分理解和应用区块链技术，需要先掌握其背后的理论基础，包括分布式数据库、Peer-to-Peer (P2P) 网络和密码学等关键技术。这些技术不仅是区块链的支柱，也是推动其广泛应用的核心力量。

分布式数据库技术确保数据在多个节点之间共享与同步，能够消除单点故障的风险；P2P 网络则通过去中心化的网络架构，实现了信息的高效传输与共享；而密码学技术则通过保障数据的安全性与隐私性，为区块链的可信运行奠定了基础。因此，理解这些基础技术对于区块链的研究与开发至关重要。基于此，本书的第一篇将阐述这些基础理论，帮助读者从根本上理解区块链技术的运作原理，使读者能够深入了解加密货币、分布式账本、共识算法等技术。

此外，读者若想快速了解和学习比特币的源码，需要具备一定的编程基础。因为 C++ 是比特币核心代码的主要语言，所以读者需要掌握 C++ 的基础语法及其高级特性，以便能够阅读和理解比特币的源码。同时，学习 Python 可以帮助读者编写比特币生态中涉及的脚本和工具；了解 Shell scripting 可以帮助读者管理和运行比特币节点。此外，在掌握这些编程语言的同时，熟悉 Linux 操作系统也是必不可少的，因为大多数比特币节点和开发环境都是在 Linux 系统环境中运行的。

我们在此推荐一些学习资料供读者翻阅。对于 C++，Stanley Lippman 的 *C++ Primer* 是一本经典入门教程，能够帮助读者系统地掌握 C++ 编程技术。对于密码学基础，William Stallings 的 *Cryptography and Network Security* 是一本系统讲解现代密码学的书籍，而 Daniel Drescher 的 *Blockchain Basics* 则适合初学者快速了解区块链技术。此外，William Shotts 的 *The Linux Command Line* 可以帮助读者熟练使用 Linux 操作系统，而 James Kurose 和 Keith Ross 的 *Computer Networking: A Top-Down Approach* 则是学习网络协议的经典教材。

第 1 章　区块链技术预备知识

本章介绍掌握区块链技术所需要的预备知识，如分布式系统、区块链网络基础、密码学基础及区块链的数据结构等。

1.1　分布式系统

分布式系统通过网络将多个独立的计算机系统连接在一起，使它们能够协同工作、共享资源并提供对用户透明的服务系统。由于网络所连接的计算机之间可能存在地理上的差异，因此本书涉及的分布式系统具有以下三个显著特征，即并发性、缺乏全局时钟和故障独立性 [1]。理解分布式系统的基本原理，如节点间的通信、数据一致性、容错性和故障恢复等，对掌握区块链技术至关重要。

区块链系统构建在由大量独立节点组成的分布式系统的基础上，其中每个节点都需要通过与其他节点进行有效的通信来交换数据和更新状态。例如，在比特币网络中，节点通过 P2P 协议相互连接并传播交易信息，各个节点通常会对同一数据有不同的视图。为了保证系统的一致性，区块链通过共识机制 [如 Proof of (WorkPoW)、Proof of Stake (PoS)] 来确保所有节点对区块链的状态是一致的：PoW 通过计算难度较高的哈希问题来进行竞争，从而验证交易并形成区块链；PoS 则根据持有的代币数量来选择验证者。这两种机制的目的都是确保即使在部分节点发生故障或存在恶意行为的情况下，网络仍然能够维持一致性。

分布式系统的容错性通常通过复制和冗余技术来实现，以确保数据在某些节点发生故障时不会丢失。在区块链中，多个节点会共同维护同一个账本副本，因此当部分节点出现问题时，系统可以通过其他正常节点继续运行，从而保证数据不会丢失或者被篡改。与此同时，区块链的不可篡改性（通过哈希链和时间戳来实现）也能够增强系统的容错性。此外，分布式系统的一个重要特点是去中心化，因为区块链去除了传统的中心化信任机构（如银行、政府等），使每个节点都参与验证和确认交易。这种去中心化的特性在确保没有单点故障的同时，使系统的可靠性和透明度大大提升。因此，掌握这些分布式系统的基础知识，能够更好地理解区块链是如何设计、运作的，以及在去中心化的环境中如何实现数据的安全性、一致性和可靠性。

区块链最重要的特点就是每个节点都存储了一份完整的账本，因此很多人称区块链技术为分布式账本技术，那么它是不是一个分布式的数据库呢？区块链存储交易信息的确是运用了某种数据库结构（如 LevelDB、SQLite 等），而且它的节点又是分布式的，这使其看上去很像一个分布式数据库。但是，当我们把数据库和分布式这两个词合并在一起讨论时，需要考虑分布式数据库在现实工程中具有的一些关键特征，包括数据一致性、容错性、扩展性、高可用性等。分布式数据库和区块链的共同点本书不做赘述，下面仅从它们的不同之处着手，分析区块链技术的特点。

- 数据库有索引管理，而区块链的索引是固定的；
- 数据库在一致性上要求使用具有原子性（Atomicity）、一致性（Consistency）、隔离性（Isolation）和持久性（Durability）的 ACID 模型或者满足基本可用 (Basically Available)、软状态 (Soft State)、最终一致性（Eventual Consistency）的 BASE 模型，而区块链是可以出现大规模分叉的，其不符合数据库的一致性原则；
- 数据库有管理员权限和单一管理入口，而使用区块链的所有人都有相同的权限，采用多管理入口；
- 数据库允许用户在一定权限下删除内容，而区块链不允许删除内容；
- 分布式数据库的内容一般是分片的，而区块链每个节点的内容都是完整的；
- 区块链不仅仅像数据库一样只负责承载数据本身，其通常需要与智能合约结合起来，作为一个功能完整的应用来处理复杂的逻辑。

区块链虽然具备防篡改、去中心化和透明性等优势，但其在数据处理效率、写入延迟、共识成本等方面的劣势，使得它不能直接替代传统分布式数据库。区块链的设计更多是为了解决去中心化环境下的信任问题，而分布式数据库则侧重于高效的数据管理和一致性保障，两者各有优势和适用场景。区块链特别适用于需要去中心化信任、不可篡改记录的场景（如加密货币、智能合约等），而传统分布式数据库更适合具有数据高吞吐量、低延迟和强一致性要求的应用。

1.2 区块链网络基础

P2P 网络又称点对点网络，其是去中心化、依靠用户群（Peers）交换信息的互联系统[2]。它通过减少传统网络传输中的节点，来降低信息丢失的风险。与基于中心服务器的网络系统不同，在 P2P 网络中，没有单一的中心服务器，网络中的每个节点都既是客户端，又具有服务器功能。在 P2P 网络中，任何一个节点都无法直接找到其他节点，必须依靠其用户群进行信息交流。P2P 网络中的节点可以自由地加入和退出，其网络扩展性强。此外，新节点的加入，可能为系统带来新的资源，使整体的多样性得以扩充，服务能力也同步增加，从而有利于网络的负载均衡。例如，BitTorrent 协议 [3] 允许用户在下载文件的同时上传文件，并且可以自由退出或加入任何下载任务。P2P 网络具有较强的容错能力，即使某些节点出现故障或脱离网络，其他节点依然可以继续运行，不会影响整个系统的稳定性。这种抗单点故障的能力使得 P2P 网络在具有高可用性要求的场景中表现优异。除此之外，P2P 网络中的所有节点都具备中继转发功能，能够大幅提高通信匿名性，进一步保护个人隐私。P2P 网络通过其去中心化、灵活性强、容错性高等特性，为分布式应用提供了网络承载支持。随着技术的不断发展，P2P 网络在许多领域（如物联网、智能合约、数字身份等）得到了广泛应用，为现代互联网架构带来了更多创新和机遇。

1.2.1　区块链中的 P2P 网络

区块链中的 P2P 网络是区块链去中心化架构的核心组成部分，它负责节点之间的通信、数据传播、交易验证和区块共享 [4]。与传统的客户端—服务器架构不同，区块链利用 P2P 网络使每个节点既可以是数据的发起者（客户端），又可以是数据的提供者（服务器）。

区块链 P2P 网络允许每个节点可以自由加入或退出。当新节点加入时，它通常会连接到一个或多个已有节点（这些节点称为“种子节点”或“bootstrap 节点”），并从这些节点上获取网络的基本信息，如区块链的最新状态（如最新区块的哈希值）以及其他活跃节点的 IP 地址等。区块链中的全节点是指完整存储区块链全部数据、独立验证所有交易和区块的节点，其负责维护网络共识规则并确保数据真实性，是区块链去中心化与安全性的核心支撑。全节点在将每个块和交易转发到其他节点之前，会下载并验证它们；归档节点是存储整个区块链的全节点，可以为其他节点提供历史块信息；剪枝节点是存储区块链部分数据的完整节点。许多简化支付验证（Simplified Payment Verification，SPV）客户端还使用比特币网络协议连接全节点。

当一个节点生成新的区块或收到新的交易信息时，它会通过 P2P 网络将这个区块或交易信息广播给其他节点，其他节点接收到这些信息后，会验证其合法性。如果合法，那么节点会将其添加到本地的区块链副本中。由于区块链具有去中心化特性，因此每个节点都维护着自己的区块链副本。

当矿工成功地解决工作量证明（PoW）问题或通过权益证明（PoS）达成共识后，新的区块就会被添加到区块链中，并通过 P2P 网络广播给其他节点，其他节点接收到新区块后，会进行验证（如检查区块的哈希值、交易的合法性等）。如果验证通过，那么区块就会被添加到节点本地的区块链中。

P2P 网络的动态加入、资源共享及去中心化的设计，赋予区块链强大的扩展性和健壮性。为了提供关于比特币点对点网络的实际示例，本节使用核心钱包（Bitcoin Core）作为代表性全节点，使用库 BitcoinJ 作为代表性 SPV 客户端。这两个程序都很灵活，因此本书仅描述其默认行为。

1.2.2　区块同步与广播机制

同步是区块链中非常重要的一个过程，按功能可分为"交易同步"和"状态同步"。交易同步在交易提交时执行，其优先保证交易信息能发往所有的节点，以便被打包处理 [4]；状态同步发生在某个节点发现自己的区块高度落后于全网时，通过状态同步能够快速追回到全网最高的高度，如果其是共识节点，那么就可以参与最新的共识过程，如果是非共识节点，那么就能获取最新的区块数据，以进行存储和验证。一般新节点由初始种子节点来启动，然后与相邻节点通过 TCP 协议的 8333 端口进行通信，以获取更多的连接。一个通用的区块链网络一般包括以下核心内容 [5]：

- 节点入网建立初始连接；
- 节点地址传播发现；
- 客户端发起一笔交易；
- 矿工、全节点接收交易信息；
- 矿工、全节点挖出新区块，并广播到网络中；
- 矿工、全节点接收广播信息并更新到区块中。

例如，一笔交易（tx1）从客户端被发往某个节点，该节点在接收到交易后，会将交易放入自身的交易池（Tx Pool）中，以便共识去打包。与此同时，该节点会将交易信息广播给其他节点，其他节点收到交易信息后，也会将交易放到自身的交易池中。

交易信息在广播的过程中，会有丢失的情况。为了能让交易信息尽可能到达所有节点，收到交易信息广播的节点都会根据自身网络拓扑和网络流量策略，选择一到多个相邻节点，进行广播接力。如果每个节点都无限制地转发/广播收到的交易信息，那么带宽将被占满，从而出现交易广播雪崩的问题。为了避免交易广播雪崩，FISCO BCOS[6] 设计了较为精巧的交易广播策略，即在尽可能保证交易可达性的前提下，尽量减少重复的交易广播。具体来讲，对于由 Software Development Kit（SDK）广播来的交易，将其信息广播给所有的节点；对于其他节点广播来的交易，随机选择 25% 的节点再次进行广播。此外，一笔交易在一个节点上只广播一次。当节点收到了重复的交易信息时，不会进行二次广播。通过上述策略，能够尽量让交易到达所有的节点，并尽快被打包、共识、确认，从而能够更快得到交易执行的结果。

广播策略已经在复杂网络中尽量实现了网络最终到达率的要求，但也会有极小的概率出现某交易在一定时间窗内无法到达某节点的情况。当交易无法到达某个节点时，只会使交易被确认的时间变长，而不会影响交易的正确性，也不会漏处理交易。

区块同步能够持续更新区块链节点的数据状态，使其保持在最新。区块链状态新旧的最重要的标识之一就是区块高度（块高）。因为区块里包含了链上的历史交易，若一个节点的块高和全网最大块高对齐，则通过此节点有机会回溯历史交易信息，以获得区块链的最新状态。只有拥有最新状态的节点，才能参与到共识中，进行下一个新区块的共识。当一个全新的节点加入区块链或一个已经断网的节点恢复了网络时，此节点的块高会落后于其他节点，其状态不是最新的，因此需要进行区块同步。

区块链节点在运行时，会定时向其他节点广播自身的最大块高。节点收到其他节点广播过来的块高后，会和自身的块高进行比较，若自身的块高小于此块高，则会启动区块下载流程。区块下载通过"请求/响应"的方式来完成，进入下载流程的节点，会随机挑选满足要求的节点，发送需要下载的块高区间。收到下载请求的节点，会根据请求的内容，回应相应的区块。

1.3　密码学基础

密码学是一种研究、保护信息内容安全的理论，主要由编码技术和解码技术构成，用以确保信息只能被授权用户访问，其明文加密/解密过程如图 1.1所示。区块链技术的许多核心特性，如去中心化、不可篡改、数据隐私和安全、共识机制等，都建立在密码学的基础上。密码学确保了区块链中的数据机密性和隐私性，例如，可通过对称加密和非对称加密算法保护交易信息，通过哈希函数保证数据的完整性。此外，数字签名和身份验证机制使得每笔交易都能够被验证且无法伪造；共识机制 [如工作量证明（PoW）和权益证明（PoS）] 也依赖密码学算法来确保交易的有效性和公正性。而且，密码学能够防止双重支付和各种攻击，确保了去中心化系统中信任机制的可用性。智能合约同样依赖密码学来确保合同内容的安全性和公正执行。因此，密码学为区块链提供了数据保护、身份验证、共识机制等多个层面的安全保障，是理解和应用区块链技术的基础。

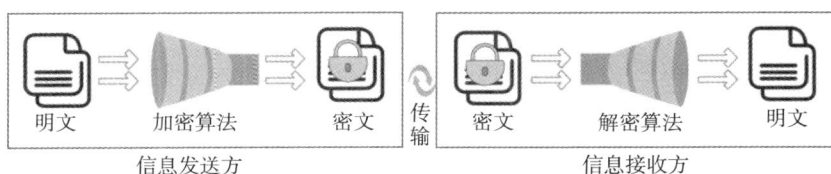

明文　　加密算法　　密文　　传输　　密文　　解密算法　　明文

信息发送方　　　　　　　　　　　信息接收方

图 1.1　密码学明文加密/解密过程示意图

本节将介绍密码学的基本概念、加密算法、哈希函数、数字签名等。

1.3.1　密码学的基本概念

- 明文（Plaintext）：一种易于理解和阅读的消息或文本，由自然语言文本、数字、符号或其他字符集等构成。当明文中包含秘密信息或敏感信息时，直接发送或存储明文是不安全的，因为未被授权用户能够拦截或窃取明文信息。明文是加密算法的输入，同时是解密算法的输出。

- 密文（Ciphertext）：一种不易理解或解读的乱码信息。对未授权用户来说，密文是不可读的，是无法直接获取原始明文信息的。

- 加密（Encryption）：将明文转换为密文的过程，该过程由信息发送方完成。

- 解密（Decryption）：将密文转换为明文的过程，该过程由信息接收方完成。

- 密钥（Key）：加密和解密过程中使用的算法参数。具体而言，加密算法使用的密钥称为加密密钥，解密算法使用的密钥称为解密密钥。

- 对称密码（Symmetric Cryptography）：信息发送方和信息接收方使用相同的密钥进行加密和解密。

- 数字签名：用于验证数字文档的真实性和完整性的技术。

- 消息认证码：用于验证消息的完整性和真实性的技术。

- 公钥基础设施（PKI）：用于管理公钥和数字证书的系统。

密码学在很多领域都有广泛的应用，包括金融、电子商务、网络安全和通信等。它是信息安全领域重要的组成部分之一，为保护个人和组织的隐私和安全提供了必要的保障。

1.3.2　加密算法

公钥加密也称为非对称加密（Asymmetric Cryptography[7]），该算法中信息发送方和信息接收方使用不同的密钥进行加密和解密。它使用一对与数学相关的密钥，即一个公钥和一个私钥。公钥加密的基本原理是将公钥用于加密数据，而将私钥用于解密数据。公钥可以公开共享，而私钥则必须保密。公钥加密的工作流程如下：

- 生成密钥对：生成一对密钥，即公钥和私钥。这对密钥是通过数学算法生成的，其中常见的算法包括 RSA（非对称加密算法）、ECC（椭圆曲线加密，如图 1.2 所示）等。公钥和私钥是一一对应的，它们之间有特定的数学关系，但想要通过公钥计算出私钥，在理论上是不可行的。

- 使用公钥加密：假设，当 Alice 想要安全地将信息发送给 Bob 时，她会使用 Bob 的公钥对信息进行加密。因为公钥是公开的，所以任何人都可以使用它来加密信息，但只有拥有对应私钥的 Bob 能够解密这些信息。

- 使用私钥解密：Bob 收到加密信息后，使用他的私钥对其进行解密。由于私钥没有公开，因此只有 Bob 能解密由他的公钥加密的信息。

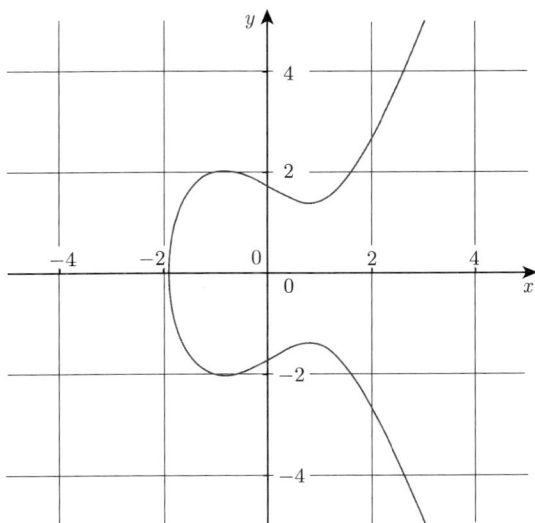

图 1.2 椭圆曲线加密

ECC 是一种基于椭圆曲线的数学公钥加密技术。它提供了与传统公钥加密系统（如 RSA）相同级别的安全性，但使用较小的密钥，因此效率更高。ECC 在多种场景下被广泛使用，包括 SSL/TLS、加密货币（如比特币）和移动设备安全等。

在加密上下文时，使用的椭圆曲线并非真正的椭圆形状，而是满足式 (1.1) 这类方程的点的集合：

$$y^2 = x^3 + ax + b \tag{1.1}$$

式中，a 和 b 是该曲线方程的参数，而 (x, y) 是曲线上的坐标。这个方程在实数域中的图形看起来像一个平滑的曲线，但在密码学中，由于椭圆曲线是在有限字段上定义的，这意味着所有计算都是基于模 p（一个大质数）进行的。因此其结果是一个由有限点组成的离散集合，而不是一个连续曲线。椭圆曲线加密的核心是定义曲线上的一种"加法"运算，即给定曲线上的两个点 P 和 Q，可以定义一个操作 $P+Q$，使得运算结果也是曲线上的一个点。因此，这种加法需要具有以下性质：

- 交换律：$P + Q = Q + P$；
- 结合律：$(P + Q) + R = P + (Q + R)$；
- 存在单位元：存在一个元素 $\mathcal{O}$（无穷远点），使得对任何点 P，都有 $P + \mathcal{O} = P$；
- 存在逆元：对任何点 P，存在一个 $-P$，使得 $P + (-P) = \mathcal{O}$；

- 基点：选择曲线上的一个特定点 G 作为公共基点；
- 私钥和公钥：私钥是一个随机选择的整数 d（小于曲线上的节点总数 n），公钥是通过计算 $d \times G$（即 G 与自身相加 d 次）得到的点。

1.3.3　哈希函数

哈希函数是一种加密算法函数，该函数的输入是任意长度的数据，输出为固定长度的数据（称为哈希值）[8]。哈希函数通常用于验证数据的完整性和安全性，也应用于数字签名、密码学及其他计算机领域。加密函数和哈希函数相似，但它们的目的不同。加密函数的目的是隐藏数据的内容，使其只能由被授权的人解开，而哈希函数的目的则是生成唯一且不可逆的哈希值，并且不管数据的大小如何，哈希值都是一个固定长度的字符串。哈希函数具有以下特点：

- 哈希函数能够为任意类型的数据创建哈希值，而且其计算过程非常快。
- 确定性：哈希函数能够为相同的输入数据产生相同的哈希值，这意味着哈希值的差异必须由数据的差异引起，而不是由哈希函数的内部算法引起。
- 伪随机：当输入数据被改变时，哈希函数返回的哈希值的变化是不可预测的。即使输入数据发生的变化很微小，所得到的哈希值也无法被预测。换言之，完全无法通过对比新旧哈希值的差异来推测数据内容所发生的变化，也不可能根据输入数据预测哈希值。
- 单向函数（逆向困难）：不提供任何方式来通过输出值推导输入值，即根据哈希值逆向计算出原输入值在计算上是不可行的，该算法不存在一个满足多项式时间的运算过程。因此，成为一个单向函数就意味着该函数无法以其他方式被使用。换句话说，不可能基于哈希值恢复原始输入数据。这意味着哈希值不会像输入数据的内容那样告诉你任何关于输入数据的信息，就像孤立的指纹不会告诉你任何指纹拥有者的信息一样。所以，单向函数也被认为是不可逆的。
- 强抗碰撞性：这意味着很难找到两个不同的输入可以产生相同的哈希值。换句话说，如果不同的数据块产生相同哈希值的机会很小，那么哈希函数是防碰撞的。在这种情况下，读者可以将由哈希函数创建的哈希值视为唯一的，因此其可用于标识数据。如果读者用不同的数据块获得了相同的哈希值，那么就遇到了哈希冲突问题。哈希冲突相当于出现了具有相同指纹的两个人。哈希值的防碰撞特性是其能够成为数字指纹的必要条件。由于哈希函数输出位数有限，而输入却是无限的，因此不存在永远不会发生碰撞的算法。关于哈希函数如何实现防碰撞特性，超出了本书的介绍范围，但是为减少产生哈希碰撞的风险，专家们做出了巨大的努力。

常见的哈希函数有 MD5、SHA-1、SHA-256 等。但随着计算机技术的发展，一些原来被认为安全的哈希函数，现在已经被破解，因此当前建议使用更加安全的哈希函数。区块链技术中使用的哈希函数的主要类型包括以下几种：

- SHA-256：SHA（Secure Hash Algorithm）是美国国家安全局（NSA）设计的哈希函数，而 SHA-256 是通过 SHA 函数产生 256 位哈希值的版本，其常用于比特币等加密货币的交易验证和区块链节点验证。

- Scrypt：Scrypt 是一种密码哈希函数，与 SHA-256 不同，它将内存限制作为一种安全特征，用来抵御基于 GPU 或 ASIC 的挖矿攻击，因此被用于有保护机制的分布式存储和加密货币挖矿。

- Ethash：Ethash 是以太坊使用的一种哈希函数，也是一种内存硬度证明（Memory-Hard Proof of Work）算法，用以保护以太坊区块链的安全性。

- Argon2：Argon2 是一种密码哈希函数，也是一种用于内存硬度证明的算法，其已经成为密码学领域中受欢迎的哈希函数之一，被广泛用于密码学保护领域。

- BLAKE2：BLAKE2 是一种非常快速且安全的哈希函数，其提供了 BLAKE 和 BLAKE2S 两个版本，其中 BLAKE2S 被广泛应用于加密货币领域，如 Monero 等币种的交易验证。

以上哈希函数在区块链技术中被广泛使用，由于这些函数具有不同的特点和用途，因此可以根据不同的应用场景进行选择。SHA-256 是一种加密哈希函数，可接受任意长度的输入，并生成一个固定长度的输出（256 位）。它是 SHA-2 系列哈希函数中的一种，可以用于数据完整性验证、数字签名、密码学等领域。SHA-256 通过对输入进行多次迭代和混合运算，最终产生一个唯一且不可逆的哈希值，不同的输入会产生不同的哈希值。因为 SHA-256 基于比特操作，所以它非常适合在计算机系统中使用。SHA-256 的安全性和效率都得到了广泛认可，它已经成为许多应用程序首选的哈希函数之一。

1.3.4　数字签名

数字签名是一种用于验证数字信息真实性和完整性的技术 [9]。它通常通过公钥加密技术来实现，其允许信息发送者用自己的私钥对信息进行签名，而信息接收者则可以使用发送者的公钥来验证签名。数字签名提供了一种将消息与消息来源实体关联起来的方法。数字签名用于提供数据来源认证和不可否认性。数字签名主要用在区块链中的信息发送者将交易广播到网络之前，即信息发送者使用其私钥对交易进行签名，从而证明信息发送者是资产的合法所有者。网络上的其他节点会再次验证这些交易，以确保资金确实属于自称所有者的节点（用户）。数字签名主要分两步，包括计算数据包的哈希值和使用签名者的私钥对哈希值进行签名。作为示例，基于 RSA 的数字签名算法的执行步骤如下：

- 计算数据包的哈希值。这将保证数据完整性，因为信息接收方可以再次计算哈希值并将其与原始哈希值进行匹配，以检查数据是否在传输过程中被修改。从技术上讲，消息签名可以在不事先对数据进行哈希处理的情况下工作，但这种操作并不安全。
- 使用签名者的私钥对哈希值进行签名。由于只有签名者拥有私钥，因此可以确保签名和签名数据的真实性。

数字签名具有一些重要属性，如真实性、不可伪造性和不可重用性等。真实性意味着信息接收方可以验证数字签名。不可伪造性确保只有消息的发送者可以使用私钥进行签名。数字签名必须提供防伪造保护。伪造是指对手在无法获得合法签名者的私钥的情况下，伪造消息的有效签名的过程。换句话说，不可伪造性意味着没有其他人可以伪造合法发送者生成的签名消息，这也称为不可否认性。不可重用性意味着数字签名不能与消息分离并再次用于另一条消息。换句话说，数字签名与相应的消息紧密绑定，不能简单地从其原始消息中剪切出来并附加到另一条消息上。

如果信息发送者想要向信息接收者发送经过验证的消息，那么可以使用两种方法，即先签名再加密和先加密再签名。如果使用先签名再加密这种方法，那么信息发送者需使用私钥对数据进行数字签名，并将签名附加到数据上，然后使用信息接收者的公钥对数据和数字签名进行加密。与下面描述的加密后再签名的方案相比，这被认为是一种更安全的方案。如果使用加密后再签名这种方法，那么信息发送者需使用信息接收者的公钥对数据进行加密，然后对加密数据进行数字签名。

实践中可使用各种方案，如基于 RSA、DSA 和 ECDSA 的数字签名方案等。其中，RSA 是最常用的方案，然而，随着 ECC 的流行，基于 ECDSA 的方案也变得相当流行。这在区块链中是有益的，因为 ECC 提供了与 RSA 相同的安全级别，但占用的空间更少。此外，与 RSA 相比，ECC 中的密钥生成速度要快得多，因此它有助于提高系统的整体性能。

1.4 区块链的数据结构

1.4.1 链表

在区块链中，链表是用于存储和连接区块的重要数据结构。区块链本质上是一个按时间顺序串联起来的区块链表，其中，每个区块包含一定数量的交易数据和一些元数据（如前一个区块的哈希值），这些区块通过链表的方式串联起来。具体来说，每个区块不仅包含当前区块的数据，还保存指向前一个区块的哈希值，从而形成一个链式结构，这个指向前一个区块的哈希值称为"父哈希"。通过这种方式，区块与区块之间实现了连接。

链表在区块链中的应用具有以下四个关键特点：

- 不可篡改性：由于每个区块都包含前一个区块的哈希值，因此对任何一个区块数据的修改都会导致该区块哈希值的变化，进而影响后续所有区块的哈希值。

- 顺序性：链表确保了区块在时间上的顺序，每个新区块只能附加到链的末尾，无法插入链的中间。这保证了区块链的线性历史，使得所有的交易和事件都有明确的时间戳和顺序。

- 去中心化：链表结构使得区块链能够在没有中央控制者的情况下，实现数据的顺序排列。每个节点都保存了完整的链表副本，而且网络中的所有参与者都共享数据，因此实现了去中心化的数据存储。

- 高效的验证：每个区块的哈希值都是通过加密算法生成的，因此可以快速验证数据的完整性。区块链通过这种链表结构，可以确保即使在分布式环境下，数据一致性和有效性也能得到验证。

总之，链表作为区块链的核心数据结构，不仅确保了区块之间的顺序关系，还提供了数据的安全性和不可篡改性，这对于区块链技术的去中心化特性和信任机制至关重要。

1.4.2　Merkle 树

Merkle 树（默克尔树）也称为哈希树[10]，是区块链和加密学中用于高效验证和确保大规模数据完整性的基本数据结构。它的每个叶节点都包含了数据块的加密哈希值，而每个非叶节点则包含了由其子节点哈希值连接的加密哈希值。Merkle 树在确保数据完整性、验证区块链数据一致性和优化分布式系统性能方面发挥着重要作用。

Merkle 树主要包含根节点、叶节点和非叶节点，其具体描述如下：

- 根节点：是树的顶端节点，包含所有数据哈希值的摘要。根节点的哈希值是对所有数据的总结，可以用来快速验证整个数据集的完整性。

- 叶节点：是树的底部节点。在区块链中，每个叶节点都包含了一个数据块的哈希值（如一笔交易的哈希值）。

- 非叶节点：是通过将子节点的哈希值连接在一起并进行哈希计算得到的内部节点。每个非叶节点的标签都是其子节点哈希值拼接后的哈希值。

Merkle 树使区块链能够通过一次操作验证大量交易的完整性。与其重新计算整个区块的数据以检查是否被篡改，不如只检查 Merkle 根（一个固定大小的哈希值），其大大减少了计算量。使用 Merkle 树，可以通过最少的数据验证一个特定交易是否属于某个区块，这被称为隶属证明。为了验证一个特定的交易，用户只需要获取该交易的"兄弟"节点的哈希值，直到根节点为止，而不需要获取整个区块或数据。这使得 Merkle 树在降低存储和带宽方面极为高效。由于区块链中的每个节点都可以独立验证区块链数据的完整性，因此 Merkle 树增强了区块链网络的去中心化和信任无关性。

通过以下 Merkle 树的构建示例，我们可以了解到 Merkle 树是如何被应用在区块链中的。假设一个区块包含四笔交易：T_1, T_2, T_3, T_4。

- 首先，计算每笔交易的哈希值，即 $\text{Hash}(T_1), \text{Hash}(T_2), \text{Hash}(T_3), \text{Hash}(T_4)$；
- 其次，将相邻的哈希值拼接并重新计算哈希值，即 $\text{Hash}(\text{Hash}(T_1) + \text{Hash}(T_2))$，$\text{Hash}(\text{Hash}(T_3) + \text{Hash}(T_4))$；
- 最后，将两个结果哈希值拼接并重新计算哈希值，生成 Merkle 根，即 Merkle Root $= \text{Hash}(\text{Hash}(\text{Hash}(T_1) + \text{Hash}(T_2)) + \text{Hash}(\text{Hash}(T_3) + \text{Hash}(T_4)))$。

其中，Merkle Root 代表了整个区块的数据，并以紧凑的形式存在。

Merkle 树提供了一种高效的方式来验证数据未被篡改，而无须访问所有原始数据。Merkle 树的结构确保了任何数据篡改都会被检测到，而且通过重新计算并比较根节点的哈希值，保持了区块链的完整性和信任无关性。总之，Merkle 树对于确保区块链系统的效率和安全性至关重要，它能够为交易数据提供安全、可验证且紧凑的表示形式，并能够优化数据验证过程。

第 2 章 区 块 链

2009 年，比特币诞生，使区块链技术首次走进公众视野。然而，区块链技术的起源实际上可以追溯到几十年前。尽管区块链与比特币联系紧密，但其应用范围远不止于此。在区块链问世之初，由于其开放且去中心化的特点，曾被认为风险较高，不适合商业用途。但随着企业级开源平台的发展，区块链正逐渐摆脱这种负面形象，其技术得到了广泛研究和跨领域的应用。区块链的安全性、不可篡改性、可追溯性和透明性等特点，使其成为解决网络安全和个人隐私问题的理想方案。

2.1 记账技术的演化

如果说金融技术（Financial Technology，Fintech）是保障社会文明的重要支柱，那么记账技术（Ledger Technology，也称为账本技术）则是这一支柱最核心的基石。大到国际贸易，小到个人消费，都离不开记账这一看似普通却并不简单的操作。无论是资金的流转，还是资产的交易，都依赖于银行、交易机构正确维护其记账系统。毫不夸张地说，社会文明的整个发展历程，都伴随着记账技术的持续演化。按照科技发展的一般规律，可将记账技术从古至今的演化过程大致分为三个阶段，即单式记账、复式记账、分布记账 [11]。其具体内容如下：

1. 阶段一：单式记账

通过单条记录进行账目管理的方法称为"单式记账"或"简单记账"，其对应的账本叫"单式账本"。中国最早有文字记载的单式记账是商代的甲骨卜辞，通俗而言就是流水账，其对经济收支事项的记录采用文字叙述方式。

单式记账简单易用，适合小规模的简易账务。当面对大规模账务，特别是涉及多个实体的复杂记账需求时，就暴露出不少问题，主要包括以下三个：

- 易出错。以库辛账本为例，如果大麦入库和出库交易记录很多，那么就很难确认账本记录跟实际情况是否匹配；即便发现不匹配，也很难定位到是哪次记录出现了问题。
- 易篡改。账本只有一个，只能保管在记账者个人手里。如果记账者不诚实或者不可信，那么他可以轻易地通过修改已有的记录来窃取大麦，而且其他人很难发现账本被篡改过。

- 随着商业活动的普及、交易规模的增大和参与方的增多（特别是所有者和经营者的分离），单式记账已经难以满足人们日益增长的记账需求。因此，代表现代记账思想的"复式记账"应运而生。

2. 阶段二：复式记账

关于复式记账的文字记载最早出现于 1494 年。意大利著名数学家卢卡·帕西奥利（Luca Pacioli）在其著作 *Summa de arithmetica, geometria, Proportioni et proportionalita*（《算术、几何、比及比例概要》）[12] 中介绍了算术的原理和应用、意大利各地的度量衡制度、商业记账方法和几何学基础。复式记账演化到现在，主要包括增减记账法、收付记账法、借贷记账法三种。目前，最常用的是借贷记账法。它基于会计恒等式（资产 = 负债＋权益），确保每笔交易都按照该恒等式进行记录。复式记账很快就得到了广泛应用，并成为现代会计学的重要基础。由于交易的本质是将某种价值从来源方转移到目标方，因此可将每笔交易分别在贷方（来源方）和借方（目标方）两个科目进行记录，且借贷双方的总额应该时刻保持相等（即守恒）。

如果库辛当年也懂得复式记账，那么当大麦入库时，就会分别在"库存大麦科目"和"应收大麦科目"上进行记录，并且记录数额应该一致。如果要做审核，那么可以分别对不同科目进行统计，查看其结果是否相同。由此可见，使用复式记账能很容易地对交易的来龙去脉进行追踪，并验证账目是否记录正确。实际上，在比特币的交易模型中也借鉴了复式记账的思想。复式记账虽然解决了单个记账人所持本地账本的可信度问题，但是仍然无法解决多方账本的可信互通问题。例如，投资者如何确保所投资企业的账目没有作假？贸易双方产生交易纠纷时该以谁的账本为准？

复式记账虽然记录了交易的来源与去向，不易出错，但是其本质上仍然是中心化模式。中心化模式的记账系统在很多情况下仍然存在不少问题，例如，账本掌握在个体手中，一旦出现数据丢失则无法找回，这也就是常说的单点故障问题。

3. 阶段三：分布记账

借助分布式系统的思想，逐渐形成了分布记账（Distributed Ledger）方法，即由交易多方共同维护一个共享的分布式账本，打通交易在不同阶段的来龙去脉，凭借分布式技术，进一步提高记账的规模、效率、可靠性及合规性。但在分布式场景下，如何避免某个参与方恶意篡改或破坏记录？由谁来决定将交易记录写到账本中？这些问题一直没有得到很好的解决。

直到 2009 年 1 月，基于区块链结构的比特币网络在纯分布式情景下，稳定支持了海量转账交易。这才使人们认识到，区块链这一看似极为简洁的数据结构，居然能够解决分布记账的基本问题，于是基于区块链结构的分布记账技术开始大量出现。由于这些技术多以区块链结构作为其核心的账本结构，因此也往往被统称为区块链技术。从 2014 年开始，金融、科技领域的专家们开始关注区块链技术，并积极推动与分布记账相关的应用落地。在此过程中，对开放、先进分布记账平台的需求越来越迫切。在 2015 年年底，30 家金融和科技领域的领军企业（包括 IBM、Accenture、Intel、J.P.Morgan、DTCC、SWIFT、Cisco 等）联合发起了超级账本（Hyperledger[13]）开源项目，并将其交由中立的 Linux 基金会进行管理。该项目遵循 Apache v2 许可（商业友好），并致力于打造一个开源、满足企业场景的分布记账科技生态。围绕企业分布式记账的核心诉求，超级账本社区已经发展为一个庞大的生态系统，涵盖了十六大顶级项目，拥有超过 280 名全球企业会员，并支撑了众多的应用案例。

目前，基于分布记账技术与各种创新方案已经在金融、供应链、医疗、工业互联网数据安全等领域实现了落地应用。但与互联网的发展过程相似，目前分布记账技术整体处于发展的初期，还存在不少尚待解决的问题，包括权限管理、隐私保护、性能优化和互操作性等。未来在这些方面的技术突破，将极大拓展分布记账技术的应用场景和形态，并最终实现"传递价值"的商业协同网络。

2.2　加密数字货币

在大多数情况下，数字货币指的是加密数字货币。但是，数字货币的支付形式不只有加密数字货币这一种，银行的电子支付或者支付宝等支付方式也可以视为数字货币支付。但实际上，目前的电子支付中所交换的并不是真正意义上的数字"货币"，而是银行的资产证明，用户只有通过银行才能把它换成法定货币。真正意义上的数字货币必须是由央行发行的法定数字货币，这种数字货币无须通过银行进行兑换，其本身就是法定货币。

针对加密数字货币被称为"货币"的现象，众说纷纭。由于加密数字货币缺乏国家信用背书，因此很多专家认为只有法定货币才能被视为真正的货币。事实上，如今的比特币等少数几种加密数字货币已经被大量用来支付和购买商品，实现了货币的价值尺度、流通手段、贮藏手段和支付手段这四种职能，称其为"货币"亦无不可。但是，人们会理所当然地认为法定数字货币就是由央行发行的加密数字货币。加密数字货币之所以能够有这么良好的货币性质，是因为区块链技术的发展。区块链对于加密数字货币的研究有一定的借鉴意义，但必须得结合具体的需求来选择具体的技术。因此，加密数字货币是法定数字货币的重要参考，但不是必然的形式。

比特币是一种数字货币，也是世界上第一个去中心化的加密数字货币[14]。在互联网上，比特币用户虽然主要通过比特币协议进行通信，但是也可以使用其他传输网络。比特币协议栈作为开源软件，可以在各种类型的计算设备上运行，包括笔记本电脑和智能手机，这使得比特币更加普及。用户可通过网络进行比特币转账，实现买卖商品、汇款给其他人或机构，甚至提供借贷等操作。比特币可以在专业的交易所进行购买、出售或兑换。从某种意义上讲，比特币是互联网上完美的货币形态，因为它快速、安全且无国界。与传统货币不同，比特币完全是虚拟的，没有物理实币，甚至不是简单数字化 (银行卡里的存款余额算是简单数字化)，其隐含在汇款方到收款方的转账交易过程中。在比特币网络中，用户使用自己的密钥来证明他们对比特币的所有权，并使用密钥对交易进行签名，以便解锁比特币。密钥通常保存在每个用户的计算机或智能手机的数字钱包里，拥有可以签署交易的密钥是消费比特币的唯一先决条件，用户通过密钥把控制权完全掌握在自己手里。

比特币基于分布式的点对点系统，其并没有中心服务器或控制节点。比特币是通过被称为"挖矿"的流程创造出来的，"挖矿"流程是指在打包处理比特币的交易过程中，矿工竞争式地寻找一个数学问题的解 [寻找符合条件（nounce）的哈希值]。比特币网络中的任何参与者（有能运行完整比特币协议栈的设备的人）都可以作为矿工，利用其计算机的算力来验证和打包交易。平均每隔 10 分钟，就会有一个矿工打包验证了过去 10 分钟内的交易（打包成一个区块），并获得本区块全新的比特币挖矿奖励。从根本上讲，比特币挖矿代替了中央银行的货币发行和结算功能，并通过分布式架构取代了中央银行。

2.3　区块链技术

区块链是由分布式数据存储、点对点传输、共识机制、加密算法等多种传统计算机技术构成的应用综合体，可用于提升多中心的协作效率，实现去中心化、保证多方信任、数据不可篡改、可追溯等功能。狭义的区块链是一种将数据区块按照时间先后顺序依次连接而成的特定的数据结构（如图 2.1所示），是采用密码学技术保证区块数据不可伪造和不可篡改的去中心化共享账本；广义而言，区块链是通过加密链式结构验证和存储数据、利用分布式一致性算法生成与更新数据、使用智能合约来编程及操作数据的一种去中心化基础结构与分布式计算范式。因此，从本质上讲，区块链是一种分布式数据库，其以公开账本的形式记录交易信息，无须第三方机构验证。它运行在一个 P2P 网络上，数据块之间相互连接，构成一条连续不断的、不可更改的记录链。区块链网络中的每一台计算机都保存着账本的一分副本，以防止单点故障的发生。随着新数据块的生成，它们会被顺序添加至链表之上，以确保数据的不可篡改和安全性。区块链也可以视为一种"分布式账本"，它的主要作用与银行账户数据库一样，用于记录用户的余额及交易记录。在现实银行中，一定存在一个中心服务器拥有最高权限，并对各个节点的交易记录进行汇总管理，这其实是一种"中心式账本"，而与之相对的"分布式账本"则不存在这样一个中心服务器。

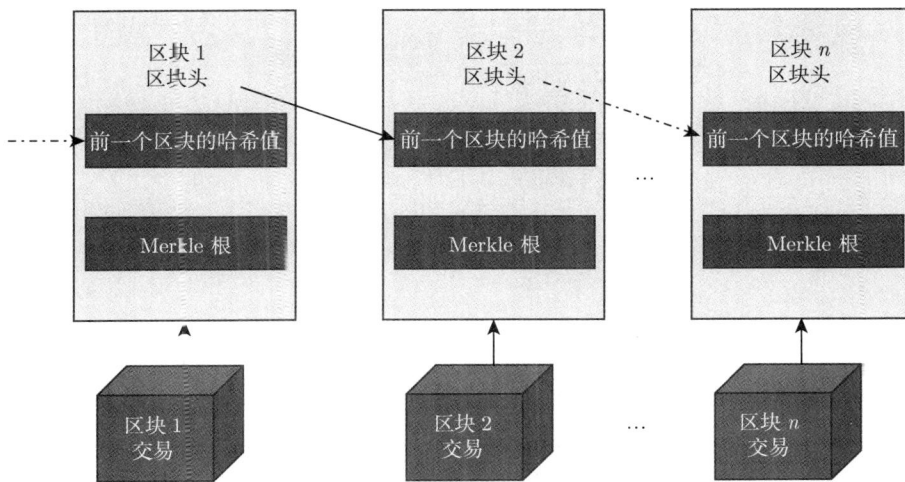

图 2.1　区块链数据结构

图 2.2描述了区块链交易从客户端创建到上链的过程。假设区块链中的两个客户端之间通过钱包软件或其他接口产生了一次交易，那么钱包软件会使用发送者的私钥对交易进行签名。用户通过使用洪泛算法将交易广播到比特币网络，监听交易的挖矿节点（矿工）验证该交易并将其更新到下一个要挖矿的区块中。在交易被放入区块之前，它们会存放在一个称为交易池的特殊内存缓冲区中。第一个接收到这条交易的节点会将此交易广播到全网，即发送给网络中的所有节点。其他节点收到这条交易信息之后，会对此次交易进行一次记账，这就是所谓的"全民记账"。值得注意的是，区块链的全民记账是以某种预定的周期"一轮一轮"地进行的。

在某一轮记账持续了一段时间之后，几乎每个区块链节点都积攒了一些系统新生成的账目，那么该以谁的账目为准呢？这时就需要全网达成一个共识。全部区块链节点会基于某一种共识机制（如 PoW、PoS 等）进行"协商"，并最终选择一个记账记得最好的节点，使该节点获取此次记账的记账权。获得了记账权的节点就会把自己本次产生的"增量账本"（即新区块）广播给其他所有的节点，最终使全网节点都获得了此次"增量账本"的一个副本。当一个新区块中的所有交易都被全网节点记账后，就相当于全网都对这些新交易进行了"见证"，从而使得上链存储的这些账目几乎无法被篡改。由此可见，区块链的账本具有极强的可靠性与不可抵赖性。每个区块通常可以存储上千条交易记录，而将每一轮共识产生的新区块按照时间顺序连接起来，就组成了"区块链"。

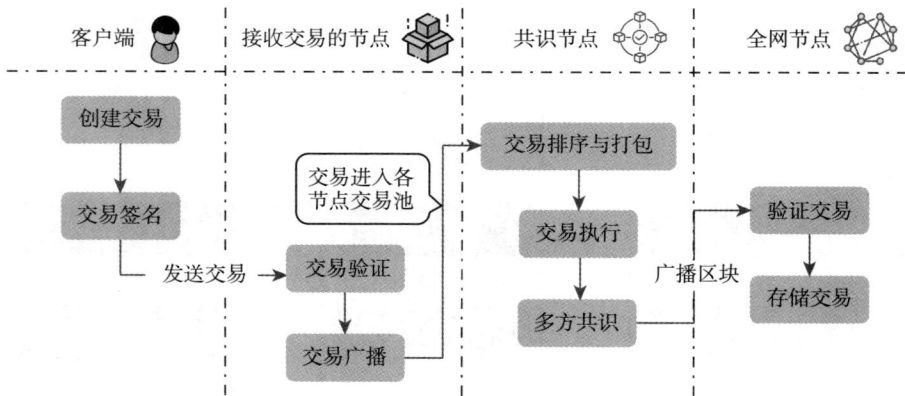

图 2.2　区块链交易从创建到上链的过程

注：区块链的不可篡改性是区块链最基本的优秀特性之一，但不可篡改并不意味着在任何时候都不可修改。通常，可以将区块链系统所使用的共识算法分为强一致共识和弱一致共识。针对强一致共识（如 PBFT），如果某一区块通过了共识过程，那么这个区块就是确定的，是不可篡改的；而针对弱一致共识（如 PoW），虽然某一时刻已经产生了一个区块，但是这个区块仍有可能在后续共识过程中由于全网的主链选择而被抛弃，也就是"分叉"过程 [15]，如图 2.3所示。特别地，以 PoW 为例，某些区块可能会受到 51% 算力攻击的威胁，也就是一旦某一方掌握了超过 51% 的算力，攻击者就可以在系统里为所欲为，任意修改。所以，针对弱一致共识，通常需要更长的时间来保证某一笔交易会被确认，如比特币需要再生成 6 个区块才能在很大概率上保证当前区块不会被篡改，但其仍然不能免于会受到 51% 算力攻击的威胁 (虽然这极其难做到)。此外，不可篡改是说我们不能修改所有节点的数据，但我们依然可以修改本地节点的数据，只不过虽然我们修改了自己的数据，但是其他未被修改的节点并不会相信我们修改的内容，这种"自欺欺人"的做法其实是无效的。所以，我们需要辩证地来看"不可篡改"这一特性。

(a) 区块链硬分叉

(b) 区块链软分叉

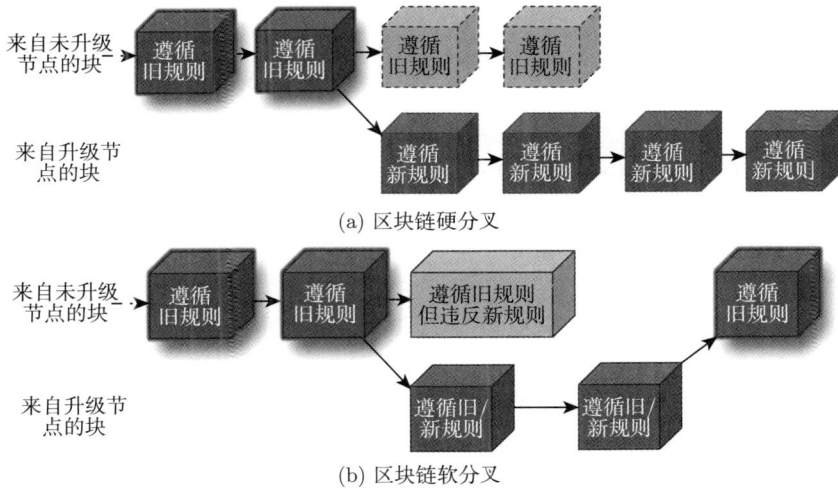

图 2.3　区块链网络中的分叉过程

2.3.1　区块链分类

根据部署场景公开程度，可以将区块链分为公有链（Public Chain）、私有链（Private Chain）和联盟链（Consortium Chain）三种类型；根据功能，可以将区块链分为以支持数字货币为主的数字货币区块链（如比特币网络）、以支持智能合约为主的通用区块链（如以太坊网络）和以面向复杂商业应用场景为主的分布式账本平台（如超级账本）[16] 三种类型。下面针对部署场景公开程度的分类情况进行详细介绍。

1. 公有链

- 链上的节点向每个人开放，任何人都可以在自己的设备上运行公共节点，以验证区块链网络中的交易，并参与到共识的过程中，确认当前加入链上的区块及当前区块链的状态。任何用户也都可以向链上发起交易，并查看链上的任意数据。虽然公有链是一种完全去中心化机制的区块链，降低了传统中心化机制下的运维成本，但目前公有链在可拓展性、效率上仍面临较大挑战。

- 目前比较有名的公有链项目包括比特币、以太坊等。

2. 私有链

- 私有链中对链上数据的读写权限由单一的组织来控制，并有选择性地开放给特定群体。虽然私有链的去中心化程度最低，但是私有链交易速度更快、交易费用更低、对数据的访问权限控制更好，因此也能很好地保障数据的隐私。

- 目前，私有链主要应用于一些私人企业的数据管理、审计场景等。

3. 联盟链

- 联盟链由一些特定机构作为节点参与到区块链的共识过程中，而且用户对链上数据的读写权限由这些节点控制。联盟链拥有较高的交易速度、较好的可拓展性和保护隐私权的权限控制机制。

- 目前，该技术多应用于机构之间的合作场景，例如，市场机构进行记账，而普通用户不参与到其中。

2.3.2 比特币交易

交易是比特币生态系统的核心。它可以像仅将一些比特币发送到比特币地址一样简单，也可以非常复杂，这取决于具体的场景要求。每笔交易至少由一个输入和输出组成。其中，输入可以被认为是在先前交易中创建的正在花费的费用，而输出可以被认为是正在创建的比特币。如果交易正在铸造新币，那么没有输入，因此不需要签名。如果交易需转账给其他用户（比特币地址），那么需要由发送方使用其私钥进行签名。在这种情况下，还需要参考之前的交易以获取该比特币的来源。比特币的记账基础及其区别于传统账户系统的核心设计是以"聪"为单位的未花费的交易输出（UTXO）。由于区块链中的交易都是未加密的，并且在区块链上公开可见，因此普通用户可以使用任何在线区块链浏览器查看这些交易。

本节从交易费、交易池及交易数据结构这三个方面来介绍比特币交易。

1. 交易费

交易费由矿工进行收取，其收取的费用取决于交易的规模和重量。交易费是通过输出总和减去输入总和来计算的，其计算公式如式 (2.1) 所示：

$$\text{fee} = \text{sum(inputs)} - \text{sum(outputs)} \tag{2.1}$$

这些交易费被用来激励矿工将用户的交易更新到矿工正在创建的区块中。所有交易最终都会进入内存池，矿工可以根据交易的优先级从内存池中选取交易，并将其更新到提议的区块中。交易的优先级是由交易输入所花费的 UTXO 的创建时间决定的，交易输入值高且创建时间较早的交易比那些较新且输入值较小的交易拥有更高的优先级。区块中用来存储交易的前 50 字节（Byte）是保留给优先级较高的交易的，如果区块中有足够的空间，那么高优先级的交易行为将不需要交易费。交易费越高，交易被处理的优先级也越高。

从交易费的角度来看，费用较高的交易将被矿工更快地接受。不同类型的操作有不同的费用计算规则，如发送交易、包含在块中及节点中继等。交易费不是由比特币协议确定的，也不是强制性的，甚至有些交易在处理时不需要任何费用，只是可能需要很长时间。然而，由于比特币网络上交易量大且矿工之间相互竞争，因此这种做法已经不再适用。因此，始终建议提供交易费。交易确认时间通常为 10 分钟，但有时甚至可能超过 12 小时。交易确认时间通常取决于交易费和网络活动。如果网络非常繁忙，那么交易自然需要更长的时间来进行处理；如果支付更高的交易费，那么由于获得了更高的额外激励，该交易更有可能率先被矿工选择。

2. 交易池

交易池也称为内存池，其是由节点（比特币客户端）在本地内存（计算机 RAM）中创建的，用来维护尚未添加到块中的交易的临时列表。挖矿节点需要为内存池中的每笔交易分配一个优先级，并选择优先级较高的交易来构建候选区块。矿工根据优先级从这些内存池中提取交易来创建候选块，并在通过验证和有效性检查后从池中选择交易。选择哪些交易取决于交易费及其在内存池中的位置顺序。通常，矿工更喜欢选择费用较高的交易。如果用户在比特币网络上发送交易，那么需要向矿工支付费用。这笔费用就是对矿工的激励。

3. 交易数据结构

比特币网络上的交易是由多个字段组成的数据结构来表示的，如图 2.4所示。下面为读者解读交易数据结构。

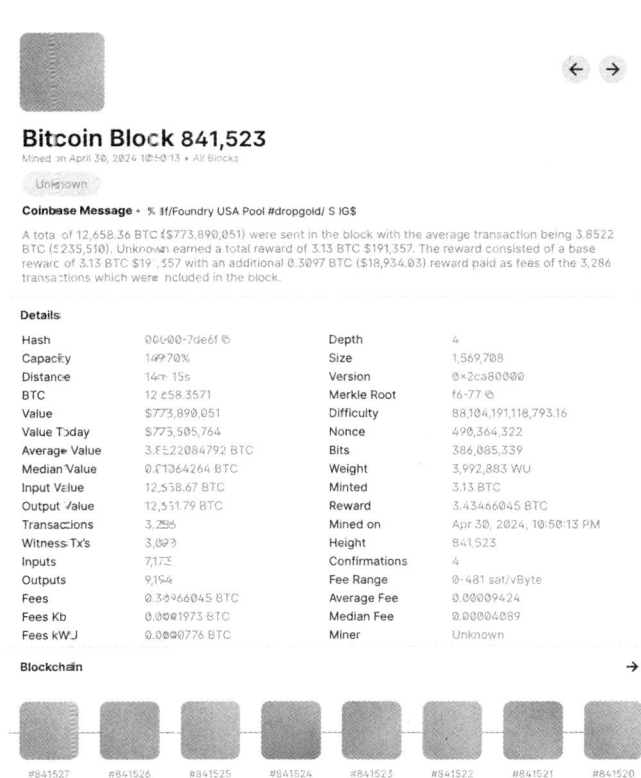

图 2.4　比特币网络上的交易表示示例

区块结构信息包含元数据、输入和输出等字段。所有交易被组合起来创建了一个区块主体，其结构信息如图 2.5 所示。

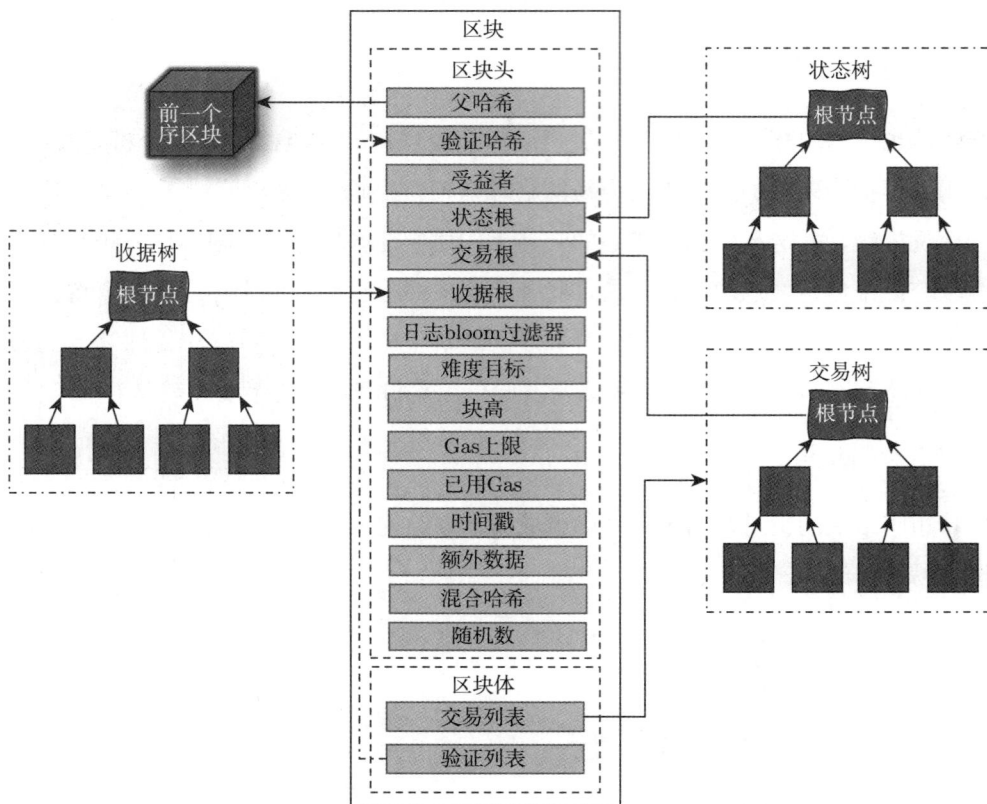

图 2.5　区块结构信息

表 2.1总结了常用的交易数据结构。

(1) 地址

地址是区块链交易中用于表示发送方和接收方的唯一标识符，通常是公钥或从公钥派生而来的。

(2) 交易

交易是区块链的基本单位。每笔交易都代表了价值从一个地址到另一个地址的转移。

(3) 区块

每个区块都由多笔交易和多个元素组成，例如前一个区块的哈希值（哈希指针）、时间戳和随机数等。区块由区块头和区块体组成。一个块可以包含多个元素，这些元素的具体介绍如下：

- 对前一个区块的引用也包含在该区块中，除非它是创世区块。该引用是指前一个区块的区块头的哈希值。创世区块是区块链中的第一个块，在区块链首次启动时进行硬编码。区块的结构取决于区块链的类型和设计。

- 随机数是仅生成和使用一次的数字。随机数广泛应用于许多加密操作，用以提供重放保护、身份验证和加密。在区块链中，它用于 PoW 共识算法和交易重放保护。
- 时间戳是区块的创建时间。
- Merkle 根是 Merkle 树所有节点的哈希值。在区块链中，它是区块中所有交易的组合哈希值。Merkle 树广泛应用于验证大型数据结构的安全有效性。在区块链中，Merkle 树通常能够高效验证交易。区块链中的 Merkle 根存放于区块的区块头部分，它是区块中所有交易的组合哈希值。这意味着通过验证 Merkle 根即可验证 Merkle 树中存在的所有交易，而不用对所有交易进行一一验证。

表 2.1　交易数据结构

字段	大小	描述
版本号	4 Bytes	指定矿工和节点用于交易处理的规则，交易有两个版本号，即 1 和 2
输入计时器	1~9 Bytes	交易中包含的输入数量（正整数）
输入列表	变量	每个输入由多个字段组成。这些包括： - 前一个区块的交易哈希值 - 前一笔交易的索引 - 交易脚本长度 - 交易脚本 - 序列号 区块中的第一笔交易也称为 coinbase 交易。它指定一笔或多笔交易输入。总之，该字段描述了将要花费哪些比特币
输出计时器	1~9 Bytes	交易中包含的输出数量（正整数）
输出列表	变量	交易中包含的输出，该字段描述了比特币的目标接收者
锁定时间	4 Bytes	该字段定义了交易最早生效的时间，它可以是 UNIX 时间戳或块高

2.4　比特币钱包

比特币钱包包含公钥和私钥，以便于他人将加密货币传输到用户的地址，从而使用户可以安全地访问自己的数字资产。比特币钱包在使用过程中通常会伴随节点托管，并会在本地计算机上存储加密货币。离线存储数字资产是最安全的方法，通常称为"冷存储"。钱包软件可以用于生成和存储加密密钥，具备接收和发送比特币、备份密钥以及跟踪可用余额的功能。比特币客户端软件通常提供两种功能，即比特币客户端和钱包。在磁盘上，比特币客户端和钱包被存储为 Berkeley DB 文件。

私钥一般是通过随机选择钱包软件提供的 256 位数字来生成的，具体方法可参考本书

1.3节。钱包使用私钥来签署传出交易。钱包不存储任何比特币，因此不存在通过钱包为用户存储余额或比特币的行为。事实上，在区块链网络中，只有交易信息（更准确地说，是UTXO）存储在区块链上，用于计算比特币的数量，而比特币本身并不存在。在区块链中，有不同类型的钱包可用于存储私钥。作为软件，它们还为用户提供了一些功能来管理和在区块链网络上进行交易。常见的钱包类型如下：

- 非确定性钱包：这类钱包包含随机生成的私钥，也称为"Just a Bunch of Key wallet"。比特币核心客户端在首次启动时生成了一些密钥，并在需要时还会另外生成密钥。管理大量密钥是非常困难的，而且是一个容易出错的过程，可能会导致比特币被盗和丢失。此外，这类钱包需要定期创建密钥备份并对其进行适当保护，例如，通过对其进行加密来防止被盗或丢失。

- 确定性钱包：在这种类型的钱包中，密钥是通过哈希函数从种子值派生出来的。该种子值是随机生成的，通常由人类可读的助记码字表示。助记码字在 BIP39 中进行了定义，而 BIP39 是用于生成确定性密钥的关于助记码的比特币改进提案，可扫描旁边的二维码获取。这些助记码字可用于恢复所有密钥并使私钥管理相对容易。

- 层级确定性钱包：这类钱包在 BIP32 和 BIP44 中进行了定义，其将密钥存储在源自种子的树结构中。其中，种子用于生成父密钥（主密钥），而该父密钥用于生成子密钥以及随后的孙密钥。层级确定性钱包并不直接生成密钥；相反，它会生成一些可用于存储私钥序列的信息（私钥生成信息）。层级确定性钱包中主私钥的完整层次结构如果已知，那么很容易恢复。正是由于这一特性，层级确定性钱包非常易于维护且高度便携。目前，有许多免费和商用的层级确定性钱包可供使用，如 Trezor、Jaxx 和 Electrum。

- 大脑钱包：这类钱包的主私钥可以从其所记住的密码的哈希值中派生出来。其关键思想是将密码用于派生私钥。如果在层级确定性钱包中使用，那么可以生成从单个记忆密码派生出来的完整层级确定性钱包。使用该类钱包很容易出现密码猜测和暴力攻击，但可以通过密钥拉伸等技术来减慢攻击者的进度。

- 纸钱包：顾名思义，是一个纸质钱包，上面印有所需的密钥材料。这类钱包需要借助物理设备来进行安全存储。

- 硬件钱包：这类钱包是用于存储加密货币和数字资产的物理设备，它提供了一种离线存储私钥的方式，这意味着在使用硬件钱包和 DApp（去中心化应用程序）进行交互的时候，私钥不会暴露在网上。随着支持 NFC 的手机的出现，其也可以成为手机中的安全元件 (SE)。Trezor imKey、Keystone 和 Ledger 钱包（各种类型）是

下载链接

最常用的比特币硬件钱包。

- 在线钱包：这类钱包完全在线存储，并且通常通过云提供服务。它们为用户提供了一个网络界面来管理钱包并实现各种功能，例如进行和接收付款。它们易于使用，但前提是用户信任在线钱包服务提供商。GreenAddress 就是一个在线钱包的例子。

- 浏览器钱包：其作为浏览器的插件安装在用户的浏览器（如 Google Chrome、Firefox等）中，如 MetaMask、Rabby 等。浏览器钱包通常更易于访问和使用，并且不需要下载或安装额外的软件。

- 网页钱包：其允许用户通过网页浏览器访问和管理加密资产。虽然这种方式较为便利，但是其背后的风险不容忽视。由于网页钱包一般把助记词加密存放在浏览器的本地存储里，因此可能受到恶意软件或网络攻击的威胁。

- 移动钱包：是安装在移动设备上的一种钱包。它的运行方式与网页钱包类似，通常作为应用程序来提供服务，用户可以在手机上对其进行下载与安装。其可以为我们提供各种支付方式，其中最引人注目的是使用智能手机摄像头快速扫描二维码并进行支付。

移动钱包适用于 Android 和 iOS 操作系统，包括 Blockchain Wallet、Breadwallet、Copay 和 Jaxx 等。比特币钱包在选择时应考虑多个因素，如安全性、易用性和可用功能。在决定使用哪个钱包时，安全性应该是最重要的衡量标准。硬件钱包由于存在防篡改设计，因此与网页钱包相比往往更安全。网页钱包本质上是托管在网站上的，其可能不如防篡改硬件设备安全。一般来说，出于对功能和安全性的综合考虑，智能手机设备上的移动钱包非常受欢迎。目前，有许多公司在 iOS App Store 和 Google Play 上提供这类钱包。但是，应该使用哪种类型的钱包并没有明确的标准，因为这还取决于用户的个人喜好和钱包中可用的功能，但无论选择哪个钱包都应牢记安全性。

> 注：用户在使用比特币钱包时要足够小心，保证设备及现实环境足够安全。尽管如此，如果钱包自身设计存在问题，那么也可能被黑客攻击，使用该钱包的用户一样会资产受损。这也就是在选择钱包时不能仅考虑钱包的便利程度，还要看钱包代码是否开源的原因。外部开发和审计人员可以通过开源的代码发现潜在漏洞，从而降低钱包被攻击的可能性。即使不幸出现钱包因存在漏洞而被盗的情况，安全人员也能快速定位漏洞位置，并及时进行补救。

2.5 交 易 模 型

比特币交易的基础组成部分是交易输出 (Transaction Output)。区块链中未花费的交易
输出（UTXO）模型是记录交易的一种方式，其与传统的账户模型（如以太坊的账户余额）
不同 [17]。如图 2.6所示，在 UTXO 模型中，每笔交易的输出都被视为一个可被花费的费用，
而不是简单地记录为账户余额。在比特币中是没有账户这个概念的，所谓一个地址的余额，
其实就是统计与这个地址相关的所有交易，然后计算出来的。每个未花费的交易输出都代表
了一个在之前某笔交易中被创建但尚未被使用的费用。每个 UTXO 都有一个与其关联的金
额和一个所有者地址（公钥哈希）。当创建一笔交易时，必须指定一个或多个输入 UTXO，
以及一个或多个输出地址和金额。输入的 UTXO 会被消耗掉，而新的 UTXO 会被创建并
发送到输出地址。在区块链网络中，每个节点都会验证交易的有效性。在 UTXO 模型中，验
证交易的有效性意味着确保所有输入的 UTXO 都是未被使用过的，并且交易的签名是有效
的。在 UTXO 模型中，每个 UTXO 都是不可分割的，这意味着如果用户想发送比其所拥
有的 UTXO 金额更小的金额，那么他必须使用整个 UTXO，并将剩余的金额发送到一个
新的地址，以创建新的 UTXO。一旦一笔交易的输出被创建，它就可以被后续的交易消费
掉。消费 UTXO 就是在一个新的交易中将其作为输入，并将它的价值发送到新的输出地址。
表 2.2 给出了 UTXO 交易模型的输入数据结构，其主要包含了交易哈希、输出索引、脚本
长度、解锁脚本及序列号，而表 2.3 描述了 UTXO 交易模型的输出数据结构。

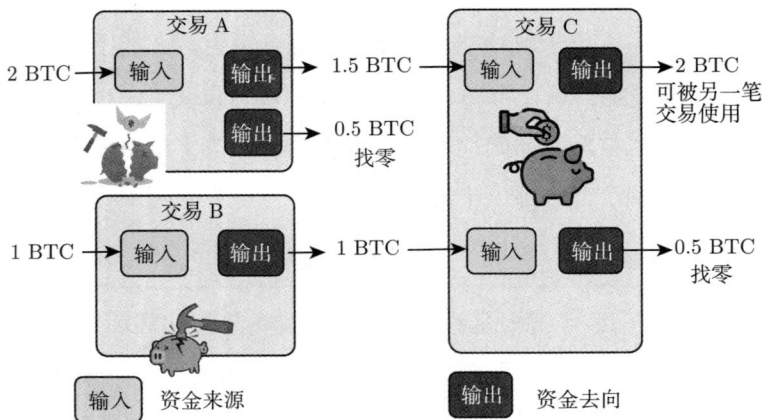

图 2.6　比特币交易中的 UTXO 模型

区块链使用一种简单的基于堆栈的语言（称为脚本）来描述如何使用和转移比特币。它
不是图灵完备的，并且不能通过循环来避免区块链网络上长时间运行/挂起的脚本可能产生
的任何不良影响。该脚本语言基于类似 Forth 编程语言的语法，并使用逆波兰表示法，其

每个操作数后面都跟着运算符。通常，可以使用后进先出 (LIFO) 堆栈从左到右对其进行评估。该脚本由两个组件组成，即元素和操作。脚本使用各种操作（操作码）或命令来定义其工作内容，元素仅表示数字签名等数据。操作码也称为单词、命令或函数。早期版本的比特币节点软件有一些操作码由于设计存在错误而不再使用。脚本操作码包括常量、流控制、堆栈、按位逻辑、拼接、算术、密码学和锁定时间等类型。

表 2.2　UTXO 交易模型的输入数据结构

字段	大小	描述
交易哈希	32 Bytes	UTXO 与上一笔交易的哈希值
输出索引	4 Bytes	前一笔交易的索引，比如将被花费的 UTXO
脚本长度	1~9 Bytes	解锁脚本的大小
解锁脚本	变量	满足锁定脚本要求的输入脚本（ScriptSig）
序列号	4 Bytes	通常禁用或包含锁定时间—禁用由 0xffffffff 表示

表 2.3　UTXO 交易模型的输出数据结构

字段	大小	描述
值	8 Bytes	需要转账的"聪"的数量（正整数）
脚本大小	1~9 Bytes	锁定脚本的大小
锁定脚本	变量	输出脚本（ScriptPubKey）

交易脚本通过结合 ScriptSig 和 ScriptPubKey 来评估交易的过程。其中，ScriptSig 是解锁脚本，ScriptPubKey 是锁定脚本 [18]。下面介绍交易如何解锁和花费：

- ScriptSig 由希望解锁交易的用户提供；
- ScriptPubKey 是交易输出的一部分，用于指定花费输出所需要满足的条件。换句话说，输出由 ScriptPubKey（锁定脚本）来决定是否进行锁定，当满足条件时，就将花费解锁输出，然后兑换成比特币。脚本执行的细节如下：
- Pay-to-Public-Key Hash (P2PKH)：P2PKH 是最常见的 PubKey 脚本形式，用于将交易发送到一个或多个比特币地址，其示例如下：

> PubKey script: OP_DUP OP_HASH160 <PubKeyHash> OP_EQUALVE-
> RIFY OP_CHECKSIG Signature script: <sig> <PubKey>

- Pay-to-Script Hash (P2SH)：P2SH 用于将交易发送到脚本哈希。每个标准 PubKey 脚本都可以用作 P2SH 兑换脚本，但不包括 P2SH 本身。从 Bitcoin Core 0.9.2 开始，P2SH 交易可以包含任何有效的 redeemScript，从而使 P2SH 标准更加灵活，并允许尝试许多新颖且复杂的交易类型。P2SH 最常见的用途是标准多重签名公钥脚本，第二个常见的用途是开放资产协议。P2SH 是一种在区块链上存储文本的便捷方法，因为它可以存储大小高达 1.5KB 的文本数据。我们可以在下面的存储库中找到使用 P2SH 在区块链上存储文本的示例。

> Pubkey script: OP_HASH160 <Hash160(redeemScript)> OP_EQUAL Signature script: <sig> [sig] [sig...] <redeemScript>

通常，只要脚本哈希与兑换脚本匹配，这个脚本组合对于旧节点来说看起来就是完美的。但软分叉激活后，新节点将对兑换脚本进行进一步验证。新节点将从签名脚本中提取兑换脚本，对其进行解码，并使用剩余的堆栈项（<sig> [sig] [sig...] 部分）执行它。因此，要赎回 P2SH 交易，除正确的赎回脚本之外，花费者还必须提供有效的签名或答案。最后执行 P2PKH 或 P2MultiSig 脚本中的验证步骤，其中签名脚本的初始部分（<sig> [sig] [sig...]）充当 P2PKH 或 P2MultiSig 中的"签名脚本"，兑换脚本充当"公钥脚本"。

- MultiSig (Pay to MultiSig)：虽然 P2SH 现在通常用于多重签名交易，但是此基本脚本仍然可用于在使用 UTXO 之前要求多个签名。在被称为"$m-of-n$"的多重签名公钥脚本中，m 是必须与公钥匹配的最小签名数量；n 是提供的公钥的数量。m 和 n 都应该是操作码 OP_1 到 OP_16 范围内的整数。由于原始比特币在实现过程中存在一个必须保留的差异错误以确保兼容性，因此"OP_CHECKMULTISIG"从堆栈中消耗的值比 m 指定的值多一个，所以签名脚本中的 secp256k1 签名列表必须包含一个将被消耗但不会使用的额外值（OP_0）。此外，签名脚本必须按照与 PubKey 脚本或赎回脚本中出现的相应公钥相同的顺序提供签名，其示例如下，详细信息请参见"OP_CHECKMULTISIG"中的相关描述。

> PubKey script: <m> <A PubKey> [B PubKey] [C PubKey...] <n> OP_CHECKMULTISIG Signature script: OP_0 <A sig> [B sig] [C sig...]

下面的示例虽然不是一个单独的交易类型，但是一个具有 $2-of-3$ 的 P2SH 多重签名：

> PubKey script: OP_HASH160 <Hash160(redeemScript)> OP_EQUAL Redeem script: <OP_2> <A PubKey> <B PubKey> <C PubKey> <OP_3> OP_CHECKMULTISIG Signature script: OP_0 <A sig> <C sig> <redeemScript>

- Pay to PubKey：PubKey 输出是 P2PKH PubKey 脚本的简化形式，但其不如 P2PKH 安全，因此通常不在新交易中使用，其示例如下：

> PubKey script: <PubKey> OP_CHECKSIG Signature script: <sig>

- Null data/OP_RETURN：在 Bitcoin Core 0.9.0 及更高版本中，默认中继和挖掘的空数据交易类型会将任意数据添加到可证明是不可花费的 PubKey 脚本中，因此完整节点不必将其存储在 UTXO 数据库中。用户最好使用空数据交易，而不是会使 UTXO 数据库膨胀的交易，因为它们无法自动修剪；然而，通常更可取的方法是在交易之外存储数据。

共识规则允许空数据输出，其允许的最大公钥脚本大小为 10000 Bytes，但前提是这些数据遵循所有其他共识规则，例如没有任何大于 520 Bytes 的推送数据。

默认情况下，Bitcoin Core 0.9.x 至 0.10.x 版本会在单次数据推送中，中继和挖掘最多存在 40 Bytes 的空数据交易，并且其中只有一个空数据输出恰好支付 0 聪，其示例如下：

> PubKey Script: OP_RETURN <0 to 40 Bytes of data> (Null data scripts cannot be spent, so there's no signature script.)

Bitcoin Core 0.11.x 版本将此默认值提高到了 80 Bytes，而其他规则保持不变。

Bitcoin Core 0.12.0 版本默人以任意数量的推送数据，中继和挖掘最多 83 Bytes 的空数据输出，但前提是这些输出不超过总字节限制，且必须只有一个空数据输出恰好支付 0 聪。

在图 2.7 中，其顶部显示了一个标准的 P2PKH 脚本，其中包含了脚本的解锁 (ScriptSig) 和锁定 (ScriptPubKey) 部分。回想一下关于 Script 语言的介绍：比特币脚本由两部分组成，分别是解锁脚本和锁定脚本。解锁脚本由元素和操作组成，它们是所有交易输入的一部分，满足消耗输出所需的条件。锁定脚本定义了花费比特币所需满足的条件。交易是通过共同执行这两个部分来进行授权的。

同时，图 2.7 中间部分是一个可视化的堆栈，其中数据元素被压入和弹出。该图的底部为脚本的执行模块，描述了脚本的逐步执行过程及其在堆栈上的执行结果。下面详细介绍这个脚本是如何执行的。

- 在数据元素的第一步执行过程中，<sig> 和 <PubKey> 被放置在堆栈上。
- 由于 OP_DUP 命令导致顶部堆栈项重复，因此顶部 <PubKey> 的堆栈项重复。
- 此后，执行命令 OP_HASH160，生成 <PubKey> 的哈希值，它是堆栈顶部的元素。

- 然后将 <PubKeyhash> 压入堆栈。在此阶段，我们在堆栈上可以看到两个哈希值，一个是在解锁脚本对 <PubKey> 执行 OP_HASH160 命令时生成的，另一个是由锁定脚本提供的。
- 接下来执行 OP_EQUALVERIFY 操作码命令，并检查顶部两个元素（即哈希值）是否相等。如果它们相等，那么脚本继续，否则命令执行失败。
- 最后，执行 OP_CHECKSIG 命令，以检查堆栈顶部两个元素的签名的有效性。如果签名有效，那么堆栈将包含值 true，即 1；否则为 false，即 0。

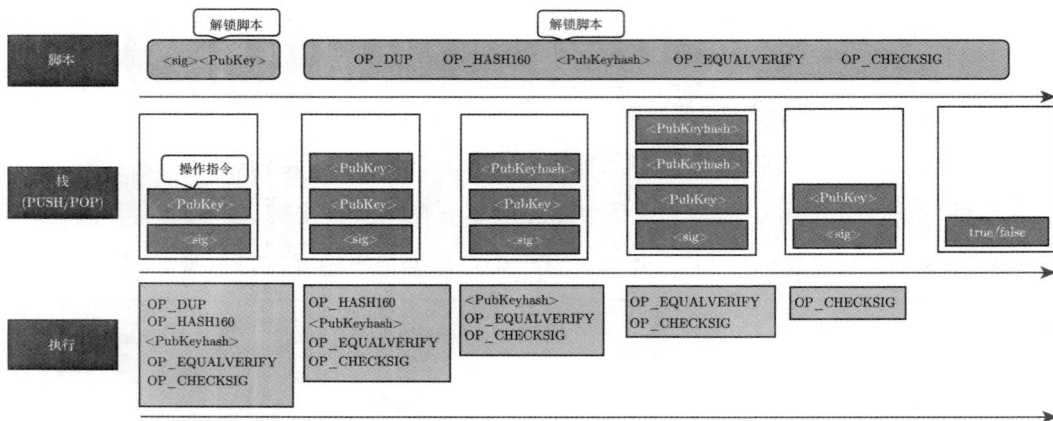

图 2.7   P2PKH 脚本执行流程

2.6   节点间共识算法与挖矿原理

在区块链中，共识机制用于保证网络上的所有节点都认可网络的当前状态和交易的真实性，其对于维护区块链的安全性和完整性至关重要，前文中的图 2.2 展示了区块链共识过程的基础模型。不同的区块链平台使用不同的共识算法，如 PoW、PoS 等，以在网络上的节点之间达成共识。一个好的共识算法可以保持区块链网络的活跃度，为整个网络提供源源不断的有效算力，而设计不佳的算法则可能导致整个网络在受到攻击时很容易瘫痪。本节主要简单介绍主流的共识算法，包含实用拜占庭容错算法、PoW 机制、PoS 机制等。

2.6.1   实用拜占庭容错算法

拜占庭问题最早由 Leslie Lamport 等学者于 1982 年在论文 *The Byzantine Generals Problem*[19] 中正式提出，是用来解释异步系统中共识问题的一个虚构模型。拜占庭问题（Byzantine Problem）又叫拜占庭将军问题（Byzantine Generals Problem），讨论的是在少数节点有可能作恶（消息可能被伪造）的场景下，如何达成共识问题。拜占庭是古代东罗马帝国的首都，由于地域宽广，因此其守卫边境的多个将军（系统中的多个节点）需要通过信使来传递消息，以达成某些一致决定。但将军中可能存在叛徒（系统中节点出错），这些叛徒会向不同的将军发送不同的消息，试图干扰共识的达成。拜占庭问题即讨论在此情况下，如何让忠诚的将军们能达成行动的一致。假设将军总数为 N，叛变将军数为 F，当且仅当 $N \geqslant 3F + 1$ 时，问题才有解。当 $N = 3$ 且 $F = 1$ 时（$3 < 3 \times 1 + 1$），即三个将军中存在一个叛徒时，那么忠诚的将军也无法达成行动的一致，如图 2.8 所示，其主要包含以下两种情况：

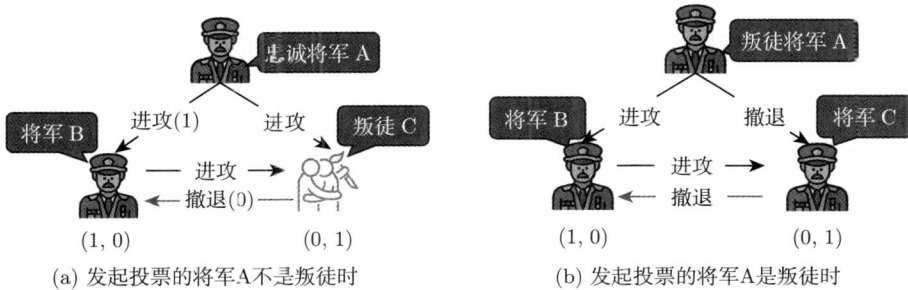

图 2.8　当 $N = 3$ 且 $F = 1$ 时，拜占庭问题无解示意图

- 如图 2.8(a) 所示，A 不是叛徒，其发送了一个"进攻"的提案给另外一个忠诚的将军 B 以及叛徒 C，而叛徒 C 向将军 B 宣称自己收到的是"撤退"的提案，这时候将军 B 收到两个相反的提案，但无法判断谁是叛徒，因此无法达成一致。
- 如图 2.8(b) 所示，A 是叛徒，其分别发送"进攻"和"撤退"的提案给忠诚的将军 B 和将军 C，此时将军 B 和将军 C 都会收到两个相反的提案，但无法判断谁是叛徒，因此无法达成一致。

拜占庭容错（Byzantine Fault Tolerant，BFT）讨论的是容忍拜占庭错误的共识算法。在拜占庭问题提出之前，早在 1975 年，学术界就已经开始两将军问题的讨论了（详见 *Some constraints and tradeofis in the design of network communications*[20] 中的内容），即两个将军要通过信使来达成进攻还是撤退的约定，但如果信使迷路或被敌军阻拦（消息丢失或伪造），那么如何达成一致？这是典型的异步双方共识问题，根据 FLP 不可能原理①，这个问题不存在通用解。在一般分式式场景下，拜占庭问题并不多见，但在特定场景下会有重要意义，例如可以匿名参与的系统（如比特币），或是一旦出现欺诈就会造成巨大损失的情

---

① FLP 不可能原理：在网络可靠、存在节点失效（即便只有一个）的最小化异步模型系统中，不存在一个可以解决一致性问题的确定性算法。该原理由 Fischer，Lynch 和 Patterson 三位作者于 1985 年提出。

况（如金融系统）。

实用拜占庭容错算法 (Practocal Byzantine Fault Tolerance，PBFT) 是 Barbara Liskov 和 Miguel Castro 在 1999 年提出的一种共识算法 [21]。PBFT 解决了原始拜占庭容错算法效率不高的问题，其将算法复杂度由指数级降低到多项式级，从而使拜占庭容错算法在实际系统应用中变得可行。PBFT 可以在保证活跃性和安全性的前提下，提供 $(n-1)/3$ 的容错性，其中 n 为节点总数，即只要恶意节点的最大数量小于或等于系统中所有节点的三分之一，使用 PBFT 的系统就可以正常运行。在启用 PBFT 的系统中，节点会按顺序进行排序，并选择其中任意一个节点为主节点，其他节点为辅节点。主节点在每次视图期间都会发生更改，如果经过了预定义的时间而没有主节点向辅节点发送广播请求，那么可以通过视图更改协议替换主节点。PBFT 共识分为五个阶段，如图 2.9所示，其中 C 为发送请求端，0、1、2、3 为服务器端，且 3 为宕机的服务器端，其具体执行步骤如下：

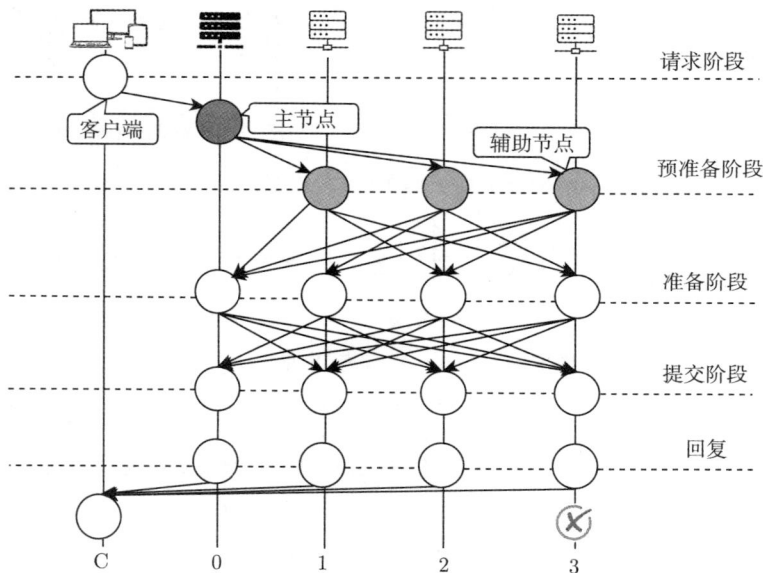

图 2.9　PBFT 共识过程

- 请求阶段 (request)：客户端 C 发送请求到主节点，这里主节点是 0；
- 预准备阶段 (pre-prepare)：服务器端 0 收到客户端 C 的请求后进行广播，将请求扩散至服务器端 1、2、3；
- 准备阶段 (prepare)：服务器端 1、2、3 收到请求后进行记录并再次广播，服务器端 1 和 2 的广播路径分别为 $1 \to 0$、2、3 和 $2 \to 0$、1、3，服务器端 3 因为宕机无法进行广播；

- 提交阶段 (commit)：服务器端 0、1、2、3 在 Prepare 阶段，若收到超过一定数量的相同请求，则进入 commit 阶段，并广播 commit 请求；
- 回复 (reply)：0、1、2、3 节点在 commit 阶段，若收到超过一定数量的相同请求，则对客户端 C 进行反馈。

> **注**：视图在 PBFT 中起到逻辑时钟的作用。在一个视图中，只有一个主节点，其余的节点均被称为辅助节点。每当主节点发生变化，视图编号都会随之变化（连续编号的整数）。主节点负责将客户端的请求排序并按顺序发送给辅助节点。辅助节点负责检查排序的合法性，当主节点宕机（无响应）或者辅助节点集体认为主节点是问题节点时，触发视图更换（View Change）协议来重新选举新的主节点。

2.6.2　PoW 机制

将新区块添加到区块链的过程称为"挖矿"，这一过程由名为"矿工"的节点来执行。在工作量证明（Proof of Work，PoW）共识机制中 [22]，所有矿工通过消耗算力解决数据难题来竞争以成为主节点，其中，最先解决了数学难题的节点称为主节点，该节点具有创建一个新的交易区块并将其添加到区块链中的权利。在比特币系统中，中本聪采用安全散列算法，将数学难题设计为针对区块头信息的双 SHA-256 哈希运算，如式 (2.2) 所示：

$$H(h_{i-1}, \text{nonce}, \text{tx}, \text{par}) < \text{Target} \qquad (2.2)$$

式中，h_{i-1} 表示前一个区块的哈希值；nonce 是一个 32 位（4Bytes）的随机整数，由矿工动态调整，用于求解满足挖矿条件的哈希值，其随机枚举过程体现了 PoW 核心思想；tx 表示经过验证的交易集合；par 表示区块链的版本、密码等其他参数信息。$H(\cdot)$ 是一个单向哈希函数。Target 是目标哈希值，其根据实际出块间隔和预期出块间隔定期进行调整。矿工会随机选择一个 nonce 值来计算区块头的哈希值，如果该哈希值小于预定目标值，那么该块被添加到区块链中。PoW 共识机制的执行过程如图 2.10 所示。

PoW 在比特币应用中生成一个区块平均需要 10 分钟，而确认区块平均需要 1 小时。由于新区块传播到其他节点需要一些时间，因此两个矿工有时会在前一个区块后同时添加一个区块，这个过程被称为"分叉"。一般来说，经过一段时间，由于不同的人可能选择不同的分叉出块，因此速度会有差异，从而导致不同分叉的区块链长度会有所不同。按照区块链最长链规则（Longest Chain Rule，LCR），一般会选择最长的分叉作为主链而舍弃其他较短的分叉，这时分叉便会被消除了，此种分叉也称为"软分叉"。但如果有一部分人坚持选择某一条较短的分叉，那么就会与主链分道扬镳，从而成为两个不同的区块链系统，这时我们就称这个新的区块链系统是从原有系统中硬分叉出来的。如果区块链系统出现比较大的升级，那么通常会进行硬分叉，使一部分矿工用新的规则挖矿，另一部分则继续遵循旧的规则。最后的结果要么是旧的矿工逐渐放弃旧规则，要么是继续分叉出两个系统。所以通过硬分叉实现的升级是不能向前兼容的，如果某个升级是向前兼容的，那么就是通过软分叉实现的。当多个区块同时要添加到一个区块链时，矿工会根据最长链原则，进行验证并将通过验证的区块上链。

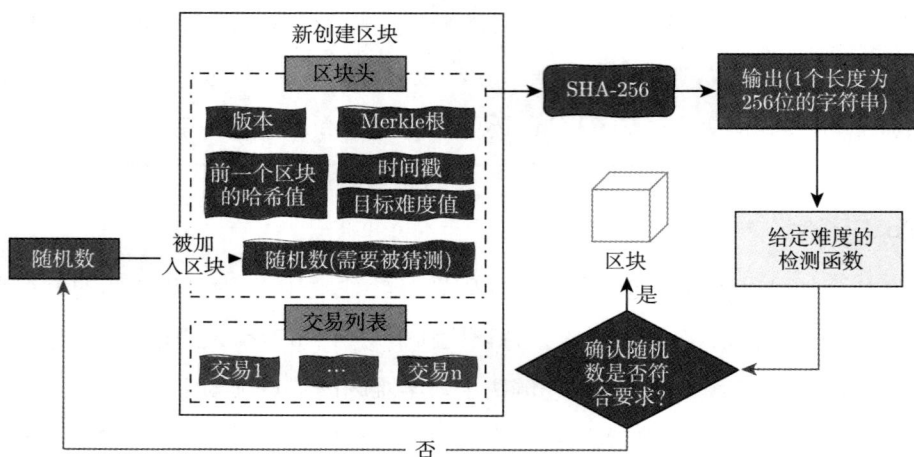

图 2.10 PoW 共识机制的执行过程

2.6.3 PoS 机制

权益证明（Proof of Stake，PoS）共识机制因其节能特性而被认为是针对 PoW 的有前途的替代方案。PoS 机制要求具有最高权益而非最高算力的节点获得记账权[23]。相对于 PoW 中 nonce 字段的大搜索空间，PoS 将搜索空间限制在一个计算量可接受的范围内；除此之外，PoS 还引入了"币龄"作为权益，其计算过程如式 (2.3) 所示：

$$\text{Coinage} = \text{Coin} \times \text{Age} \tag{2.3}$$

其中，Coinage 表示币龄，Age 表示币的持续持有时间。因此，PoS 可以用式 (2.4) 表示数据问题。

$$H(\text{BlockHeader}|\text{Timestamp}) < \text{Target} \times \text{Coinage} \tag{2.4}$$

其中，$H(\cdot)$ 是一个单向哈希函数；BlockHeader 表示区块头信息，其中包含 Timestamp 字段，其取值范围在前一个区块时间和当前时间之间；Target 表示目标哈希值。

在竞争出块记账权限前，拥有权益的节点会将自己的权益放入 PoS 机制，同时将身份转变为验证者，PoS 机制根据验证者下注的多少，选出一个记账者赋予出块记账权限。PoS 机制中的选择算法会综合考虑候选者的股权（持有的加密货币数量）和其他因素（如币龄和随机化），以确保网络上所有节点之间的公平性。币龄是其中一个因素，它代表了候选节点成为验证者的时间。某个节点担任验证者的时间越长，被选为记账者的机会就越大。另一个要考虑因素是随机块选择，其中验证器是根据最低哈希值和最高权益的组合情况来进行选择的。具有这些因素的最佳加权组合结果的节点会成为新的记账者。如果选出的记账者在一段时间内没有记账，那么 PoS 机制会重新选择记账者，并在出块完成后，进入下一轮记账。PoS 机制的执行过程如图 2.11 所示。PoS 缩短了共识达成的时间，减少了 PoW 机制的资源浪费，然而其也降低了恶意者对网络攻击的成本，存在"无利害关系（Nothing at Stake）"攻击的可能，且共识受少数富裕账户支配，缺乏公正性。

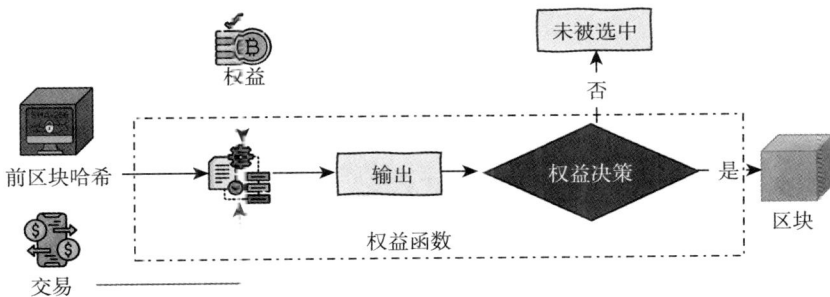

图 2.11　PoS 机制的执行过程

2.6.4　活动证明

活动证明（Proof of Activity，PoA）结合了 PoW 与 PoS 的特点，并进行了相应扩展 [24]。PoA 机制具有更为复杂的记账节点选取方法，同时具有更为公平的奖励机制。PoA 考虑了矿工的利益，使区块链网络优先考虑那些对网络建设有长远利益的矿工，而不仅仅选择那些拥有强大计算资源的矿工。PoA 机制的具体执行步骤如下：

- 每个矿工利用自身算力通过 PoW 机制计算得出 nonce，并生成一个空区块头，这个区块头除了没有交易信息数据，其他内容与正常区块一致。
- 最先生成空区块的节点会广播全网节点，全网节点接收到消息后，将此区块的哈希值与前一个区块的哈希值进行拼接，然后加上 n 个固定后缀值再次进行哈希，最后得到 n 个值作为输入，利用 follow-the-satoshi 程序输出 n 个随机权益持有者。其中，拥有加密货币数量越多的矿工被选为签名者的机会越大。

- 前 $n-1$ 个随机权益持有者对空区块进行签名，第 n 个随机权益持有者为获取到记账权的节点，其将在空区块的基础上添加交易数据与签名。
- 第 n 个随机权益持有者将打包好的区块进行全网广播，全网节点接收到区块信息后，对其进行验证并将通过验证的区块上链。
- 产生空区块的矿工与第 n 个随机权益持有者以及前 $n-1$ 个已签名的随机权益持有者共享交易费奖励。

PoA 可以有效地平衡区块链的安全性和效率，但与纯 PoW 或 PoS 机制相比，PoA 的实施过程可能更复杂，相应地安全性也可能更低。PoA 因部分使用 PoW 和 PoS 而被诟病，但其降低了受到 51% 攻击的风险。

2.6.5　委托权益证明

委托权益证明（Delegate Proof of Stake，DPoS）[25] 机制是区块链网络中使用的一种共识机制。它被视为传统的 PoW 和 PoS 机制的替代方案，目的是提供更高的可扩展性和效率。DPoS 机制包含两个部分，即选择出块人和达成共识。

选择出块人的过程确保了利益相关方（Stakeholder，通俗点也可以说是持币人）最终能有控制权。当网络不能顺利运行时，利益相关方的损失更大。就实际运行中如何达成共识而言，如何选择出块人几乎对其没有影响，因此，本书将重点介绍在选好出块人之后，如何达成共识。为了更好理解这个机制，假设存在 3 个块生产者，分别是 A、B 和 C，因此需要达成 2/3+1 的多数共识才能解决所有问题。这个简化的模型将假设生产者 C 是打破僵局的那个人（也就是 2/3+1 里面的 1，即胜负手）。

在现实世界中，会有 21（21 是主流 DPoS 链的超级节点数量设计）个甚至更多的出块人。与 PoW 一样，DPoS 遵循最长链规则。因此，无论任何时候，当一个诚实的节点看到一个有效的更长链时，它都会从当前链切换到更长的这条链。在每一个想得到的自然网络破坏的情况下，DPoS 都是健壮的，甚至在面对大部分出块人作弊时，其也是安全的。与其他共识机制不同，当大多数出块人出现问题时，DPoS 仍然可以继续工作。在此过程中，社区可以投票替换掉不合格的出块人，直到恢复 100% 参与率。

DPoS 之所以能有这么高的安全性，是因为其选择出块人和验证节点质量的算法。其通过赞成投票制（Approval Voting），确保即使一个人拥有 50% 的有效投票权，也不能独自选择出块人。DPoS 的设计初衷是在良好的网络连接、诚实节点 100% 参与共识的情况下，优化性能，这使得 DPoS 有能力在平均只有 1.5 秒的时间内以 99.9% 的确定性确认交易，并且能够以一种优雅和可检测的方式降级。与之相反，其他共识机制的设计前提是节点不诚实且网络条件恶劣，这样设计的最终结果就是网络的性能更差、延迟更高、更新开销更大，甚至在 33% 的节点出现问题的情况下就会彻底停止正常运转。

2.7　区块链中的挖矿

区块链中的挖矿是指节点通过计算复杂的数学问题来验证交易、创建新的区块，并将其添加到区块链的过程。挖矿通常采用 PoW 等共识机制来确保网络的安全性和去中心化。挖矿不仅能用于生成新的加密货币，还通过 PoW 机制防止"篡改区块"和"为造交易"等攻击行为的发生，保障了区块链的安全性与去中心化。同时，挖矿节点的竞争促进了整个网络的运转和交易的确认。

2.7.1　挖矿节点

挖矿节点是指参与区块链网络中交易验证和区块生成的节点。它们通过计算复杂的数学问题（如哈希运算）来竞争，以获得记账权，并将新的区块添加到区块链。挖矿节点的主要任务是通过 PoW 或其他共识机制来验证交易，确保区块链网络的安全性和去中心化。有些节点通过专门设计的用于挖掘比特币的计算机硬件系统来进行挖矿，以获得比特币。矿工节点可以是一个运行完整区块链网络的服务器，也可以是非完整区块链网络的节点。同区块链网络中的其他节点一样，矿工节点时刻监听着传播到区块链网络中的新区块，这些新加入的区块对挖矿节点有着特殊的意义。矿工间的竞争以新区块的传播作为结束，其如同宣布了谁是最后赢家。对于矿工们来说，收到一个新区块的验证请求意味着别人已经赢了，而自己则输了这场竞争。然而，一轮竞争的结束也代表着下一轮竞争的开始。新区块并不仅仅是象征着竞赛结束的方格旗，它也是下一个区块竞争赛的发令枪 [26]。

2.7.2　节点发现

在区块链中，节点之间的通信是通过 P2P 网络实现的，而节点发现通常是通过引导节点（Bootstrap Node）完成的。引导节点是一些已知的、长期在线的节点，它们会帮助新节点加入网络。新节点在启动时会先连接到这些引导节点，以获得一些活跃节点的地址，然后再与这些节点进行进一步连接，逐渐扩展自己的节点列表。一旦节点获取了其他节点的地址，它就可以尝试与这些节点建立连接，并开始交换数据。为了确保网络的去中心化，所有节点会定期与其他节点交换其已知的节点列表，从而不断更新和维护整个网络的拓扑结构。

2.7.3　连接对等点

在区块链网络中，"连接对等点"（Connecting Peers）指的是节点之间通过 P2P 网络协议建立直接通信链路的过程。这种连接方式摒弃了传统中心化服务器，使所有参与者以平等身份共同维护网络运行，是区块链去中心化灵魂的体现。连接对等点是通过发送"版本"消息来完成的，消息中包含版本号、块和远程节点的当前时间等信息。远程节点用它自己的"版本"消息进行响应。某一节点通过向另一节点发送 verack 消息来表明连接已建立。建立连接后，客户端可以向远程节点发送 getaddr 和 addr 消息来收集其他对等点的信息。为了维持与对等点的连接，系统默认设置如下：若某节点 30 分钟内处于不活动状态，其会主动向对等点发送消息以证明自身仍在线。如果 90 分钟过去了，对等点仍未收到其他消息，客户端将判定该连接已断开。

2.7.4 挖矿

挖矿是将新区块添加到区块链的过程。区块包含由区块链网络上的挖掘节点通过挖掘过程进行验证的交易。区块一旦被开采和验证，就会被添加到区块链中，从而保持区块链的不断增长。根据 PoW 的要求，这个过程是计算资源密集型的，因为矿工需要竞相寻找小于网络难度目标的哈希值。找到正确值面临的困难（有时也称为数学难题），确保了矿工在接受新提议的区块之前已经花费了所需的资源。矿工通过解决 PoW 问题（也称为部分哈希反转问题）来铸造新币。该过程会消耗大量资源，包括计算能力和电力等。此外，该过程还可以保护系统免受欺诈和双重支出攻击，同时向比特币生态系统添加更多虚拟货币。系统大约每 10 分钟创建（开采）一个新区块，以控制比特币的生成频率，这个频率需要由区块链网络来维持，并在比特币核心客户端中进行编码，以控制"货币供应"。通常，系统每天大约生成 144 个区块，即 1728 个比特币。虽然实际硬币数量每天可能会有所不同，但是，区块数量保持在平均每天 144 个。比特币的供应是有限的，预计到 2140 年，2100 万枚比特币会全部被创造出来，之后就不能再创造新的比特币了。但是，比特币矿工仍然可以通过收取交易费从生态系统中获利。区块链网络的吞吐量（Throughput Per Second，TPS）计算结果为 $TPS = \dfrac{事务处理量}{所需时间} = \dfrac{1024 \times 1024}{10 \times 60}$。

2.7.5 挖矿奖励

挖矿奖励是指成功将一个新的区块添加到区块链后，挖矿节点所获得的奖励。该奖励通常包括两部分，即区块奖励和交易费。区块奖励是指每当挖矿节点成功挖掘出一个新区块时，它将获得一定数量的加密货币（如比特币、以太坊）。这是区块链网络激励节点参与挖矿和维护网络安全的一种方式。交易费是指每个区块中包含的交易可能产生的少量交易费用，挖矿节点可以将这些费用作为额外的奖励收入。

比特币矿工的任务指的是一旦节点连接到区块链网络，矿工需要执行的任务，具体包括以下几点：

- 与网络同步：一旦新节点加入区块链网络，它就会通过向其他节点发送获取历史区块信息的请求来下载区块链。然而，与网络的同步不只是矿工的任务，也涉及接入区块链网络的所有节点。

- 交易验证：网络上广播的交易由全节点进行验证和确认签名，并输出验证结果。

- 区块验证：矿工和全节点可以通过某些规则来验证收到的区块。验证的内容主要包括区块中的每笔交易及随机数值。

- 创建新区块：矿工在验证交易后，通过组合网络上广播的交易来提议新区块。

- 执行 PoW：此任务是挖矿过程的核心，矿工通过解决数学难题找到有效区块。其中，区块头应包含一个 32 位随机数，矿工需要不断改变随机数，直到生成的哈希值小于预定目标。

一旦节点解决了数学难题，它立即向全网广播结果，其他节点对该结果进行验证并确定是否接受该区块。由于与几乎同时发现的另一个区块发生冲突，因此新铸造的区块有可能不会被网络上的其他矿工接受，但一旦被接受，矿工就将获得 12.5 个比特币和相关交易费的奖励。新区块会以大约 10 分钟的固定速率进行创建。每创建 210000 个区块（大约需要 4 年时间），新比特币的创建速度就会下降 50%。2009 年比特币刚兴起时，挖矿奖励曾经是 50 个比特币。每增加 210000 个区块，挖矿奖励就会减少一半。2012 年 11 月，挖矿奖励减半至 25 个。自 2020 年 5 月以来，每个区块的挖矿奖励变为 6.25 个比特币。PoW 共识机制被硬编码在比特币中，用于调节和控制通货膨胀并限制比特币的供应。矿工为了获得奖励，必须证明他们已经解决了数学难题。基于 PoW 的挖矿算法由以下步骤组成：

- 从区块链网络中检索前一个区块的区块头。

- 将网络上广播的一组交易组装成一个待提议的区块。

- 使用 SHA-256 算法，结合随机数和新提议的区块，计算前一个区块的区块头的双重哈希值。

- 检查生成的哈希值是否低于当前难度目标，若是，则数学难题被解决，发现的区块就可以被广播到网络了。矿工也将获得奖励。

- 如果生成的哈希值不小于当前难度目标，那么在增加随机数后重复上述过程。

2.7.6　矿池

矿池（Mining Pool）是指多个挖矿节点联合在一起，共同参与挖矿，并将获得的奖励按照贡献比例进行分配的方式。矿池的形成是为了降低单个节点挖矿的不确定性和难度，使小型节点也能够持续获得稳定的奖励。

当一组矿工共同挖掘一个区块时，就会形成一个矿池。如果成功挖掘出该区块，那么矿池管理员将收到"钱币库"（Coinbase）交易信息，然后负责将奖励分配给投入资源挖掘该区块的矿工组。这比单独挖矿更有利可图，因为在矿池中，奖励会支付给矿池的每个成员，无论他们（或更具体地说，他们各自的节点）是否解决了难题。矿池管理员可以使用各种模型向矿工支付报酬，如按份额付费模型和比例模型。在按份额付费模型中，矿池管理员向所有参与挖矿活动的矿工支付固定费用，而在比例模型中，比例是根据解决数学难题所花费的计算资源量确定的。现在存在许多商业矿池，它们通过云和易于使用的 Web界面提供挖矿服务合同，其中，最常用的是 AntPool、BTC 和 BTC.TOP。如果一个矿池通过产生超过 51% 的区块链网络哈希率来控制超过 51% 的网络，那么会产生挖矿集中化问题。如前文所述，51% 攻击可能会导致双重支付问题，并且会影响共识，甚至会在区块链网络上强加另一个版本的交易历史。这种事件在比特币发展过程中出现过一次，当时大型矿池 GHash.IO 成功获得了超过 51% 的网络容量。目前，学术界已经提出了诸如两阶段 PoW[27] 理论这样的解决方案，来抑制大型矿池。但该方案引入了第二个加密难题，导致矿池要么泄露其私钥，要么需要提供相当一部分的哈希率，从而降低了矿池的整体哈希率。

目前，收益最多的是专用集成电路（Application-Specific Integrated Circuit，ASIC）挖矿，因此许多供应商都提供专用硬件，如 Antminer、AvalonMiner 和 Whatsminer。现在，由于算力竞争激烈，单独挖矿的利润并不高，要想获得高昂的利润，只能花费大量金钱和精力来构建自己的挖矿设备甚至数据中心。在当前的难度因素下（截至 2020 年 6 月），如果矿工设法产生每秒 60 万亿哈希 (TH/s) 的哈希率，那么每天能赚取 0.000478 BTC（约0.01 美元），每年约 4 美元，这与采购可产生 60 TH/s 的设备所需的投资相比，利润非常低。例如，Antminer S9 是一款高效的 ASIC 矿机，其可产生 13.5 TH/s 的哈希算力，似乎每天都可以产生一些利润，但是，一台 Antminer S9 的成本约为 1700 英镑，加上电力成本，投资回报只有在挖矿近一年后才能实现，其挖矿产出约为 0.3 BTC。这似乎仍然是一项不错的投资，但也要考虑到区块链网络难度会随着时间的推移而不断增加，一年后挖矿将变得更加困难，而且挖矿硬件也将在几个月内耗尽其效用。

参 考 资 料

[1] COULOURIS G, DOLLIMORE J, KINDBERG T, et al. 分布式系统概念与设计 [J]. 计算机教育, 2013, 12: 30-35.

[2] BUFORD J, YU H, LUA E K. P2P networking and applications[M]. Morgan Kaufmann, 2009.

[3] LEGOUT A, URVOY-KELLER G, MICHIARDI P. Understanding bittorrent: An experimental perspective [J]. 2005.

[4] HAO W, ZENG J, DAI X, et al. BlockP2P: Enabling fast blockchain broadcast with scalable peer-to-peer network topology[C]//Green, Pervasive, and Cloud Computing: 14th International Conference, GPC 2019, Uberlândia, Brazil, May 26‑28, 2019, Proceedings 14. 2019: 223-237.

[5] 袁勇, 王飞跃. 区块链理论与方法财政金融 [M]. 区块链理论与方法财政金融, 2019.

[6] BCOS F. FISCO BCOS 3.0 技术文档. 2024. https://fisco-bcos-doc.readthedocs.io/zh-cn/latest/.

[7] AL-SHABI M A. A survey on symmetric and asymmetric cryptography algorithms in information security [J]. International Journal of Scientific and Research Publications (IJSRP), 2019, 9(3): 576-589.

[8] PRENEEL B. Cryptographic hash functions[J]. European Transactions on Telecommunications, 1994, 5(4): 431-448.

[9] NIST C. The digital signature standard[J]. Communications of the ACM, 1992, 35(7): 36-40.

[10] MERKLE R. A digital signature based on a conventional encryption function[J]. Proceedings of the IEEE Symposium on Security and Privacy, 1987: 22-31.

[11] 邱炜伟, 李伟. 区块链技术指南 [M]. 北京: 电子工业出版社. 2021.

[12] PACCIOLI L. Summa de arithmetica geometria proportioni et proportionalita[M]. Venice: Paganino Paganini, 1494.

[13] AGGARWAL S, KUMAR N. Hyperledger[G]//Advances in computers: vol. 121. Elsevier, 2021: 323-343.

[14] NAKAMOTO S. Bitcoin: A peer-to-peer electronic cash system[J]. Decentralized Business Journal, 2008, 1(2): 1–10.

[15] GERVAIS A, KARAME G O, WÜST K, et al. On the security and performance of proof of work blockchains [C]//Proceedings of the 2016 ACM SIGSAC conference on computer and communications security. 2016: 3-16.

[16] 张亮, 刘百祥, 张如意, 等. 区块链技术综述 [J]. 计算机工程, 2019, 45(5): 1-12.

[17] BRÜNJES L, GABBAY M J. UTxO-vs account-based smart contract blockchain program-
ming paradigms[C]//Leveraging Applications of Formal Methods, Verification and Validation:
Applications: 9th International Symposium on Leveraging Applications of Formal Methods,
ISoLA 2020, Rhodes, Greece, October 20-30, 2020, Proceedings, Part III 9. 2020: 73-88.

[18] BASHIR I. Mastering Blockchain 3rd Edition[M]. Mastering Blockchain 3rd Edition, 2020.

[19] LAMPORT L, SHOSTAK R, PEASE M. The Byzantine generals problem[G]//Concurrency:
the works of leslie lamport. 2019: 203-226.

[20] AKKOYUNLU E A, EKANADHAM K, HUBER R V. Some constraints and tradeoffs in the
design of network communications[C]//Proceedings of the fifth ACM symposium on Operating
systems principles. 1975: 67-74.

[21] CASTRO M, LISKOV B, et al. Practical byzantine fault tolerance[C]//OsDI: vol. 99: 1999.
1999: 173-186.

[22] JIN S, ZHANG X, GE J, et al. Overview of blockchain consensus algorithm[J]. Journal of
Information Security, 2021, 6(2): 85-100.

[23] GANESH C, ORLANDI C, TSCHUDI D. Proof-of-stake protocols for privacy-aware
blockchains[C]//Advances in Cryptology-EUROCRYPT 2019: 38th Annual International Con-
ference on the Theory and Applications of Cryptographic Techniques, Darmstadt, Germany,
May 19-23, 2019, Proceedings, Part I 38. 2019: 690-719.

[24] KAUR M, KHAN M Z, GUPTA S, et al. MBCP: Performance analysis of large scale mainstream
blockchain consensus protocols[J]. IEEE Access, 2021, 9: 80931-80944.

[25] YANG F, ZHOU W, WU Q, et al. Delegated proof of stake with downgrade: A secure and
efficient blockchain consensus algorithm with downgrade mechanism[J]. IEEE access, 2019, 7:
118541-118555.

[26] ANTONOPOULOS A M. Mastering Bitcoin: Programming the open blockchain[M]. " O'Reilly
Media, Inc.", 2017.

[27] BASTIAAN M. Preventing the 51%-attack: a stochastic analysis of two phase proof of
work in bitcoin[C]//Availab le at http://referaat. cs. utwente. nl/conference/22/paper/7473/
preventingthe-51-attack-astochasticanalysis- oftwo-phase-proof-of-work-in-bitcoin. pdf. 2015.

源码解析篇

在源码解析篇中，我们首先从宏观角度梳理了比特币程序的运行流程，以便读者对比特币的整体架构和工作原理有一个初步的了解。通过对这一部分的梳理，读者能够理解比特币系统是如何通过分布式网络、加密技术及共识机制来保证交易的安全性和区块链的不可篡改性的。其次，深入分析了比特币区块链中各个模块的实现细节。这一部分的重点在于从源码层面介绍比特币的内部机制，使读者能够深入地了解各个模块如何协同工作，以确保区块链网络的高效和安全。具体来说，本篇从以下三个主要模块展开讨论：

- 比特币程序的运行流程

  比特币程序的运行流程包括交易的发起、验证、打包成区块、共识机制的执行以及将区块加入区块链等多个环节。在该模块中，我们详细梳理了比特币的基本工作原理，并结合代码实现，深入剖析了每个环节是如何协同运作的。

- 交易模块和区块模块源码解析

  比特币的交易是区块链网络的核心，而区块则是交易的载体。交易模块主要负责构建和验证交易，以确保每笔交易的有效性；而区块模块则负责将一组交易打包并形成新的区块。通过对源码的解析，我们向读者展示了交易数据的存储结构、交易的签名和验证机制，以及区块的连接方式。

- 共识和挖矿模块

  比特币的共识机制是保证去中心化网络中交易一致性的关键。根据 PoW 机制，矿工们通过计算复杂的哈希值来竞争获得新区块的添加权限。本篇通过详细分析比特币的挖矿模块，展示了 PoW 机制如何利用资源消耗来保证网络的安全性。同时，本篇还讲解了共识机制如何在区块链网络的节点竞争中达成一致，从而使区块链保持同步和一致。

通过对以上三个模块的源码分析，本篇为读者梳理了比特币各个模块的内部实现方式，也为读者提供了一个深入学习区块链技术的路径。

第 3 章　比特币程序的运行流程

比特币程序的运行流程包括多个关键步骤，其具体流程如图 3.1所示。首先，节点启动时会加载配置文件并连接其他节点，同时加载和验证本地的区块链数据。然后，节点通过 P2P 协议与其他节点进行通信，交换区块和交易信息。在区块链的管理过程中，节点接收到新区块时，会进行哈希验证、父区块验证及交易有效性验证，以确保区块符合 PoW 规则。每个节点收到有效交易后，都会将其放入内存池（mempool）并广播给其他节点，以等待其被矿工打包成新区块。

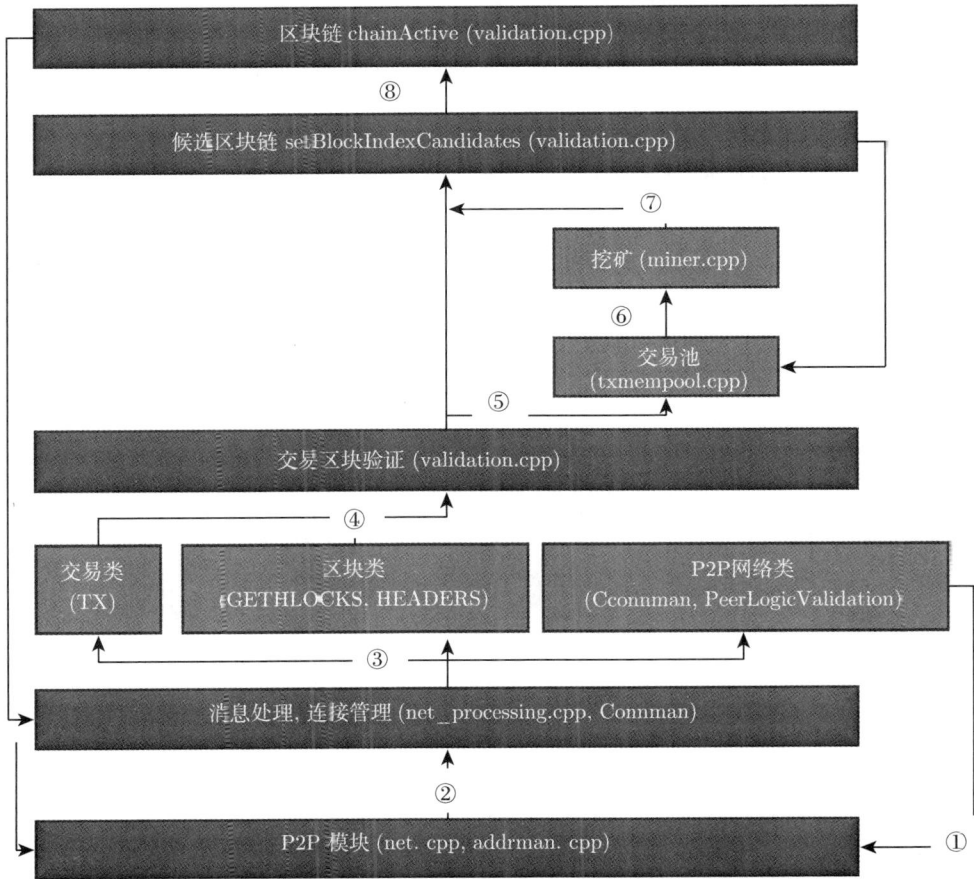

图 3.1　比特币程序的运行流程

比特币采用 PoW 作为共识机制，以确保去中心化和安全性。在挖矿过程中，矿工通过不断尝试不同的 nonce 值，来计算区块哈希值以满足目标条件，成功的区块会被广播到网络。区块链中的节点会选择最长链作为有效链，并更新本地的区块链数据。每次新区块添加都会确认其中的交易，从而增加了交易的确认数。矿工通过成功挖矿获得奖励，其包括新生成的比特币和交易费。

此外，节点提供 RPC（Remote Procedure Call）接口，允许外部应用与区块链进行交互，如查询区块链状态或发起交易等。整个系统通过节点间的同步和选择最长链来保证网络的一致性和数据的可靠性。因此，本章从比特币的主函数着手，通过分析其配置、参数、应用初始化、网络初始化、区块链加载等源码，帮助读者梳理比特币的运行机理。

3.1 比特币主函数介绍

每个计算机程序都有它的执行流程，比特币也不例外。比特币节点客户端有两种启动方式，一种是无图形界面的，通过二进制可执行文件 bitcoind 启动；另一种是有图形界面的，通过 bitcoind-qt 启动。比特币程序的入口函数是 bitcoind.cpp 中的主函数 main()，其代码如下，程序流程图如图 3.2 所示。

```
int main(int argc, char* argv[]){
    SetupEnvironment();
    // 连接 bitcoind 信号处理程序
    noui_connect();
    return (AppInit(argc, argv) ? 0 : 1);
}
```

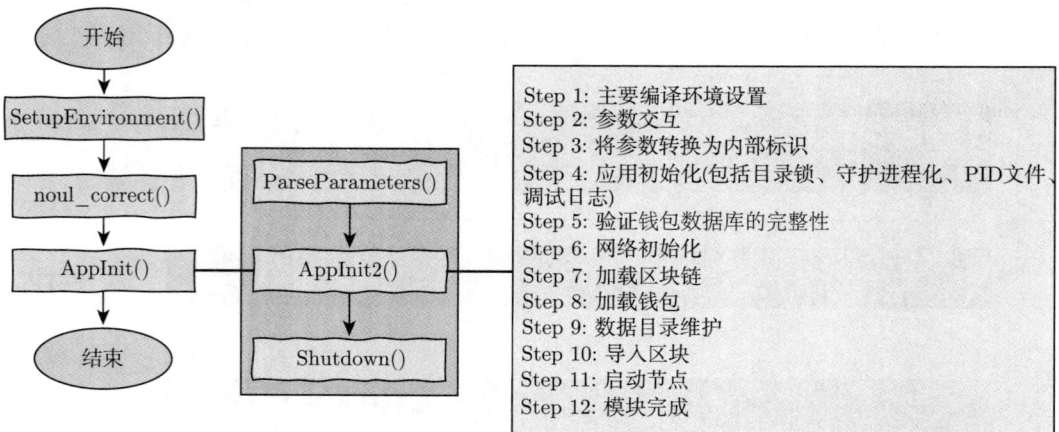

图 3.2　比特币 main() 函数程序流程图

main() 函数主要做三件事，分别是：

- 调用 SetupEnvironment() 函数设置系统运行环境；
- 调用 noui_connect() 函数连接 bitcoind 信号处理程序；
- 调用 AppInit() 函数对一些配置进行初始化并返回初始化的结果。

1. SetupEnvironment() 函数

SetupEnvironment() 函数位于 util.cpp 中，主要功能是设置区域（locale）。在大多数 POSIX 系统（如 Linux）中，locale 环境的初始设置可能无效，因此在这类系统中需要尝试设置 locale。在设置过程中，如果出现异常，那么将 locale 的值设为默认值 "C"（别名是 "POSIX"），用来代表通用 locale，即不区分区域。SetupEnvironment() 函数代码如下：

```
1  void SetupEnvironment(){
2      #if !defined(WIN32) && !defined(MAC_OSX) && !defined(__FreeBSD__) && !defined(
           __OpenBSD__)
3      // 如果当前区域设置无效，那么捕捉运行时异常并设置locale为默认值 "C"
4      try {
5          std::locale("");
6      } catch (const std::runtime_error&) {
7          setenv("LC_ALL", "C", 1);
8      }
9      #endif
10     // locale路径是懒加载的，为了避免在多线程环境中出现重复初始化的错误，它由主线程显式设
           置。一个虚拟locale被用来从内部提取默认的locale，通过使用boost::filesystem::path，
           将其显式地注入路径。
11     std::locale loc = boost::filesystem::path::imbue(std::locale::classic());
12     boost::filesystem::path::imbue(loc);
13 }
```

2. noui_connect() 函数

noui_connect() 函数位于 noui.cpp 中，主要功能是建立子线程和主线程之间的连接，用于无图形界面程序中的消息处理。消息包括两类，分别是消息弹出框信息提示消息（noui_ThreadSafeMessageBox）和程序初始化过程消息（noui_InitMessage）。noui_connect() 函数代码如下：

```
1  void noui_connect(){
2      // 连接bitcoind信号处理器
3      uiInterface.ThreadSafeMessageBox.connect(noui_ThreadSafeMessageBox);
4      uiInterface.InitMessage.connect(noui_InitMessage);
5  }
```

3. AppInit() 函数

AppInit() 函数和 main() 函数处于同一文件中，其首先处理启动程序时附带的一些参数，主要包括帮助信息（-?，-h 和-help）、版本信息（-version）、配置文件路径（-datadir）、网络类型（-testnet 和-regtest）、RPC 命令（bitcoin:*）和守护进程（-daemon）等，然后调用 AppInit2() 函数进行进一步初始化。AppInit() 函数代码如下：

```
1   bool AppInit(int argc, char* argv[]){
2       boost::thread_group threadGroup; // 声明线程池变量
3       CScheduler scheduler; // 声明调度器变量
4       bool fRet = false;
5       // 如果使用了Qt，那么参数在qt/bitcoin.cpp中的main函数中进行解析
6       ParseParameters(argc, argv);
7       // 处理帮助和版本参数，如果启动程序时带有"-?""-h""-help""-version"参数，那么打
          印对应信息，然后返回false（0），不再向下执行。
8       if (mapArgs.count("-?") || mapArgs.count("-h") || mapArgs.count("-help") || mapArgs
           .count("-version")){
9           std::string strUsage = _("Bitcoin Core Daemon") + " " + _("version") + " " +
               FormatFullVersion() + "\n";
10          if (mapArgs.count("-version")){
11              strUsage += LicenseInfo();
12          } else{
13              strUsage += "\n" + _("Usage:") + "\n" + " bitcoind [options]
14                                      " + _("Start Bitcoin Core Daemon") + "\n";
15              strUsage += "\n" + HelpMessage(HMM_BITCOIND);
16          }
17          fprintf(stdout, "%s", strUsage.c_str());
18          return false;
19      }
20      try{
21          // 如果-datadir参数传入的路径不存在，那么打印提示信息并返回false（0）
```

```
22        if (!boost::filesystem::is_directory(GetDataDir(false))){
23            fprintf(stderr, "Error: Specified data directory \"%s\" does not exist.\n",
                  mapArgs["-datadir"].c_str());
24            return false;
25        }
26        // 读取配置文件
27        try{
28            ReadConfigFile(mapArgs, mapMultiArgs);
29        } catch (const std::exception& e) {
30            fprintf(stderr,"Error reading configuration file: %s\n", e.what());
31            return false;
32        }
33        // 检查-testnet或-regtest参数
34        try {
35            SelectParams(ChainNameFromCommandLine());
36        }
37        catch (const std::exception& e) {
38            fprintf(stderr, "Error: %s\n", e.what());
39            return false;
40        }
41        // 判断参数中是否包含RPC命令
42        bool fCommandLine = false;
43        for (int i = 1; i < argc; i++)
44            if (!IsSwitchChar(argv[i][0]) && !boost::algorithm::istarts_with(argv[i], "
                  bitcoin:"))
45                fCommandLine = true;
46        // 如果命令行中包含RPC命令, 那么提示不应该在bitcoind中使用RPC命令, 而是使用bitco-
              incli
47        if (fCommandLine){
48            fprintf(stderr, "Error: There is no RPC client functionality in bitcoind
                  anymore. Use the bitcoin-cli utility instead.\n");
49            exit(1);
50        }
51    // 处理WIN32系统中的后台进程
52    #ifndef WIN32
53        fDaemon = GetBoolArg("-daemon", false);
```

```
54      if (fDaemon){
55          fprintf(stdout, "Bitcoin server starting\n");
56          // 守护进程化
57          pid_t pid = fork();
58          if (pid < 0){
59              fprintf(stderr, "Error: fork() returned %d errno %d\n", pid, errno);
60              return false;
61          }
62          if (pid > 0) // 父进程, pid为子进程id{
63              return true;
64          }
65          // 子进程继续执行剩余的初始化部分
66          pid_t sid = setsid();
67          if (sid < 0)
68              fprintf(stderr, "Error: setsid() returned %d errno %d\n", sid, errno);
69      }
70  #endif
71      SoftSetBoolArg("-server", true);
72      // 尽早设置, 以便参数交互结果传到控制台
73      InitLogging();
74      InitParameterInteraction();
75      // 调用AppInit2函数进行进一步初始化, 并将线程池变量和调度器变量作为参数传入
76      fRet = AppInit2(threadGroup, scheduler);
77  }
78  catch (const std::exception& e) {
79      PrintExceptionContinue(&e, "AppInit()");
80  } catch (...) {
81      PrintExceptionContinue(NULL, "AppInit()");
82  }
83  if (!fRet){
84      Interrupt(threadGroup);
85      // 这里省略了threadGroup.join_all(); 因为我们没有测试所有内容
86      // 设置启动失败的情况, 以确保不会由某些原因导致程序挂起
87      // 在启动期间线程因等待另一个线程而被阻塞的情况
88  } else {
89      WaitForShutdown(&threadGroup);
```

```
90      }
91      Shutdown();
92      return fRet;
93  }
```

4. AppInit2() 函数

AppInit2() 函数位于 init.cpp 中。按照官方注释，可以将 AppInit2() 函数的功能分为 12 个部分，如图 3.2 所示。AppInit2() 函数代码如下：

```
1   /** 初始化比特币
2    * 参数已解析，并且配置文件已卖取
3    */
4   bool AppInit2(boost::thread_group& threadGroup, CScheduler& scheduler){
5       // **** Step 1: 主要编译环境设置
6       // xxxxxx
7       // **** Step 2: 参数交互
8       // xxxxxx
9       // **** Step 3: 将参数转换为内部标识
10      // xxxxxx
11      // **** Step 4: 应用初始化：目录锁、守护进程化、PID 文件、调试日志
12      // xxxxxx
13      // **** Step 5: 验证钱包数据库的完整性
14      // xxxxxx
15      // **** Step 6: 网络初始化
16      // xxxxxx
17      // **** Step 7: 加载区块链
18      // xxxxxx
19      // **** Step 8: 加载钱包
20      // xxxxxx
21      // **** Step 9: 数据目录维护
22      // xxxxxx
23      // **** Step 10: 导入区块
24      // xxxxxx
25      // **** Step 11: 启动节点
26      // xxxxxx
27      // **** Step 12: 模块完成
```

```
28      // xxxxxx
29      return !fRequestShutdown;
30  }
```

3.2 主要编译环境设置

以下代码主要用于对代码编译和运行的环境进行一些处理，具体包括处理特定编译器设置、处理 Windows 环境数据执行保护（DEP）、初始化网络、处理非 Windows 环境。

主要编译环境设置代码具体内容如下：

```
1   #ifdef _MSC_VER
2       // 关闭Microsoft堆转储噪声
3       _CrtSetReportMode(_CRT_WARN, _CRTDBG_MODE_FILE);
4       _CrtSetReportFile(_CRT_WARN, CreateFileA("NUL", GENERIC_WRITE, 0, NULL,
            OPEN_EXISTING, 0, 0));
5   #endif
6   #if _MSC_VER >= 1400
7       // 禁用，在执行过程中按下Ctrl+C时，出现的混淆性"帮助"文本信息
8       _set_abort_behavior(0, _WRITE_ABORT_MSG | _CALL_REPORTFAULT);
9   #endif
10  #ifdef WIN32
11      // 启用数据执行保护 (DEP)
12      // 支持的最低操作系统版本: WindowsXP SP3, Windows Vista >= SP1, Windows Server 2008
13      // 失败是非关键性的，不需要进一步关注
14  #ifndef PROCESS_DEP_ENABLE
15      // 我们在这里定义它，因为GCCs的winbase.h限制了_WIN32_WINNT >= 0x0601 (Windows 7)
16      // 这是不正确的，因为当GCCs的winbase.h被修复时，可以删除
17  #define PROCESS_DEP_ENABLE 0x00000001
18  #endif
19      typedef BOOL (WINAPI *PSETPROCDEPPOL)(DWORD);
20      PSETPROCDEPPOL setProcDEPPol = (PSETPROCDEPPOL)GetProcAddress(GetModuleHandleA("
            Kernel32.dll"), "SetProcessDEPPolicy");
21      if (setProcDEPPol != NULL) setProcDEPPol(PROCESS_DEP_ENABLE);
22  #endif
23      if (!SetupNetworking())
```

```
24        return InitError("Initializing networking failed");
25  #ifndef WIN32
26      if (GetBoolArg("-sysperms", false)) {
27  #ifdef ENABLE_WALLET
28          if (!GetBoolArg("-disablewallet", false))
29              return InitError("-sysperms is not allowed in combination with enabled
                        wallet functionality");
30  #endif
31      } else {
32          umask(077);
33      }
34      // 在接收到SIGTERM时, 关闭
35      struct sigaction sa;
36      sa.sa_handler = HandleSIGTERM;
37      sigemptyset(&sa.sa_mask);
38      sa.sa_flags = 0;
39      sigaction(SIGTERM, &sa, NULL);
40      sigaction(SIGINT, &sa, NULL);
41      // 在接收到SIGHUP时, 重新打开debug.log
42      struct sigaction sa_hup;
43      sa_hup.sa_handler = HandleSIGHUP;
44      sigemptyset(&sa_hup.sa_mask);
45      sa_hup.sa_flags = 0;
46      sigaction(SIGHUP, &sa_hup, NULL);
47      // 忽略SIGPIPE, 否则若客户端意外关闭, 它将关闭守护进程
48      signal(SIGPIPE, SIG_IGN);
49  #endif
```

　　这段代码首先对 Visual Studio 的一些特殊设置进行了处理, 详见第 1~9 行代码, 其处理了微软的 Visual Studio 编译环境, 具体处理步骤为:

　　a. 通过检验 Microsoft 的 C 编译器版本（_MSC_VER）的定义情况来确定当前主机的运行环境;

　　b. 在确认当前主机使用 Microsoft 的 C 编译器后, 对其报告格式与报告文件进行特殊配置, 其中, 设置开发编译环境的报告类型为警告, 报告的输出方式为文件输出; 创建一个空的文件, 把警告消息输出到这个文件中, 即关闭警告消息;

　　c. 在这里，VC++8.0 版本对 CRT 做了些许改动，新 CRT 版本在出现错误时，会强制把异常抛给默认的调试器，而不再通知应用程序设置的异常捕获函数，因此我们需要经过特殊处理，以把异常抛给异常捕获函数，即先通过查看 __MSC_VER 的版本号（VC8.0 对应版本号为 1400）来判断其版本是否需要进行以上处理，然后调用 __set_abort_behavior() 函数把异常抛给异常捕获函数。

　　接下来，该段代码会处理 Windows 环境数据执行保护（DEP），详见第 10~22 行，其只在主机处于 Windows 环境时才执行。这段代码主要针对 WIN32 系统中的 DEP，是为了防止缓冲区溢出攻击而采用的一种保护措施，目的是保护内存中的数据，以确保不会将其当成代码一样来执行。由于 GCC 中的 winbase.h 中采取了限制措施，因此只有当系统版本满足 __WIN32_WINNT >= 0x0601(Windows 7) 时才会启用 DEP，这就导致低版本默认没有启用 DEP，这时就需要手动开启了。开启的方式为通过函数指针获取 Kernel32.dll 中的 SetProcessDEPPolicy() 函数对象，以实现 DEP 功能。最后初始化网络，详见第 23~24 行代码，其中调用的 SetupNetworking() 方法的具体内容如下。

```
1  bool SetupNetworking(){
2  #ifdef WIN32
3      // 初始化Windows套接字
4      WSADATA wsadata;
5      int ret = WSAStartup(MAKEWORD(2,2), &wsadata);
6      if (ret != NO_ERROR || LOBYTE(wsadata.wVersion ) != 2 || HIBYTE(wsadata.wVersion)
          != 2)
7          return false;
8  #endif
9      return true;
10 }
```

　　此处初始化网络主要针对的是 Windows 系统，若当前主机不使用 Windows 系统，则直接返回 true（成功）。对于 Windows 系统，此部分代码主要用于实现 Windows Sockets 的初始化。Windows Sockets 是 Windows 下得到广泛应用的、开放的、支持多种协议的网络编程接口。这里通过 WSAStartup() 函数将 Windows Sockets 的版本号设置为（2，2），操作系统会将 Sockets 的版本信息通过第二个参数（此处的 &wsadata）传回来，我们通过判断此时 wsadata.wVersion 的值是否为我们设置的版本号，来确定初始化是否成功。当出现参数的值为 NO_ERROR（无此版本号 error）或当前版本号与前面设置不匹配时，则表示网络初始化失败，并返回 false。第 25~33 行代码用于处理非 Windows 环境。对于非 Windows

环境，需要进行两方面的处理，即文件创建权限处理与信号量处理。对于文件创建权限处理，首先判断是否设置了 -sysperms 参数，该参数表示文件的控制权限。如果为 false（即此时没有设置 -sysperms 参数），那么执行 umask(077)[umask() 函数用于设置文件与文件夹使用权限，077 代表—rwxrwx，即 owner 没有任何权限，group 和 other 有完全的操作权限]；如果为 true（即此时设置了 -sysperms 参数），那么先判断是否定义了可用钱包，若钱包启用，则抛出错误 [因为 umask(077) 只在钱包功能被禁止时才起作用]。对于信号量处理，主要分为进程终止信号处理、挂起信号处理、管道信号处理三部分，其具体内容如下。

（1）进程终止信号处理

首先创建一个名为 sigaction 的结构体，并对该结构体中包括信号处理器等在内的成员进行赋值，而后将其 sa_handler 设置为 HandleSIGTERM，具体代码如下：

```
1  void HandleSIGTERM(int){
2      fRequestShutdown = true;
3  }
```

这个函数将 fRequestShutdown 这个变量的值设为 true，代表所有运行的线程都将有序关闭。然后通过 sigaction() 函数将 SIGTERM 与 SIGINT 关闭 [sigaction() 函数的功能是检查或修改与指定信号相关的处理动作（可同时进行上述两种操作）]。

（2）挂起信号处理

与进程终止信号处理的过程类似，只不过这里的处理器变为了 HandleSIGHUP() 函数，具体实现代码如下：

```
1  void HandleSIGHUP(int){
2      fReopenDebugLog = true;
3  }
```

这个函数将全局变量 fReopenDebugLog 的值设置成 true，这样会使 util.cpp 中的 LogPrintStr 重新打开调试日志打印文件，然后通过 sigaction() 函数将 SIGHUP 关闭。

（3）管道信号处理

这一部分主要用于防止因客户端不小心关闭而导致守护进程连带关闭这一问题的发生，通过 signal(SIGPIPE, SIG_IGN) 忽略信号 SIGPIPE，实现与 Socket 编程。TCP 的全双工信道，可以看作两条单工信道，TCP 连接两端的两个端点各负责一条信道。当对端调用 close() 方法时，虽然本意是关闭这两条信道，但是本端只会收到 FIN 包。按照 TCP 协议的语义，这表示对端只是关闭了其所负责的那一条单工信道，本端仍然可以继续接收数据，也就是说本端无法获知对端的 Socket 是调用了 close() 还是 shutdown()。对于一个已经收到 FIN 包的 Socket 调用 read() 方法, 如果接收缓冲已空, 那么返回 0, 表示连接关闭。但第一次对其调用 write() 方法时, 如果发送缓冲没问题, 那么会返回 1, 但发送的报文会导致对端不断发送 RST 报文, 因为对端的 Socket 已经调用了 close() 方法, 实现了完全关闭, 因此既不发送也不接收数据。所以, 第二次调用 write() 方法 (假设在收到 RST 报文之后), 会生成 SIGPIPE 信号, 导致进程退出。为了避免这一现象, 可以捕获 SIGPIPE 信号或者忽略它, 这可以通过设置 SIG_IGN 信号处理函数 signal(SIGPIPE, SIG_IGN) 来实现。这样, 在第二次调用 write() 方法时, 就会返回 −1, 同时将 errno 设置为 SIGPIPE, 此时程序便能知道对端已经关闭了。主要编译环境设置部分的流程图如图 3.3 所示, 其调用的方法及其功能如表 3.1 所示。

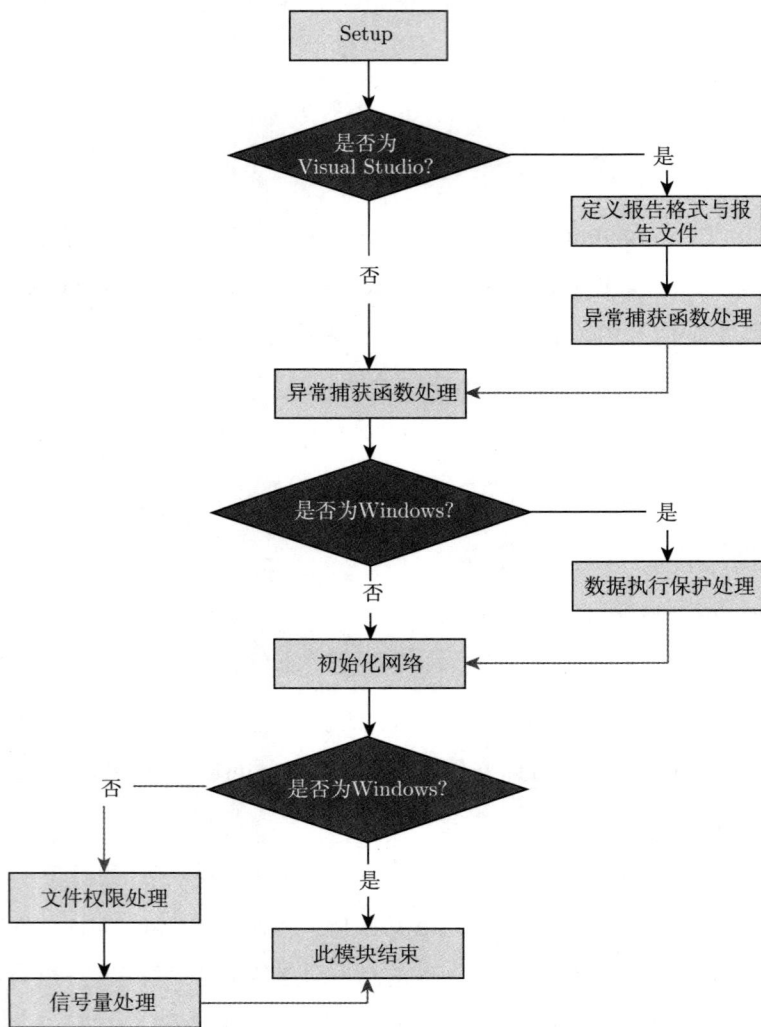

图 3.3　主要编译环境设置部分的流程图

表 3.1　主要编译环境设置部分调用的方法及其功能

作用对象	方法名称	作用
Visual Studio	CrtSetReportMode	将报告格式定义为警告，同时定义为文件输出（正常为控制台输出）
	_CrtSetReportFile	定义报告输出文件
	_set_abort_behavior	将异常抛给异常捕捉函数（8.0 新特性）
Windows	PROCESS_DEP_ENABLE	Windows 7 以上启用 DEP
	PSETPROCDEPPOL	手动启用 DEP
	WSAStartup	初始化 Windows Sockets
非 Windows	umask(077)	文件控制权限
	sigaction(SIGTERM, &sa, NULL); sigaction(SIGINT, &sa, NULL);	进程终止信号处理
	sigaction(SIGHUP, &sa_hup, NULL);	挂起信号处理
	signal(SIGPIPE, SIG_IGN)	管道信号处理

3.3　参　数　交　互

以下代码主要完成区块链参数交互，用于对参数的取值进行限定，即某些参数在另一个参数确定为某一值时，其取值只能限定在一定范围内。参数交互的具体代码如下：

```
1  const CChainParams& chainparams = Params();
2     // 另请参阅：InitParameterInteraction()
3     // 如果使用区块修剪，那么禁用交易索引
4     if (GetArg("-prune", 0)) {
5         if (GetBoolArg("-txindex", DEFAULT_TXINDEX))
6             return InitError(_("Prune mode is incompatible with -txindex."));
7  #ifdef ENABLE_WALLET
8     if (GetBoolArg("-rescan", false)) {
9         return InitError(_("Rescans are not possible in pruned mode. You will need
                to use -reindex which will download the whole blockchain again."));
10    }
11 #endif
12    }
13    // 确保有足够的文件描述符可用
14    int nBind = std::max((int)mapArgs.count("-bind") + (int)mapArgs.count("-whitebind")
        , 1);
15    int nUserMaxConnections = GetArg("-maxconnections", DEFAULT_MAX_PEER_CONNECTIONS);
16    nMaxConnections = std::max(nUserMaxConnections, 0);
```

```
17    // 调整请求的连接数量，以适应系统的限制
18    nMaxConnections = std::max(std::min(nMaxConnections, (int)(FD_SETSIZE - nBind -
          MIN_CORE_FILEDESCRIPTORS)), 0);
19    int nFD = RaiseFileDescriptorLimit(nMaxConnections + MIN_CORE_FILEDESCRIPTORS);
20    if (nFD < MIN_CORE_FILEDESCRIPTORS)
21        return InitError(_("Not enough file descriptors available."));
22    nMaxConnections = std::min(nFD - MIN_CORE_FILEDESCRIPTORS, nMaxConnections);
23    if (nMaxConnections < nUserMaxConnections)
24        InitWarning(strprintf(_("Reducing -maxconnections from %d to %d, because of
              system limitations."), nUserMaxConnections, nMaxConnections));
```

这段代码首先针对与 Merkle 树相关的参数进行设置。Merkle 树是一种哈希二叉树，它是一种用来快速归纳和校验大规模数据完整性的数据结构。在区块链网络中，Merkle 树被用来归纳一个区块中的所有交易，同时生成整笔交易集合的数字指纹，其提供了一种校验区块是否存在某种交易的高效途径。Merkle 树中的叶节点表示每笔交易的哈希值，每两个子节点的父节点都表示将它们的哈希值串联后产生的新哈希。Merkle 树的修剪过程是删除树中不需要的节点的过程。如果需要维护完整的交易索引或者需要重扫描，那么 Merkle 树不能被修剪。修剪过程遵循的原则为：当叶节点代表的交易的输出为 0 时，这个叶节点可以被删除；当一个节点的所有子节点都已被删除时，这个节点也可以被删除。修剪过程涉及的相关参数如下：

- -prune 参数：判断 Merkle 树是否存在可被删除的节点，取值为 true 或 false；
- -txindex 参数：判段是否需要维护完整的交易索引，取值为 true 或 false；
- -rescan 参数：判断是否需要对 Merkle 树进行重扫描，取值为 true 或 false。

该过程的参数交互代码详见第 4~13 行，其首先判断-prune 参数是否为 true，若为 true，则判断-txindex 参数和-rescan 参数是否为 true，若亦为 true 则产生冲突，返回错误；然后进行与文件描述符相关的参数交互。

在类 UNIX 系统中，一般限定打开文件数不超过内存的 10%（按 KB 计，称为系统级限制），同时也会对单个进程最大打开文件数进行限制（用户级限制），一般默认为 1024KB。这段代码指出，手动设置的 -maxconnections 不一定生效，若"用户级限制 - 绑定的端口个数（'-bind' + '-whitebind'）- 'MIN_CORE_FILEDESCRIPTORS' - 'MAX_ADDNODE_CONNECTIONS'"值更小，则取该值。对于 Windows 系统而言，则无视这些限制，将最大打开文件数设置为 2048KB。该过程涉及的相关参数如下：

- -bind 和-whitebind：两种绑定对应的用户级限制；

- -maxconnections：输入的最大连接数；
- -MIN_CORE_FILEDESCRIPTORS：最小中心文件描述符；
- -MAX_ADDNODE_CONNECTIONS：按节点相加的最大连接数。

该过程的参数交互代码详见第 15~25 行，这段代码指出：手动设置的-maxconnections 不一定生效，若"用户级限制 - 绑定的端口个数"的值更小，则取该值。该值的计算方式为：('-bind' + '-whitebind')- 'MIN_CORE_FILEDESCRIPTORS' - 'MAX_ADDNODE_CONNECTIONS'。在进入 AppInit2() 之前，InitParameterInteraction() 函数对相关参数进行了初始化。

-bind 参数和 -whitebind 参数的相关配置代码如下：

```
1  if (mapArgs.count("-bind")) {
2      if (SoftSetBoolArg("-listen", true))
3          LogPrintf("%s: parameter interaction: -bind set -> setting -listen=1\n",
               __func__);
4  }
5  if (mapArgs.count("-whitebind")) {
6      if (SoftSetBoolArg("-listen", true))
7          LogPrintf("%s: parameter interaction: -whitebind set -> setting -listen=1\n",
               __func__);
8  }
```

上述代码用于绑定地址并对其进行监听。参数-bind 和-whitebind 都可用于绑定地址，程序对这两种参数的处理方式是一样的，即通过 SoftSetBoolArg() 函数实现对-listen 参数的设置，并将其值设置为 true。

-connect 参数的相关配置代码如下：

```
1  if (mapArgs.count("-connect") && mapMultiArgs["-connect"].size() > 0){
2      if (SoftSetBoolArg('-dnsseed", false)
3
4      LogPrintf("%s: parameter interaction: -connect set -> setting -dnsseed=0\r",
               __func__);
5      if (SoftSetBoolArg("-listen", false))
6      LogPrintf("%s: parameter interaction: -connect set -> setting -listen=0\n",
               __func__);
7  }
```

上述代码用于连接可信节点，并判断-connect 参数是否包含在 mapArgs() 函数中，如果是并且没有绑定地址，那么将-dnsseed 和-listen 参数的值设为 false，表示不允许监听请求，并且不通过 dns 种子随机发现网络中的节点。

-listen、-upnp、-discover 参数的相关配置代码如下：

```
1   if (mapArgs.count("-proxy")) {
2       if (SoftSetBoolArg("-listen", false))
3           LogPrintf("%s: parameter interaction: -proxy set -> setting -listen=0\n",
                __func__);
4       if (SoftSetBoolArg("-upnp", false))
5           LogPrintf("%s: parameter interaction: -proxy set -> setting -upnp=0\n", __func__
                );
6       if (SoftSetBoolArg("-discover", false))
7           LogPrintf("%s: parameter interaction: -proxy set -> setting -discover=0\n",
                __func__);
8   }
9   if (!GetBoolArg("-listen", DEFAULT_LISTEN)) {
10      if (SoftSetBoolArg("-upnp", false))
11          LogPrintf("%s: parameter interaction: -listen=0 -> setting -upnp=0\n", __func__)
                ;
12      if (SoftSetBoolArg("-discover", false))
13          LogPrintf("%s: parameter interaction: -listen=0 -> setting -discover=0\n",
                __func__);
14      if (SoftSetBoolArg("-listenonion", false))
15          LogPrintf("%s: parameter interaction: -listen=0 -> setting -listenonion=0\n",
                __func__);
16  }
```

上述代码用于实现对代理和监听的设置，其中，如果设置了代理模式，那么 "-listen""-upnp""-discover" 三个参数的值都设为 false。在进行监听设置时，-listen 的默认参数值为 true，如果将其值置为 false，那么 "-listen""-upnp""-discover" 的值均应设为 false，其中，-listennonion 表示匿名地址监听；如果设置-upnp 为 false，即使用全局即插即用（UPNP）映射监听端口，那么当 upnp 关闭时，节点仍将连接到区块链网络上其他的对等节点，从而接受新区块及交易；由于-discover 表示是否希望网络中的其他节点发现自己的地址，如果设置了代理，那么自然应将其值设为 false。

-externalip 参数的相关配置代码如下：

```
1  if (mapArgs.count("-externalip")) {
2      if (SoftSetBoolArg("-discover", false))
3          LogPrintf("%s: parameter interaction: -externalip set -> setting -discover=0\n",
               __func__);
4  }
```

-externalip 表示外部访问 IP，如果已有外部访问 IP，那么设置-discover 的值为 false，表示不再寻找其他地址。

-salvagewallet 参数的相关配置代码如下：

```
1  if (GetBoolArg("-salvagewallet", false)) {
2      if (SoftSetBoolArg("-rescan", true))
3          LogPrintf("%s: parameter interaction: -salvagewallet=1 -> setting -rescan=1\n",
               __func__);
4  }
```

-salvagewallet 在比特币中可以用于恢复钱包数据，如果该参数值为 false，那么设置-rescan 参数值为 true，以对数据进行重扫描，进而解决部分问题。

-zapwallettxes 参数的相关配置代码如下：

```
1  if (GetBoolArg("-zapwallettxes", false)) {
2      if (SoftSetBoolArg("-rescan", true))
3          LogPrintf("%s: parameter interaction: -zapwallettxes=<mode> -> setting -rescan
               =1\n", __func__);
4  }
```

如果-zapwallettxes 参数值为 false，那么设置-rescan 参数值为 true。

-blocksonly 参数的相关配置代码如下：

```
1  if (GetBoolArg("-blocksonly", DEFAULT_BLOCKSONLY)) {
2      if (SoftSetBoolArg("-whitelistrelay", false))
3          LogPrintf("%s: parameter interaction: -blocksonly=1 -> setting -whitelistrelay
               =0\n", __func__);
4  #ifdef ENABLE_WALLET
5
6      if (SoftSetBoolArg("-walletbroadcast", false))
7          LogPrintf("%s: parameter interaction: -blocksonly=1 -> setting -walletbroadcast
               =0\n", __func__);
8  #endif
```

```
9 }
```

-blocksonly 参数默认值为 false，如果使用其默认值，那么需要设置参数-whitelistrelay 的值为 false，以禁用-whitelistrelay，表示不接受从白名单中的节点转发过来的交易。

-whitelistforcerelay 参数的相关配置代码如下：

```
1 if (GetBoolArg("-whitelistforcerelay", DEFAULT_WHITELISTFORCERELAY)) {
2     if (SoftSetBoolArg("-whitelistrelay", true))
3         LogPrintf("%s: parameter interaction: -whitelistforcerelay=1 -> setting -
            whitelistrelay=1\n", __func__);
4 }
```

-whitelistforcerelay 参数默认值为 true，表示强制转发从白名单中继过来的交易信息，如果-whitelistforcerelay 值为默认值，那么需要设置-whitelsitrelay 的值为 true。

3.4   将参数转换为内部标识

3.4.1   内部标识设置

本节主要介绍比特币内部标识的设置方法，具体代码如下：

```
1  fDebug = !mapMultiArgs["-debug"].empty();
2  // 特殊情况：如果设置了-debug=0/-nodebug，那么关闭调试信息输出
3  const vector<string>& categories = mapMultiArgs["-debug"];
4  if (GetBoolArg("-nodebug", false) || find(categories.begin(), categories.end(),
       string("0")) != categories.end())
5      fDebug = false;
6  // 检查是否设置了-debugnet参数
7  if (GetBoolArg("-debugnet", false))
8      InitWarning(_("Unsupported argument -debugnet ignored, use -debug=net."));
9  // 检查是否设置了-socks参数，如果设置了，由于存在隐私风险，那么程序应在此退出
10 if (mapArgs.count("-socks"))
11     return InitError(_("Unsupported argument -socks found. Setting SOCKS version isn
          't possible anymore, only SOCKS5 proxies are supported."));
12 // 检查是否设置了-tor参数，如果设置了，由于存在隐私风险，那么程序应在此退出
13 if (GetBoolArg("-tor", false))
14     return InitError(_("Unsupported argument -tor found, use -onion."));
15 if (GetBoolArg("-benchmark", false))
```

```
16      InitWarning(_("Unsupported argument -benchmark ignored, use -debug=bench."));
17    if (GetBoolArg("-whitelistalwaysrelay", false))
18      InitWarning(_("Unsupported argument -whitelistalwaysrelay ignored, use -
             whitelistrelay and/or -whitelistforcerelay."));
19    // 在regtest模式下，-checkmempool和-checkblockindex的默认值为true
20    int ratio = std::min<int>(std::max<int>(GetArg("-checkmempool", chainparams.
             DefaultConsistencyChecks() ? 1 : 0), 0), 1000000);
21    if (ratio != 0) {
22      mempool.setSanityCheck(1.0 / ratio);
23    }
24    fCheckBlockIndex = GetBoolArg("-checkblockindex", chainparams.
             DefaultConsistencyChecks());
25    fCheckpointsEnabled = GetBoolArg("-checkpoints", DEFAULT_CHECKPOINTS_ENABLED);
26    // 内存池限制
27    int64_t nMempoolSizeMax = GetArg("-maxmempool", DEFAULT_MAX_MEMPOOL_SIZE) *
             1000000;
28    int64_t nMempoolSizeMin = GetArg("-limitdescendantsize",
             DEFAULT_DESCENDANT_SIZE_LIMIT) * 1000 * 40;
29    if (nMempoolSizeMax < 0 || nMempoolSizeMax < nMempoolSizeMin)
30      return InitError(strprintf(_("-maxmempool must be at least %d MB"), std::ceil(
             nMempoolSizeMin / 1000000.0)));
31    // -par=0表示自动检测，但nScriptCheckThreads==0表示不启用
32    nScriptCheckThreads = GetArg("-par", DEFAULT_SCRIPTCHECK_THREADS);
33    if (nScriptCheckThreads <= 0)
34      nScriptCheckThreads += GetNumCores();
35    if (nScriptCheckThreads <= 1)
36      nScriptCheckThreads = 0;
37    else if (nScriptCheckThreads > MAX_SCRIPTCHECK_THREADS)
38      nScriptCheckThreads = MAX_SCRIPTCHECK_THREADS;
39    fServer = GetBoolArg("-server", false);
40    // 区块修剪：获取为区块和撤销文件分配的磁盘空间（单位为MB）
41    int64_t nSignedPruneTarget = GetArg("-prune", 0) * 1024 * 1024;
42    if (nSignedPruneTarget < 0) {
43      return InitError(_("Prune cannot be configured with a negative value."));
44    }
45    nPruneTarget = (uint64_t) nSignedPruneTarget;
```

```
46      if (nPruneTarget) {
47          if (nPruneTarget < MIN_DISK_SPACE_FOR_BLOCK_FILES) {
48              return InitError(strprintf(_("Prune configured below the minimum of %d MB.
                    Please use a higher number."), MIN_DISK_SPACE_FOR_BLOCK_FILES / 1024 /
                    1024));
49          }
50          LogPrintf("Prune configured to target %uMB on disk for block and undo files.\n",
                nPruneTarget / 1024 / 1024);
51          fPruneMode = true;
52      }
53  #ifdef ENABLE_WALLET
54      bool fDisableWallet = GetBoolArg("-disablewallet", false);
55  #endif
56      nConnectTimeout = GetArg("-timeout", DEFAULT_CONNECT_TIMEOUT);
57      if (nConnectTimeout <= 0)
58          nConnectTimeout = DEFAULT_CONNECT_TIMEOUT;
59      // 千字节内的手续费被视为免费
60      // 如果你在挖矿，设置这个值时要小心：
61      // 如果你将其设置为零
62      // 那么一个垃圾邮件制造者可以通过使用
63      // 1聪手续费的交易来填充区块
64      // 它应该设置为高于处理一笔交易的实际成本
65      if (mapArgs.count("-minrelaytxfee")){
66          CAmount n = 0;
67          if (ParseMoney(mapArgs["-minrelaytxfee"], n) && n > 0)
68              ::minRelayTxFee = CFeeRate(n);
69          else
70              return InitError(strprintf(_("Invalid amount for -minrelaytxfee=<amount>: '%
                    s'"), mapArgs["-minrelaytxfee"]));
71      }
72      fRequireStandard = !GetBoolArg("-acceptnonstdtxn", !Params().RequireStandard());
73      if (Params().RequireStandard() && !fRequireStandard)
74          return InitError(strprintf("acceptnonstdtxn is not currently supported for %s
                chain", chainparams.NetworkIDString()));
75      nBytesPerSigOp = GetArg("-bytespersigop", nBytesPerSigOp);
76  #ifdef ENABLE_WALLET
```

```
77      if (mapArgs.count("-mintxfee")){
78          CAmount n = 0;
79          if (ParseMoney(mapArgs["-mintxfee"], n) && n > 0)
80              CWallet::minTxFee = CFeeRate(n);
81          else
82              return InitError(strprintf(_("Invalid amount for -mintxfee=<amount>: '%s'"),
                        mapArgs["-mintxfee"]));
83      }
84      if (mapArgs.count("-fallbackfee")){
85          CAmount nFeePerK = 0;
86          if (!ParseMoney(mapArgs["-fallbackfee"], nFeePerK))
87              return InitError(strprintf(_("Invalid amount for -fallbackfee=<amount>: '%s
                        '"), mapArgs["-fallbackfee"]));
88          if (nFeePerK > nHighTransactionFeeWarning)
89              InitWarning(_("-fallbackfee is set very high! This is the transaction fee
                        you may pay when fee estimates are not available."));
90          CWallet::fallbackFee = CFeeRate(nFeePerK);
91      }
92      if (mapArgs.count("-paytxfee")){
93          CAmount nFeePerK = 0;
94          if (!ParseMoney(mapArgs["-paytxfee"],nFeePerK))
95              return InitError(strprintf(_("Invalid amount for -paytxfee=<amount>: '%s'"),
                        mapArgs["-paytxfee"]));
96          if (nFeePerK > nHighTransactionFeeWarning)
97              InitWarning(_("-paytxfee is set very high! This is the transaction fee you
                        will pay if you send a transaction."));
98          payTxFee = CFeeRate(nFeePerK, 1000);
99          if (payTxFee < ::minRelayTxFee){
100             return InitError(strprintf(_("Invalid amount for -paytxfee=<amount>: '%s' (
                        must be at least %s)"),
101                 mapArgs["-paytxfee"],::minRelayTxFee.ToString()));
102         }
103     }
104     if (mapArgs.count("-maxtxfee")){
105         CAmount nMaxFee = 0;
106         if (!ParseMoney(mapArgs["-maxtxfee"], nMaxFee))
```

```
107         return InitError(strprintf(_("Invalid amount for -maxtxfee=<amount>: '%s'"),
                mapArgs["-maxtxfee"]));
108     if (nMaxFee > nHighTransactionMaxFeeWarning)
109         InitWarning(_("-maxtxfee is set very high! Fees this large could be paid on
                a single transaction."));
110     maxTxFee = nMaxFee;
111     if (CFeeRate(maxTxFee, 1000) < ::minRelayTxFee{
112         return InitError(strprintf(_("Invalid amount for -maxtxfee=<amount>: '%s'
                (must be at least the minrelay fee of %s to prevent stuck
                transactions)"), mapArgs["-maxtxfee"],::minRelayTxFee.ToString()));
113     }
114 }
115 nTxConfirmTarget = GetArg("-txconfirmtarget", DEFAULT_TX_CONFIRM_TARGET);
116 bSpendZeroConfChange = GetBoolArg("-spendzeroconfchange",
        DEFAULT_SPEND_ZEROCONF_CHANGE);
117 fSendFreeTransactions = GetBoolArg("-sendfreetransactions",
        DEFAULT_SEND_FREE_TRANSACTIONS);
118 std::string strWalletFile = GetArg("-wallet", "wallet.dat");
119 #endif
120 // ENABLE_WALLET
121 fIsBareMultisigStd = GetBoolArg("-permitbaremultisig",DEFAULT_PERMIT_BAREMULTISIG);
122 fAcceptDatacarrier = GetBoolArg("-datacarrier", DEFAULT_ACCEPT_DATACARRIER);
123 nMaxDatacarrierBytes = GetArg("-datacarriersize", nMaxDatacarrierBytes);
124 fAlerts = GetBoolArg("-alerts", DEFAULT_ALERTS);
125 // 启动时设置mocktime的选项（用于回归测试）:
126 SetMockTime(GetArg("-mocktime", 0));
127 // SetMockTime(0)是一个无操作函数
128 if (GetBoolArg("-peerbloomfilters", true))
129     nLocalServices |= NODE_BLOOM;
130 fEnableReplacement = GetBoolArg("-mempoolreplacement", DEFAULT_ENABLE_REPLACEMENT);
131 if ((!fEnableReplacement) && mapArgs.count("-mempoolreplacement")) {
132     // 最小化向前兼容
133     std::string strReplacementModeList = GetArg("-mempoolreplacement", "");
134     // 默认不可实现
135     std::vector<std::string> vstrReplacementModes;
136     boost::split(vstrReplacementModes, strReplacementModeList, boost::is_any_of(",")
```

```
    );
fEnableReplacement = (std::find(vstrReplacementModes.begin(),
    vstrReplacementModes.end(), "fee") != vstrReplacementModes.end());
```

具体相关参数介绍如下：

- 查找-debug 在 mapMultiArgs 表中的索引是不是空的。如果为空，那么将参数 fDebug 的值设为 1，否则为 0。fDebug 参数设置代码如下：

```
fDebug =  mapMultiArgs["-debug"].empty();
```

- 解析 "-nodebug""-debug" 参数。如果 "-debug=0" 或者 "-nodebug" 被设置，那么关闭调试信息。-nodebug 和-debug 参数的设置代码如下：

```
const vector<string>& categories = mapMultiArgs["-debug"];
if (GetBoolArg("-nodebug", false) || find(categories.begin(), categories.end(),
    string("0")) != categories.end())
    fDebug = false;
```

- 检查-debugnet 参数。通常，-debugnet 会被忽略，其正确用法是 "-debug=net"；-socks 参数不再支持设置版本，其只支持 SOCKS5；程序不支持-tor，只支持 -onion；-benchmark 被替换为 "-debug=bench"；程序不支持 -whitelistalwaysrelay，只支持-whitelistrelay 或-whitelistforcerelay。-debugnet 参数设置代码如下：

```
// 检查是否设置了-debugnet参数
if (GetBoolArg("-debugnet", false))
    InitWarning(_("Unsupported argument -debugnet ignored, use -debug=net."));
// 检查是否设置了-socks参数，如果设置了，由于存在隐私风险，那么程序应在此退出
if (mapArgs.count("-socks"))
    return InitError(_("Unsupported argument -socks found. Setting SOCKS version
        isn't possible anymore, only SOCKS5 proxies are supported."));
// 检查是否设置了-tor参数，如果设置了，由于存在隐私风险，那么程序应在此退出
if (GetBoolArg("-tor", false))
    return InitError(_("Unsupported argument -tor found, use -onion."));
if (GetBoolArg("-benchmark", false))
    InitWarning(_("Unsupported argument -benchmark ignored,use -debug=bench."));
if (GetBoolArg("-whitelistalwaysrelay", false))
    InitWarning(_("Unsupported argument -whitelistalwaysrelay ignored, use -
        whitelistrelay and/or -whitelistforcerelay."));
```

- 在 regtest 模式下，-checkmempool 和 -checkblockindex 的默认值都为 true，用于检查与验证相关的参数。-checkblockindex 用于检查区块索引，若其值未指定则随链设置，在私有链下，该参数默认启用。-checkpoints 用于检查点，其值默认为 true。检查点是硬编码在客户端内的，使客户端可以拒绝在检查点之前制造出的分支。-checkmempool 和-checkblockindex 参数设置代码如下：

```
int ratio = std::min<int>(std::max<int>(GetArg("-checkmempool", chainparams.
    DefaultConsistencyChecks() ? 1 : 0), 0), 1000000);
if (ratio != 0) {
mempool.setSanityCheck(1.0 / ratio);
}
    fCheckBlockIndex = GetBoolArg("-checkblockindex", chainparams.
        DefaultConsistencyChecks());
    fCheckpointsEnabled = GetBoolArg("-checkpoints", DEFAULT_CHECKPOINTS_ENABLED
        );
```

- 交易池相关参数。参数-maxmempool 用于指定交易的最大值，单位为 MB，其默认值为 300 MB；-limitdescendantsize 用于指定最小值，以 40KB 为一个单位交易族，其默认值为 101 个单位。如果当前交易大小非法，那么会反馈相关信息。-limitdescendantsize 参数设置代码如下：

```
    int64_t nMempoolSizeMax = GetArg("-maxmempool", DEFAULT_MAX_MEMPOOL_SIZE) *
        1000000;
    int64_t nMempoolSizeMin = GetArg("-limitdescendantsize",
        DEFAULT_DESCENDANT_SIZE_LIMIT) * 1000 * 40;
    if (nMempoolSizeMax < 0 || nMempoolSizeMax < nMempoolSizeMin)
    return InitError(strprintf(_("-maxmempool must be at least %d MB"), std::
        ceil(nMempoolSizeMin / 1000000.0)));
```

- 并发数 "-par=0" 表示自动检测，"nScriptCheckThreads=0" 表示没有并发。-par 参数值设为 0，表示与物理核数相同；设为负数，表示从总核数开始减（如针对 8 核设备，若将-par 的值设为 −2，则需从 6 开始减）。并发数最大不允许超过 16 线程。并发数主要影响检查工作的性能。nScriptCheckThreads 参数设置代码如下：

```
nScriptCheckThreads = GetArg("-par", DEFAULT_SCRIPTCHECK_THREADS);
if (nScriptCheckThreads <= 0)
nScriptCheckThreads += GetNumCores();
if (nScriptCheckThreads <= 1)
nScriptCheckThreads = 0;
else if (nScriptCheckThreads > MAX_SCRIPTCHECK_THREADS)
nScriptCheckThreads = MAX_SCRIPTCHECK_THREADS;
fServer = GetBoolArg("-server", false);
```

- 区块修剪。获取要为块和撤销文件分配的磁盘空间量（以 MB 为单位）。读取 -prune 的参数值。如果值为 1，那么表示用户通过命令行操作来手动触发修剪；如果值小于最小分配大小，那么报错并提示用户应设为更高值。区块修剪操作的代码如下：

```
int64_t nSignedPruneTarget = GetArg("-prune", 0) * 1024 * 1024;//****
if (nSignedPruneTarget < 0) {
return InitError(_("Prune cannot be configured with a negative value."));
}

nPruneTarget = (uint64_t) nSignedPruneTarget;
if (nPruneTarget) {
if (nPruneTarget < MIN_DISK_SPACE_FOR_BLOCK_FILES) {
return InitError(strprintf(_("Prune configured below the minimum of %d MB.
    Please use a higher number."), MIN_DISK_SPACE_FOR_BLOCK_FILES / 1024 /
    1024));
}

LogPrintf("Prune configured to target %uMB on disk for block and undo files
    .\n", nPruneTarget / 1024 / 1024);
fPruneMode = true;
}
```

3.4.2 比特币钱包设置

- 若对预编译器使用 ENABLE_WALLET，则要编译和钱包有关的功能。首先解析 -disablewallet 参数，通常默认启用钱包；若禁用钱包则后面的操作都不会执行。 -disablewallet 参数设置代码如下：

```
1  #ifdef ENABLE_WALLET
2      bool fDisableWallet = GetBoolArg("-disablewallet", false);
3  #endif
```

- 解析 -timeout 参数。该参数用于指定与其他网络节点连接的超时时间，单位为 ms，默认值为 5000，最小值为 1。-timeout 参数设置代码如下：

```
1    nConnectTimeout = GetArg("-timeout", DEFAULT_CONNECT_TIMEOUT);
2    if (nConnectTimeout <= 0)
3    nConnectTimeout = DEFAULT_CONNECT_TIMEOUT;
```

- 解析 -minrelaytxfee 参数。该参数表示每 KB 的最小费率，默认值为 1000。3.4.1 节中代码的注释提示矿工要谨慎设置此值，如果将该参数值设成 0，那么可能导致区块中全是交易费为 1 聪的垃圾交易。通过该参数可以检查当前金额（每 KB 费用）是否有效，即对于中继、挖矿和交易创建，如果当前金额小于-minrelaytxfee 的参数值（即最小费用），那么当前交易被认为是零费用。通过该参数可以解析并计算最小中继交易费用。-minrelaytxfee 参数设置代码如下：

```
1    if (mapArgs.count("-minrelaytxfee")){
2      CAmount n = 0;
3      if (ParseMoney(mapArgs["-minrelaytxfee"], n) && n > 0)
4      ::minRelayTxFee = CFeeRate(n);
5      else
6      return InitError(strprintf(_("Invalid amount for -minrelaytxfee=<amount>: '%
           s'"), mapArgs["-minrelaytxfee"]));
7    }
```

- 解析 -acceptnonstdtxn 参数。这个参数代表中继和挖掘非标准交易。通过解析 -bytespersigop 参数，可以设置交易中每个 sigop 的大小，单位为 KB，默认值为 20。-acceptnonstdtxn 参数设置代码如下：

```
1    fRequireStandard = !GetBoolArg("-acceptnonstdtxn", !Params().RequireStandard
           ());
2    if (Params().RequireStandard() && !fRequireStandard)
3    return InitError(strprintf("acceptnonstdtxn is not currently supported for %
           s chain", chainparams.NetworkIDString()));
4    nBytesPerSigOp = GetArg("-bytespersigop", nBytesPerSigOp);
```

- 如果创建了 ENABLE_WALLET 对象，那么会编译和钱包相关的功能。通过解析 -mintxfee 参数，可以设置在块创建中包含的事务需要满足的最低费率，若低于这个费率，则交易将不进行打包。-mintxfee 参数设置代码如下：

```
1  #ifdef ENABLE_WALLET
2  // 解析-mintxfee参数
3  if (mapArgs.count("-mintxfee")){
4   CAmount n = 0;
5   if (ParseMoney(mapArgs["-mintxfee"], n) && n > 0)
6   CWallet::minTxFee = CFeeRate(n);
7   // 此时零费用
8   else
9   return InitError(strprintf(_("Invalid amount for -mintxfee=<amount>: '%s'"),
       mapArgs["-mintxfee"]));
10  // 否则输出每字节费用
11 }
```

- 解析-fallbackfee 参数，检查交易费用是否过高。当交易费用无法估算时，使用该值
  作为交易费用。-fallbackfee 参数设置代码如下：

```
1  // 解析-fallbackfee参数
2  if (mapArgs.count("-fallbackfee")) {
3     CAmount nFeePerK = 0;
4     if (!ParseMoney(mapArgs["-fallbackfee"], nFeePerK))
5     return InitError(strprintf(_("Invalid amount for -fallbackfee=<amount>: '%s
        '"), mapArgs["-fallbackfee"]));
6     if (nFeePerK > nHighTransactionFeeWarning)
7     InitWarning(_("-fallbackfee is set very high! This is the transaction fee
        you may pay when fee estimates are not available."));
8     CWallet::fallbackFee = CFeeRate(nFeePerK);
9  }
```

- 解析 -paytxfee 参数，检查用户将要发送的交易的手续费是否小于最小转发费用。
  -paytxfee 参数设置代码如下：

```
1  if (mapArgs.count("-paytxfee")){
2     CAmount nFeePerK = 0;
3     if (!ParseMoney(mapArgs["-paytxfee"], nFeePerK))
4     return InitError(strprintf(_("Invalid amount for -paytxfee=<amount>: '%s'"),
        mapArgs["-paytxfee"]));
5     if (nFeePerK > nHighTransactionFeeWarning)
```

```
6      InitWarning(_("-paytxfee is set very high! This is the transaction fee you
           will pay if you send a transaction."));
7      payTxFee = CFeeRate(nFeePerK, 1000);
8      if (payTxFee < ::minRelayTxFee){
9      return InitError(strprintf(_("Invalid amount for -paytxfee=<amount>: '%s'(
           must be at least %s)"),
10     mapArgs["-paytxfee"], ::minRelayTxFee.ToString()));
11     }
12 }
```

- 解析-maxtxfee 参数。该参数代表了在单个钱包的交易或原始交易中使用的最高总费用。如果该参数的值设置得过小，那么可能会中止大型交易。因此，-maxtxfee 参数的值不能小于最小中继交易费用。-maxtxfee 参数设置代码如下：

```
1  if (mapArgs.count("-maxtxfee")){
2      CAmount nMaxFee = 0;
3      if (!ParseMoney(mapArgs["-maxtxfee"], nMaxFee))
4      return InitError(strprintf(_("Invalid amount for -maxtxfee=<amount>: '%s'"),
           mapArgs["-maxtxfee"]));
5      if (nMaxFee > nHighTransactionMaxFeeWarning)
6      InitWarning(_("-maxtxfee is set very high! Fees this large could be paid on
           a single transaction."));
7      maxTxFee = nMaxFee;
8      if (CFeeRate(maxTxFee, 1000) < ::minRelayTxFee){
9      return InitError(strprintf(_("Invalid amount for -maxtxfee=<amount>:'%s'(
           must be at least the minrelay fee of %s to prevent stuck
           transactions)"),
10     mapArgs["-maxtxfee"],::minRelayTxFee.ToString()));
11     }
12 }
```

- 解析 "-txconfirmtarget""-spendzeroconfchange""-sendfreetransactions" 等参数。-txconfirmtarget 的默认值为 6，表示一笔交易经 6 个节点确认后不可回退，即交易成功。-spendzeroconfchange 参数一旦启用，将允许花费未确认的零钱。-spendfree-transactions 参数用于说明是否允许发送 0 手续费的交易，默认不允许。-txconfir-mtarget 参数设置代码如下：

```
1    nTxConfirmTarget = GetArg("-txconfirmtarget", DEFAULT_TX_CONFIRM_TARGET);
2    bSpendZeroConfChange = GetBoolArg("-spendzeroconfchange",
         DEFAULT_SPEND_ZEROCONF_CHANGE);
3    fSendFreeTransactions = GetBoolArg("-sendfreetransactions",
         DEFAULT_SEND_FREE_TRANSACTIONS);
```

- -wallet 如果没有参数值，那么默认为 wallet.dat。strWalletFile 是存储 wallet 信息的字符串。strWalletFile 设置代码如下：

```
1    std::string strWalletFile = GetArg("-wallet", "wallet.dat");
```

- 解析 "-permitbaremultisig""-datacarrier""-datacarriersize" 等参数，具体代码如下：

```
1    #endif // ENABLE_WALLET
2    fIsBareMultisigStd = GetBoolArg("-permitbaremultisig",
         DEFAULT_PERMIT_BAREMULTISIG);
3    fAcceptDatacarrier = GetBoolArg("-datacarrier", DEFAULT_ACCEPT_DATACARRIER);
4    nMaxDatacarrierBytes = GetArg("-datacarriersize", nMaxDatacarrierBytes);
5    fAlerts = GetBoolArg("-alerts", DEFAULT_ALERTS);
```

- 使用 mocktime 集启动的选项（用于回归测试）：调用 SetMockTime() 方法，设置模拟时间。SetMockTime() 方法代码如下：

```
1    SetMockTime(GetArg("-mocktime", 0)); // SetMockTime(0)是一个无操作函数
```

- 根据 -peerbloomfilters 参数，设置本地支持服务。本地支持服务的设置代码如下：

```
1    if (GetBoolArg("-peerbloomfilters", true))
2        nLocalServices |= NODE_BLOOM;
```

- 处理 -mempoolreplacement 参数，表示是否启用交易池交易替换。处理-mempoolreplacement 参数代码如下：

```
1    fEnableReplacement = GetBoolArg("-mempoolreplacement",
2    DEFAULT_ENABLE_REPLACEMENT);
3    if ((!fEnableReplacement) && mapArgs.count("-mempoolreplacement")) {
4        // 最小化向前兼容
5        std::string strReplacementModeList = GetArg("-mempoolreplacement", "");
6        // 默认不可实现
7        std::vector<std::string> vstrReplacementModes;
8        boost::split(vstrReplacementModes, strReplacementModeList, boost::is_any_of
         (","));
```

```
9     fEnableReplacement = (std::find(vstrReplacementModes.begin(),
          vstrReplacementModes.end(), "fee") != vstrReplacementModes.end());
10   }
```

3.5 应用初始化

以下代码主要实现文件更新工作的初始化：

```
1    // 初始化椭圆曲线代码
2    ECC_Start();
3    globalVerifyHandle.reset(new ECCVerifyHandle());
4    // 检查椭圆曲线密码完整性
5    if (!InitSanityCheck())
6        return InitError(_("Initialization sanity check failed. Bitcoin Core is shutting
             down."));
7    std::string strDataDir = GetDataDir().string();
8    #ifdef ENABLE_WALLET
9    // 钱包文件必须是一个没有目录的纯文件
10   if (strWalletFile != boost::filesystem::basename(strWalletFile) + boost::filesystem
             ::extension(strWalletFile))
11       return InitError(strprintf(_("Wallet %s resides outside data directory %s"),
             strWalletFile, strDataDir));
12   #endif
13   // 确保只有一个比特币进程正在使用数据目录
14   boost::filesystem::path pathLockFile = GetDataDir() / ".lock";
15   FILE* file = fopen(pathLockFile.string().c_str(), "a");
16   // 空锁文件；如果不存在，那么需要创建
17   if (file) fclose(file);
18   // 将数据目录锁定，只允许当前进程访问锁定的文件，其他进程不允许访问，最后解锁
19   try {
20       static boost::interprocess::file_lock lock(pathLockFile.string().c_str());
21       if (!lock.try_lock())
22           return InitError(strprintf(_("Cannot obtain a lock on data directory %s.
                   Bitcoin Core is probably already running."), strDataDir));
23   } catch(const boost::interprocess::interprocess_exception& e) {
24       return InitError(strprintf(_("Cannot obtain a lock on data directory %s. Bitcoin
```

```
                      Core is probably already running.") + " %s.", strDataDir, e.what()));
25   }
26   #ifndef WIN32
27   // 创建pid文件，防止进程启动多个副本。只有获得pid文件的进程才能正常启动并把自身的pid写
           入该文件，其他同一个程序的多余进程则自动退出
28   CreatePidFile(GetPidFile(), getpid());
29   #endif
30   // 限制debug文件的大小,如果当前debug文件的大小大于10 * 1000000Bytes,即10MB,那么读取文
           件的最后RECENT_DEBUG_HISTORY_SIZE这么多字节，重新保存到debug.log文件中
31   if (GetBoolArg("-shrinkdebugfile", !fDebug))
32       ShrinkDebugFile();
33   if (fPrintToDebugLog)
34       OpenDebugLog();
35   #ifdef ENABLE_WALLET
36   LogPrintf("Using Berkeley DB version %s\n", DbEnv::version(0, 0, 0));
37   #endif
38   if (!fLogTimestamps)
39   LogPrintf("Startup time: %s\n", DateTimeStrFormat("%Y-%m-%d %H:%M:%S", GetTime()));
40   LogPrintf("Default data directory %s\n", GetDefaultDataDir().string());
41   LogPrintf("Using data directory %s\n", strDataDir);
42   LogPrintf("Using config file %s\n", GetConfigFile().string());
43   LogPrintf("Using at most %i connections (%i file descriptors available)\n",
           nMaxConnections, nFD);
44   std::ostringstream strErrors;
45   LogPrintf("Using %u threads for script verification\n", nScriptCheckThreads);
46   if (nScriptCheckThreads) {
47       for (int i=0; i<nScriptCheckThreads-1; i++){
48       threadGroup.create_thread(&ThreadScriptCheck);
49       }
50   }
51   // 启动轻量级任务调度线程
52   CScheduler::Function serviceLoop = boost::bind(&CScheduler::serviceQueue, &
           scheduler); threadGroup.create_thread(boost::bind(&TraceThread<CScheduler::
           Function>, "scheduler", serviceLoop));
53   /* 启动 RPC 服务器。它将以"预热"模式启动，并且实际上尚未处理调用（但它将表示连接，表
           明服务器已存在并且稍后将准备就绪）。初始化完成后，将禁用预热模式
```

```
54    */
55    if (fServer){
56    uiInterface.InitMessage.connect(SetRPCWarmupStatus);
57        if (!AppInitServers(threadGroup))
58            return InitError(_("Unable to start HTTP server. See debug log for details
                   ."));
59    }
60    int64_t nStart;
```

首先，读者可以通过 bind() 函数将函数绑定到对象，bind() 函数的第一个参数是类中的成员函数，第二个参数是类的对象。可以通过线程组 threadGroup 创建新的线程，线程的执行函数为 bind() 返回的函数对象。最后给 InitMessage 信号添加一个新的执行函数（第 56 行），然后调用 AppInitServers() 来初始化各种服务器（第 57 行）。AppInitServers() 函数代码如下：

```
1     bool AppInitServers(boost::thread_group& threadGroup){
2     RPCServer::OnStopped(&OnRPCStopped);
3     RPCServer::OnPreCommand(&OnRPCPreCommand);
4     // 初始化HTTP 服务器
5     if (!InitHTTPServer())
6         return false;
7     // 启动RPC服务
8     if (!StartRPC())
9         return false;
10    // 启动HTTP RPC服务
11    if (!StartHTTPRPC())
12        return false;
13    // 启动REST
14    if (GetBoolArg("-rest", DEFAULT_REST_ENABLE) && !StartREST())
15        return false;
16    // 启动HTTP 服务器
17    if (!StartHTTPServer())
18        return false;
19    return true;
20 }
```

3.6　验证钱包数据库的完整性

以下代码主要用于确认钱包数据库的完整性：

```
1   #ifdef ENABLE_WALLET
2     if (!fDisableWallet){
3       LogPrintf("Using wallet %s\n", strWalletFile); uiInterface.InitMessage(_("
            Verifying wallet..."));
4       std::string warningString;
5       std::string errorString;
6       if (!CWallet::Verify(strWalletFile, warningString, errorString))
7           return false;
8       if (!warningString.empty())
9           InitWarning(warningString);
10      if (!errorString.empty())
11          return InitError(errorString);
12    }
13    // (!fDisableWallet)
14  #endif
15  // ENABLE_WALLET
```

首先，第一行代码确认了钱包数据库的完整性。若钱包功能未开启，则直接跳过此部分（由 ENABLE_WALLET 是否定义决定）。然后判断曾经在 Step3 中定义过的参数 fDisableWallet（第 2 行），若此参数设置了禁用钱包，则也直接跳过此部分。在确认钱包未被禁用后，要将钱包信息 log 输出（第 3 行），这里我们将在 Step3 中定义的 String 变量 strWalletFile 直接输出到指定的 log 文件中。在 log 文件输出的同时，程序会在界面（UI）当中输出进程信息 "Verifying wallet..."（第 3 行），同时定义两个字符串用以记录 error 信息与 warning 信息（第 4~5 行）。完成准备工作后，程序会开始进行本部分的核心，即验证数据库。在执行此操作前，我们先介绍两个与之关联的类，其具体内容如下：

- CDBEnv：位于 db.h，其定义了一个外部可访问的对象 bitdb，我们可以直接根据字面意思将其翻译为 "bitcoin database"，即此对象是比特币的数据库。
- DbEnv：是 BerkeleyDB 库中的一个类，可以作为数据库使用，db.h 中定义了关于此类的一个对象 dbenv（比特币中使用 BerkeleyDB 作为数据库，其是一个开源的文件数据库，使用方式与内存数据库类似，并提供了一系列直接访问数据库的函数，而不是 SQL 语句，使用时不需要安装）。同时，相比于 CDBEnv 类，其含有一个 open() 函数，此函数会在传入的路径下开辟一个 database 文件夹并生成 db.log 文件，同时调用 dbenv 进行环境的配置，该函数的主要参数如下所示。

> lg_dir log：目录
>
> lg_bsize：缓冲区大小
>
> lg_max：单个文件的最大大小
>
> errfile：错误信息存储路径
>
> flags：数据库环境的配置值
>
> log_set_config：日志文件的环境配置

最后，调用 dbenv 的 open() 函数打开并创建数据库。

在验证部分，我们首先需要打开数据库，在这里，程序并不是仅仅一次就能够准确打开数据库，所以允许程序尝试两次。若数据库第一次直接通过数据字典的路径无法打开，则程序会将数据字典的文件路径从 database 变为 "database+ 时间戳 +.bak"，然后进行第二次检索；当第二次检索仍然不成功时，说明此环境下已经不能开启钱包功能了，便会直接返回并设置错误信息。

成功打开数据库文件后，首先要设置-salvagewallet 参数（默认值为 false）。当此参数值设置为 true 时，代表用户想要修复钱包信息，则使用 Recover() 函数对数据库进行恢复（该函数的作用为从损坏的钱包文件中尝试恢复私钥）。然后，我们检验钱包存储文件是否存在，存在则检验其完整性，若数据库完整则直接返回，若不完整则设置 warning 信息。其验证方法是利用位于 db.h 下的 Verify() 函数（此函数主要用于调用 db 类的检验函数）进行检验。在检验结束后，若数据库完整则返回修复成功；若不完整则尝试修复，同时将结果返回，外部函数会通过返回值判断此时的数据库完整性。

3.7   网络初始化

本节主要介绍比特币源码中的网络初始化操作，主要包含 Bitcoin Improvement Proposals（BIP）协议，代理与路由和部分参数交互处理三部分。比特币网络初始化具体代码如下：

```
1    RegisterNodeSignals(GetNodeSignals());
2    // 根据 BIP-0014 清理注释，格式化用户代理并检查总大小
3    std::vector<string> uacomments;
```

```
4    BOOST_FOREACH(string cmt, mapMultiArgs["-uacomment"]){
5        if (cmt != SanitizeString(cmt, SAFE_CHARS_UA_COMMENT))
6            return InitError(strprintf(_("User Agent comment (%s) contains unsafe
                    characters."), cmt)); uacomments.push_back(SanitizeString(cmt,
                    SAFE_CHARS_UA_COMMENT));
7    }
8    strSubVersion = FormatSubVersion(CLIENT_NAME, CLIENT_VERSION, uacomments);
9    if (strSubVersion.size() > MAX_SUBVERSION_LENGTH) {
10       return InitError(strprintf(_("Total length of network version string (%i)
                exceeds maximum length (%i). Reduce the number or size of uacomments."),
11       strSubVersion.size(), MAX_SUBVERSION_LENGTH));
12   }
13   if (mapArgs.count("-onlynet")) {
14       std::set<enum Network> nets;
15       BOOST_FOREACH(const std::string& snet, mapMultiArgs["-onlynet"]) {
16           enum Network net = ParseNetwork(snet);
17           if (net == NET_UNROUTABLE)
18               return InitError(strprintf(_("Unknown network specified in -onlynet: '%s
                        '"), snet));
19           nets.insert(net);
20       }
21       for (int n = 0; n < NET_MAX; n++) {
22           enum Network net = (enum Network)n;
23           if (!nets.count(net))
24               SetLimited(net);
25       }
26   }
27   if (mapArgs.count("-whitelist")) {
28       BOOST_FOREACH(const std::string& net, mapMultiArgs["-whitelist"]) {
29       CSubNet subnet(net);
30           if (!subnet.IsValid())
31               return InitError(strprintf(_("Invalid netmask specified in -whitelist: '%
                        s'"), net));
32       CNode::AddWhitelistedRange(subnet);
33       }
34   }
```

```
35    bool proxyRandomize = GetBoolArg("-proxyrandomize", DEFAULT_PROXYRANDOMIZE);
36    // -proxy设置一个代理，用于所有外发网络流量
37    // -noproxy（或-proxy=0）以及空字符串可以不设置代理，这是默认设置
38    std::string proxyArg = GetArg("-proxy", "");
39    if (proxyArg != "" && proxyArg != "0") {
40        proxyType addrProxy = proxyType(CService(proxyArg, 9050), proxyRandomize);
41        if (!addrProxy.IsValid())
42            return InitError(strprintf(_("Invalid -proxy address: '%s'"), proxyArg));
43        SetProxy(NET_IPV4, addrProxy);
44        SetProxy(NET_IPV6, addrProxy);
45        SetProxy(NET_TOR, addrProxy);
46        SetNameProxy(addrProxy);
47        SetReachable(NET_TOR);
48        // 默认情况下，-proxy设置.onion地址为可达，除非后续使用-noonion
49    }
50    // -onion可用于仅为.onion地址设置代理，或覆盖普通代理以用于.onion地址
51    // -noonion（或-onion=0）完全禁止连接到.onion地址
52    // 空字符串不用于覆盖 .onion代理（在这种情况下，默认使用上面设置的 -proxy，或不使用代
        理）
53    std::string onionArg = GetArg("-onion", "");
54    if (onionArg != "") {
55        if (onionArg == "0") {
56        // 处理-noonion/-onion=0
57            SetReachable(NET_TOR, false);
58            // 将.onion地址设置为不可达
59        } else {
60            proxyType addrOnion = proxyType(CService(onionArg, 9050), proxyRandomize);
61            if (!addrOnion.IsValid())
62                return InitError(strprintf(_("Invalid -onion address: '%s'"), onionArg));
63            SetProxy(NET_TOR, addrOnion);
64            SetReachable(NET_TOR);
65        }
66    }
67    // 参见Step 2：参数交互，以获取有关这些内容的更多信息
68    fListen = GetBoolArg("-listen", DEFAULT_LISTEN);
69    fDiscover = GetBoolArg("-discover", true);
```

```
70    fNameLookup = GetBoolArg("-dns", DEFAULT_NAME_LOOKUP);
71    bool fBound = false;
72    if (fListen) {
73        if (mapArgs.count("-bind") || mapArgs.count("-whitebind")) {
74            BOOST_FOREACH(const std::string& strBind, mapMultiArgs["-bind"]) {
75                CService addrBind;
76                if (!Lookup(strBind.c_str(), addrBind, GetListenPort(), false))
77                    return InitError(strprintf(_("Cannot resolve -bind address: '%s'"),
                            strBind));
78                fBound |= Bind(addrBind, (BF_EXPLICIT | BF_REPORT_ERROR));
79            }
80            BOOST_FOREACH(const std::string& strBind, mapMultiArgs["-whitebind"]) {
81                CService addrBind;
82                if (!Lookup(strBind.c_str(), addrBind, 0, false))
83                    return InitError(strprintf(_("Cannot resolve -whitebind address: '%s
                            '"), strBind));
84                if (addrBind.GetPort() == 0)
85                    return InitError(strprintf(_("Need to specify a port with -whitebind:
                            '%s'"), strBind));
86                fBound |= Bind(addrBind, (BF_EXPLICIT | BF_REPORT_ERROR | BF_WHITELIST));
87            }
88        }
89        else {
90            struct in_addr inaddr_any;
91            inaddr_any.s_addr = INADDR_ANY;
92            fBound |= Bind(CService(in6addr_any, GetListenPort()), BF_NONE);
93            fBound |= Bind(CService(inaddr_any, GetListenPort()), !fBound ?
                    BF_REPORT_ERROR : BF_NONE);
94        }
95        if (!fBound)
96            return InitError(_("Failed to listen on any port. Use -listen=0 if you want
                    this."));
97    }
98    if (mapArgs.count("-externalip")) {
99        BOOST_FOREACH(const std::string& strAddr, mapMultiArgs["-externalip"]) {
100           CService addrLocal(strAddr, GetListenPort(), fNameLookup);
```

```
101        if (!addrLocal.IsValid())
102            return InitError(strprintf(_("Cannot resolve -externalip address: '%s'"),
                   strAddr));
103        AddLocal(CService(strAddr, GetListenPort(), fNameLookup), LOCAL_MANUAL);
104    }
105  }
106 BOOST_FOREACH(const std::string& strDest,mapMultiArgs["-seednode"])
107 AddOneShot(strDest);
108 #if ENABLE_ZMQ
109  pzmqNotificationInterface = CZMQNotificationInterface::CreateWithArguments(mapArgs)
        ;
110  if (pzmqNotificationInterface) {
111      RegisterValidationInterface(pzmqNotificationInterface);
112  }
113 #endif
114  if (mapArgs.count("-maxuploadtarget")) {
115      CNode::SetMaxOutboundTarget(GetArg("-maxuploadtarget", DEFAULT_MAX_UPLOAD_TARGET
            )*1024*1024);
116  }
```

比特币源码中的网络初始化操作具体内容如下：

1. Bitcoin Improvement Proposals （BIP） 协议

BIP 是提出比特币新功能或改进措施的文件，其可由任何人提出，并在经过审核后公布在 bitcoin/bips 上。在此部分首先要注册节点信息 [采用 GetNodeSignals() 方法得到当前信息，而后进行注册]。注册时要获取高度、进程信息、发送信息、初始化节点与最后节点，而后要对 BIP0014 进行实现（bitcoin0.12.1 中采用 BIP0014 作为比特币协议，其具体内容包括：version 和 getblocks 数据包中的 version 字段将成为协议版本号，"块"中的版本号反映了创建该块时的协议版本；version 数据包中当前未使用的 sub version num 字段将成为新的用户代理字符串。比特币用户代理是一种经过改进的浏览器用户代理，具有更多的结构，以帮助解析器提供一些一致性。在比特币中，软件通常像一个堆栈一样工作，其覆盖范围从核心代码库一直到图形界面的末端，而用户代理字符串编码了这种关系（具体内容可扫描旁边的二维码查看）。

综上所述，要完成 BIP 协议，需进行以下操作：首先，根据命令行参数-uacomment，遍历其中的所有字符串，并对其进行安全检验（由 SanitizeString() 函数实现）。安全检验会检验字符串中是否存在不允许出现的字符，若检测出存在则直接返回 error 信息，否则将字符串中的字符记录到预先定义的 string 容器中。然后，构造并检查版本字符串长度是否大于 version 消息中版本的最大长度。版本字符串由客户端名称、客户端版本以及 string 容器内的字符构成，并生成 JSON 字符串 [由 FormatSubVersion() 函数实现]。若此时的字符串长度大于 version 的最大长度，则会返回报错信息。随后，如果指定了 onlynet 参数，那么可以对其进行连接的类型设置（比如 IPv4、IPv6、inion 等）。我们需要定义一个 set 容器，用以存储网络连接类型；然后遍历-onlynet 内的所有字符串，若字符串有对应的网络连接则将其放入 set 容器中，若没用则返回 error 信息；最后，对所有代码内列举的网络连接类型依次进行遍历，若 set 中存在此连接则此连接可用，若不存在则使用 SetLimited(net) 禁止此连接（比特币代码中仅设置了 IPv4、IPv6、TOR 和 onion）。

2. 代理与路由

（1）　代理

-proxyrandomize 参数为每个代理连接随机颁发一个证书，以保证安全性并防范连接至恶意节点，其默认值为 1。-proxy 为网络通信设置代理，其默认为空，等同于-noproxy 或 "-proxy=0"。-proxy 的参数值会影响 -listen 和 -tor 等参数的值。系统首先检查 proxyArg 的值是否为空，非空时，其经过 CService 类被封装为 addrProxy 对象。随后对代理域名进行 DNS 查询，如果代理不合法，那么输出错误信息并终止流程。完成基础验证后，为 IPv4、IPv6、TOR 设置代理，临时启用 TOR，后面会根据-onion 参数再进行相应的设置。

（2）　洋葱路由

-onion 是在 -proxy 的基础上单独设置 TOR 网络的代理。其解析方式与-proxy 相同。系统首先获取-onion 的值，并赋值给 onionArg，如果 "-onion" 的值为空，那么将 onionArg 赋值为 0。随后，检查 onionArg 的值，如果为 0，那么关闭 TOR，禁用洋葱路由；如果 onionArg 的值不为 0，那么说明 -proxy 被 CService 类封装了（即其是 CNetAddr 的子类，并在地址基础上扩展了端口，本书代码默认拓展的端口号为 9050），并封装为 proxyType addronion 对象。然后，对代理域名进行 DNS 查询，如果代理不合法，那么输出错误信息。最后，为 TOR 设置代理，并暂时启用 TOR。

3. 部分参数交互处理

- 该部分对需要处理的参数的值进行判断。如果之前-listen 没有被设置参数值，那么返回 DEFAULT_LISTEN 的值，即 true，并将其赋给 fListen。如果之前-discover 没有被设置参数值，那么返回 true，并将其赋给 fDiscover。如果之前-dns 没有被设置参数值，那么返回 DEFAULT_NAME_LOOKUP 的值，即 true，并将其赋给 fNameLookup。

- 如果 fListen 的值为 true，那么执行 if 条件下的代码。首先，获取并遍历所有的绑定地址，绑定地址的两种方式的参数分别是-bind 和-whitebind，程序对这两种参数的处理方式是一样的。如果已有地址绑定，那么分别对两个参数-bind 和-whitebind 进行解析。然后，通过 Lookup() 函数进行 DNS 查找，如果失败，那么返回 false，并提示解析错误。在对-whitebind 进行解析时，还要判断当前端口的绑定方式是否为-whitebind，如果不是，那么返回 false，并提示绑定方式错误。在解析绑定地址之后，对可用地址设置监听，设置成功则返回 true，并将其值赋给 fBound。如果当前没有已绑定地址，那么对默认端口进行绑定并监听，设置成功则返回 true，并将其值赋给 fBound。在完成上述操作之后，对 fBound 的值进行判断，如果为 false，那么返回设置监听错误。

- 判断是否已指定外部 IP 地址，如果已指定，那么执行 if 条件下的代码，即获取并遍历所有指定的外部地址，并调用 AddLocal() 方法，保存新的地址；如果失败，那么返回错误。

- 获取并遍历所有的种子节点，并调用 AddOneShot() 方法，保存当前种子节点信息到 vOneShots() 中。

- 如果要使用 ZMQ 模式，需要按照 ZMQ 模式进行界面的初始化。如果 validationInterface 在之前绑定了 g_signals 的各个信号，那么需要再加绑刚初始化完的 ZMQ 界面的 pzmqNotificationInterface。

- 如果设置了-maxuploadtarget 参数，那么需要设置最大出站限制。

3.8　加载区块链

在比特币的源码中，加载区块链是一个非常重要的过程，其涉及从磁盘中读取并验证区块数据，以确保节点能够同步到最新的区块链状态。比特币的区块链数据主要存储在磁盘上，节点通过加载这些数据来构建当前区块链的视图，并通过不断验证新的区块来维护其一致性。因此，本节主要介绍加载区块链的源码，其具体内容如下：

```
1    fReindex = GetBoolArg("-reindex", false);
2    // 升级到0.8；将旧的blknnnn.dat文件硬链接到/blocks/
3    boost::filesystem::path blocksDir = GetDataDir() / "blocks";
4    if (!boost::filesystem::exists(blocksDir)){
5        boost::filesystem::create_directories(blocksDir);
6        bool linked = false;
7        for (unsigned int i = 1; i < 10000; i++) {
8            boost::filesystem::path source = GetDataDir() / strprintf("blk%04u.dat", i);
9            if (!boost::filesystem::exists(source)) break;
10           boost::filesystem: path dest = blocksDir / strprintf("blk%05u.dat", i-1);
11           try {
12           boost::filesystem::create_hard_link(source, dest);
13               LogPrintf("Hardlinked %s -> %s\n", source.string(), dest.string());
14               linked = true;
15           } catch (const boost::filesystem::filesystem_error& e) {
16           // 注意：硬链接创建失败不是灾难，其只意味着区块将从对等节点重新下载
17               LogPrintf("Error hardlinking blk%04u.dat: %s\n", i, e.what());
18               break;
19           }
20       }
21       if (linked){
22           fReindex = true;
23       }
24   }
25   // 计算缓存大小
26   int64_t nTotalCache = (GetArg("-dbcache", nDefaultDbCache) << 20);
27   nTotalCache = std::max(nTotalCache, nMinDbCache << 20);
28   // 总缓存大小不能小于nMinDbCache
29   nTotalCache = std::min(nTotalCache, nMaxDbCache << 20);
30   // 总缓存大小不能大于nMaxDbcache
31   int64_t nBlockTreeDBCache = nTotalCache / 8;
32   if (nBlockTreeDBCache > (1 << 21) && !GetBoolArg("-txindex", DEFAULT_TXINDEX))
33       nBlockTreeDBCache = (1 << 21);
34       // 区块树数据库缓存不能大于2MB
35   nTotalCache -= nBlockTreeDBCache;
```

```
36    int64_t nCoinDBCache = std::min(nTotalCache / 2, (nTotalCache / 4) + (1 << 23));
37    // 将剩余空间的25%到50%用于磁盘缓存
38    nTotalCache -= nCoinDBCache;
39    nCoinCacheUsage = nTotalCache;
40    // 其余部分用于内存缓存
41    LogPrintf("Cache configuration:\n");
42    LogPrintf("* Using %.1fMB for block index database\n", nBlockTreeDBCache * (1.0 /
         1024 / 1024));
43    LogPrintf("* Using %.1fMB for chain state database\n", nCoinDBCache * (1.0 / 1024 /
         1024));
44    LogPrintf("* Using %.1fMB for in-memory UTXO set\n", nCoinCacheUsage * (1.0 / 1024/
         1024));
45    bool fLoaded = false;
46    while (!fLoaded) {
47        bool fReset = fReindex;
48        std::string strLoadError;
49        uiInterface.InitMessage(_("Loading block index..."));
50        nStart = GetTimeMillis();
51        do {
52            try {
53                UnloadBlockIndex();
54                delete pcoinsTip;
55                delete pcoinsdbview;
56                delete pcoinscatcher;
57                delete pblocktree;
58                pblocktree = new CBlockTreeDB(nBlockTreeDBCache, false, fReindex);
59                pcoinsdbview = new CCoinsViewDB(nCoinDBCache, false, fReindex);
60                pcoinscatcher = new CCoinsViewErrorCatcher(pcoinsdbview);
61                pcoinsTip = new CCoinsViewCache(pcoinscatcher);
62                if (fReindex) {
63                    pblocktree->WriteReindexing(true);
64                    // 如果在修剪模式下重新索引，那么需要擦除无法使用的区块文件和撤销所有数据
                       文件
65                    if (fPruneMode)
66                        CleanupBlockRevFiles();
67                }
```

```
68      if (!LoadBlockIndex()) {
69          strLoadError = _("Error loading block database");
70          break;
71      }
72      // 如果加载的链包含错误的创世区块,那么应该立即退出
73      //很可能使用了测试网数据目录
74      if (!mapBlockIndex.empty() && mapBlockIndex.count(chainparams.
            GetConsensus().hashGenesisBlock) == 0)
75      return InitError(_("Incorrect or no genesis block found. Wrong datadir
            for network?"));
76      // 初始化区块索引(如果已经加载了非空数据库,那么不执行任何操作)
77      if (!InitBlockIndex(chainparams)) {
78          strLoadError = _("Error initializing block database");
79          break;
80      }
81      // 检查-txindex状态是否发生变化
82      if (fTxIndex != GetBoolArg("-txindex", DEFAULT_TXINDEX)) {
83          strLoadError = _("You need to rebuild the database using -reindex to
                change -txindex");
84          break;
85      }
86      // 检查-prune状态是否发生变化,我们关注的是一个已经修剪过区块的用户
87      // 过去修剪过区块的用户,但现在尝试运行未修剪模式
88      if (fHavePruned && !fPruneMode) {
89          strLoadError = _("You need to rebuild the database using -reindex to
                go back to unpruned mode. This will redownload the entire
                blockchain");
90          break;
91      }
92      uiInterface.InitMessage(_("Verifying blocks..."));
93      if (fHavePruned && GetArg("-checkblocks", DEFAULT_CHECKBLOCKS) >
            MIN_BLOCKS_TO_KEEP) {
94          LogPrintf("Prune: pruned datadir may not have more than %d blocks; -
                checkblocks=%d may fail\n",
95              MIN_BLOCKS_TO_KEEP, GetArg("-checkblocks", DEFAULT_CHECKBLOCKS));
96      }
```

```
97          LOCK(cs_main);
98          CBlockIndex* tip = chainActive.Tip();
99          if (tip && tip -> nTime > GetAdjustedTime()+ 2*60*60) {
100             strLoadError = _("The block database contains a block which appears
                    to be from the future. This may be due to your computer's date
                    and time being set incorrectly. Only rebuild the block database
                    if you are sure that your computer's date and time are correct");
101             break;
102             }
103         if (!CVerifyDB().VerifyDB(chainparams, pcoinsdbview, GetArg("-checklevel
                ", DEFAULT_CHECKLEVEL), GetArg("-checkblocks", DEFAULT_CHECKBLOCKS)))
                {
104             strLoadError = _("Corrupted block database detected");
105             break;
106             }
107     } catch (const std::exception& e) {
108         if (fDebug) LogPrintf("%s\n", e.what());
109         strLoadError = _("Error opening block database");
110         break;
111     }
112     fLoaded = true;
113 }
114 while(false);
115 if (!fLoaded) {
116     // 建议重新索引
117     if (!fReset) {
118         bool fRet = uiInterface.ThreadSafeMessageBox(strLoadError + ".\n\n" + _("
                Do you want to rebuild the block database now?"),"",
                CClientUIInterface::MSG_ERROR | CClientUIInterface::BTN_ABORT);
119         if (fRet) {
120             fRequestShutdown = false;
121             fReindex = true;
122         } else {
123             LogPrintf("Aborted block database rebuild. Exiting.\n");
124             return false;
125         }
```

```
126          } else {
127              return InitError(strLoadError);
128          }
129      }
130  }
131  // 由于加载区块索引可能需要几分钟，因此用户可能在上次操作期间请求关闭GUI，如果是这样，
         那么退出程序
132  // 由于程序尚未完全启动，因此调用Shutdown()可能过于冗余
133  if (fRequestShutdown){
134      LogPrintf("Shutdown requested. Exiting.\n");
135      return false;
136  }
137  LogPrintf(" block index %15dms\n", GetTimeMillis() - nStart);
138  boost::filesystem::path est_path = GetDataDir() / FEE_ESTIMATES_FILENAME;
139  CAutoFile est_filein(fopen(est_path.string().c_str(), "rb"), SER_DISK,
         CLIENT_VERSION);
140  // 允许失败，因为在第一次启动时，此文件是缺失的
141  if (!est_filein.IsNull())
142      mempool.ReadFeeEstimates(est_filein);
143  fFeeEstimatesInitialized = true;
```

本段代码用到的从命令行接收的参数的具体功能如下：

（1）0.12.1 版本特有部分

将 0.8 版本的所有 blknnn.dat 硬链接至 ./blocks/ 目录下；

（2）计算缓存大小

首先，通过 "-dbcache" 参数设置数据库缓存大小，其默认值为 450MB，变量名为
"nTotalCache"，同时设定它的取值区间，并设置其上下界，分别记为 "nMinDbCache" 和
"nMaxDbCache"。其次，将 "nTotalCache" 的缓存空间划分为三部分，分别存储 nBlock-
TreeDBCache、nCoinDBCache 和 nCoinCacheUsage，并设置它们的空间范围，单位为 MB。

（3）加载区块索引

这部分的关键代码是一个大型的 while 循环，其使用 fLoaded 作为该循环的退出判断
条件，其中，fLoaded 的初始值为 false，具体执行过程如下：初始处理，清除之前一轮索
引加载失败后存在的变量数据，并重新定义 CBlockTreeDB 类（用来向 /blocks/index/*
下面的文件进行读写操作）来加载区块索引，具体操作如下：

- 如果重新创建所有的索引，那么需要调用 CBlockTreeDB 类中的 WriteReindexing() 函数，以向数据库写入数据，具体的调用过程为 pblocktree -> WriteReindexing 的内部函数。

  首先需要判断 fPruneMode 的值，若为 true，则执行 CleanupBlockRevFiles() 函数。由于 fPruneMode 参数能够用于修剪已验证的区块，因此在重新索引操作中，需删除之前确认过的区块信息，其目的是先将所有的文件和对应的路径保存到一个 mapBlockFiles 中，然后用一个变量 nContigCounter 从 0 开始计数，直到找到第一个不一致的文件名为止。

- chainparams

  该参数是唯一能够加载索引的地方，其首先将 `/blocks/index/*` 中的文件加载到内存，通过 LoadBlockIndexDB() 函数来实现加载并将结果保存在变量 mapBlockIndex 中。如果加载成功，那么 mapBlockIndex 就不为空，相应地，needs_init 也就为 false，其是 InitBlockIndex() 在初始化启动时不能构造的全局变量。然后，检查这些全局变量是否已初始化。如果没有重建索引，那么通过添加 genesis 块来创建一个新的区块。

- 相关合法检测

  首先，检查区块的完整性。如果启用了区块剪枝，并且-checkblocks 参数设置的数量大于剪枝保留的最少区块数量 MIN_BLOCKS_TO_KEEP，那么发出警告并提示只能检查 MIN_BLOCKS_TO_KEEP 这么多个区块。然后，判断链顶部区块的时间和当前的系统时间是否一致，如果区块中包含的时间晚于当前系统时间两小时以上，那么说明环境时间存在问题，需要执行 break 退出循环。接下来，通过 chainActive.Tip() 函数返回区块链顶端的索引，如果没有，那么返回 NULL。最后，根据-checkblocks 参数检查数据库中存储的区块的有效性。

（4）重新建立索引

这段代码通过数据迁移、资源分配与验证重建三个阶段，实现了比特币钱包的索引重建功能。首先，检测旧版区块文件，通过硬链接将其迁移至新版 /blocks/ 目录，若迁移成功，则自动激活重建标志 fReindex=true，确保兼容旧数据格式。其次，基于命令行参数 -dbcache 分配内存资源，分层计算缓存，即总缓存的 1/8 用于区块树索引（上限 2MB），剩余缓存的 25%~50% 用于链状态数据库，其余则分配给内存 UTXO 集，以加速交易验证。最后，在重建核心阶段，销毁旧索引对象（UnloadBlockIndex()），创建新区块树数据库（CBlockTreeDB）和链状态视图（CCoinsViewDB），此时若 fReindex 激活，则写入重建标记并清理修剪模式下的无效文件；随后进行多轮数据验证，包括创世区块一致性检查、-txindex 参数冲突检测、未来时间戳区块过滤，并通过 VerifyDB() 扫描数据完整性，以便在失败时提示用户重建或退出。整个过程通过迁移保障了数据连续性，提升了资源优化效率，严格验证并确保了索引的可靠性，实现了钱包数据的彻底重构。

（5）收尾

因为加载区块索引可能需要很长的时间，在这中间可能会收到终止的信号，但是在前面的循环中可能并没有检测到，所以在循环结束后应立即进行检测。如果收到了此信号，那么立即退出程序。标志 fRequestShutdown 在之前的重新设置索引处进行设置。此外，该段代码定义了一个指向 fee_estimates.dat 的文件路径，fee_estimates.dat 文件能够将 feeEstimator 这个对象进行持久化，并保存到文件中。

3.9　加载钱包

区块链钱包通常由一个或多个文件组成，这些文件存储了钱包的密钥、账户信息和其他必要的元数据。在比特币或以太坊中，钱包文件通常存储在用户的本地磁盘中。加载钱包时，系统首先会找到存储钱包文件的路径，并读取这些文件以加载钱包的状态。区块链钱包的加载过程通常涉及钱包的创建、密钥管理、钱包文件的解析与加载等操作。基于此，本节主要介绍如何加载比特币的钱包，其相关代码如下：

```
1   #ifdef ENABLE_WALLET
2   if (fDisableWallet) {
3       pwalletMain = NULL;
4       LogPrintf("Wallet disabled!\n");
5   } else {
6       // 需要在使用-zapwallettxes后恢复钱包元数据
7       std::vector<CWalletTx> vWtx;
8       if (GetBoolArg("-zapwallettxes", false)) {
9           uiInterface.InitMessage(_("Zapping all transactions from wallet..."));
10          pwalletMain = new CWallet(strWalletFile);
11          DBErrors nZapWalletRet = pwalletMain->ZapWalletTx(vWtx);
12          if (nZapWalletRet != DB_LOAD_OK) {
13              uiInterface.InitMessage(_("Error loading wallet.dat: Wallet corrupted"));
14              return false;
15          }
16          delete pwalletMain;
```

```
17          pwalletMain = NULL;
18      }
19      uiInterface.InitMessage(_("Loading wallet..."));
20      nStart = GetTimeMillis();
21      bool fFirstRun = true;
22      pwalletMain = new CWallet(strWalletFile);
23      DBErrors nLoadWalletRet = pwalletMain->LoadWallet(fFirstRun);
24      if (nLoadWalletRet != DB_LOAD_OK){
25          if (nLoadWalletRet == DB_CORRUPT)
26              strErrors << _("Error loading wallet.dat: Wallet corrupted") << "\n";
27          else if (nLoadWalletRet == DB_NONCRITICAL_ERROR){
28              InitWarning(_("Error reading wallet.dat! All keys read correctly, but
                    transaction data"
29                          " or address book entries might be missing or incorrect."));
30          }
31          else if (nLoadWalletRet == DB_TOO_NEW)
32              strErrors << _("Error loading wallet.dat: Wallet requires newer version
                    of Bitcoin Core") << "\n";
33          else if (nLoadWalletRet == DB_NEED_REWRITE{
34              strErrors << _("Wallet needed to be rewritten: restart Bitcoin Core to
                    complete") << "\n";
35              LogPrintf("%s", strErrors.str());
36              return InitError(strErrors.str());
37          }
38          else
39              strErrors << _("Error loading wallet.dat") << "\n";
40      }
41      if (GetBoolArg("-upgradewallet", fFirstRun)){
42          int nMaxVersion = GetArg("-upgradewallet", 0);
43          if (nMaxVersion == 0){
44              // -upgradewallet没有参数的情况
45              LogPrintf("Performing wallet upgrade to %i\n", FEATURE_LATEST);
46              nMaxVersion = CLIENT_VERSION;
47              pwalletMain->SetMinVersion(FEATURE_LATEST);
48              // 立即永久升级钱包
49          }else
```

```
50              LogPrintf("Allowing wallet upgrade up to %i\n", nMaxVersion);
51          if (nMaxVersion < pwalletMain->GetVersion())
52              strErrors << _("Cannot downgrade wallet") << "\n";
53          pwalletMain->SetMaxVersion(nMaxVersion);
54      }
55      if (fFirstRun){
56          // 创建新密钥用户并将其设置为默认密钥
57          RandAddSeedPerfmon();
58          CPubKey newDefaultKey;
59          if (pwalletMain->GetKeyFromPool(newDefaultKey)) {
60              pwalletMain->SetDefaultKey(newDefaultKey);
61              if (!pwalletMain->SetAddressBook(pwalletMain->vchDefaultKey.GetID(), "",
62                  "receive"))
                    strErrors << _("Cannot write default address") << "\n";
63          }
64          pwalletMain->SetBestChain(chainActive.GetLocator());
65      }
66      LogPrintf("%s", strErrors.str());
67      LogPrintf(" wallet    %15dms\n", GetTimeMillis() - nStart);
68      RegisterValidationInterface(pwalletMain);
69      CBlockIndex *pindexRescan = chainActive.Tip();
70      if (GetBoolArg("-rescan", false))
71          pindexRescan = chainActive.Genesis();
72      else{
73          CWalletDB walletdb(strWalletFile);
74          CBlockLocator locator;
75          if (walletdb.ReadBestBlock(locator))
76              pindexRescan = FindForkInGlobalIndex(chainActive, locator);
77          else
78              pindexRescan = chainActive.Genesis();
79      }
80      if (chainActive.Tip() && chainActive.Tip() != pindexRescan){
81          // 我们无法在非修剪区块外重新扫描，所以停止并抛出错误
82          // 这可能发生在用户在修剪节点中使用旧钱包时，或者用户在运行了-disablewallet一段
                 时间后，再决定重新启用钱包时
83          if (fPruneMode){
```

```
84      CBlockIndex *block = chainActive.Tip();
85      while (block && block->pprev && (block->pprev->nStatus & BLOCK_HAVE_DATA)
            && block->pprev->nTx > 0 && pindexRescan != block)
86      block = block->pprev;
87      if (pindexRescan != block)
88          return InitError(_("Prune: last wallet synchronisation goes beyond
                pruned data. You need to -reindex (download the whole blockchain
                again in case of pruned node)"));
89  }           uiInterface.InitMessage(_("Rescanning..."));
90  LogPrintf("Rescanning last %i blocks (from block %i)...\n", chainActive.
        Height() - pindexRescan->nHeight, pindexRescan->nHeight);
91  nStart = GetTimeMillis();
92  pwalletMain->ScanForWalletTransactions(pindexRescan, true);
93  LogPrintf(" rescan    %15dms\n", GetTimeMillis() - nStart);
94  pwalletMain->SetBestChain(chainActive.GetLocator());
95  nWalletDBUpdated++;
96  // 在使用-zapwallettxes=1后恢复钱包交易元数据
97  if (GetBoolArg("-zapwallettxes", false) && GetArg("-zapwallettxes", "1") !=
        "2"){
98      CWalletDB walletdb(strWalletFile);
99      BOOST_FOREACH(const CWalletTx& wtxOld, vWtx){
100         uint256 hash = wtxOld.GetHash();
101         std::map<uint256, CWalletTx>::iterator mi = pwalletMain->mapWallet.
                find(hash);
102         if (mi != pwalletMain->mapWallet.end()){
103             const CWalletTx* copyFrom = &wtxOld;
104             CWalletTx* copyTo = &mi->second;
105             copyTo->mapValue = copyFrom->mapValue;
106             copyTo->vOrderForm = copyFrom->vOrderForm;
107             copyTo->nTimeReceived = copyFrom->nTimeReceived;
108             copyTo->nTimeSmart = copyFrom->nTimeSmart;
109             copyTo->fFromMe = copyFrom->fFromMe;
110             copyTo->strFromAccount = copyFrom->strFromAccount;
111             copyTo->nOrderPos = copyFrom->nOrderPos;
112             copyTo->WriteToDisk(&walletdb);
113         }
```

```
114                    }
115                }
116            }
117            pwalletMain->SetBroadcastTransactions(GetBoolArg("-walletbroadcast",
                   DEFAULT_WALLETBROADCAST));
118        }
119        // (!fDisableWallet)
120    #else
121        // ENABLE_WALLET
122        LogPrintf("No wallet support compiled in!\n");
123    #endif
124        // !ENABLE_WALLET
```

本段代码的具体内容如下：

- 如果 fDisableWallet 被禁用，那么不能打开 wallet。
- 初始化 CWalletTx 标准化数组 vwtx。

  如果-zapwallettxes 没有被设置参数值，那么输出"删除钱包中的所有交易"。根据 strWalletFile（存储 wallet 内部信息的文件）定义名为 pwalletMain 的 CWallet 对象，并定义 DBErrors 类型的错误，然后将 pwalletMain 对象的 ZapWalletTx() 函数代入 vwtx 数组，并将产生的值赋给 DBErrors 类型的 nZapWalletRet 参数。如果 nZapWalletRet 的参数值不等于"DB_LOAD_OK"，那么文件不能成功加载，输出"文件加载错误：钱包损坏"，并返回 false。最后释放 pwalletMain 指针指向的内存，并将该指针设置为 null。

- 输出提示信息"正在加载钱包..."。

  定义变量 nStart，使其为 GetTimeMillis() 函数返回的系统时间。初始化布尔型变量 fFirstRun，使其值为 true。根据 strWalletFile（存储 wallet 内部信息的文件）定义名为 pwalletMain 的 CWallet 对象，并定义 DBErrors 类型的错误，然后将 pwalletMain 对象的 ZapWalletTx() 函数代入 vwtx 数组，并将产生的值赋给 DBErrors 类型的 nZapWalletRet 参数。如果 nZapWalletRet 的参数值不等于 DB_LOAD_OK，那么文件不能成功加载，则执行 if 下的语句。如果 nZapWalletRet 的参数值等于 DB_CORRUPT，那么表示文件损坏，则输出"文件加载错误：文件损坏"。如果 nZapWalletRet 的参数值等于 DB_NONCRITICAL_ERROR，那么输出"错误读取文件，所有 keys 读取正确，但是交易信息读取错误，或者通讯录路径可能丢失或错误"。如果 nZapWalletRet 的参数值等于 DB_TOO_NEW,那么输出"文件加载错误:Wallet 需要更新的比特币版本"。如果 nZapWalletRet 的参数值等于 DB_NEED_REWRITE,那么输出"文件需要被重写,请重启比特币去完成重写",并输出错误信息,同时返回错误信息。如果以上都不满足,那么输出"错误加载文件"。

- 如果参数-upgradewallet 未被赋值,那么为其赋值 fFirstRun 并执行 if 条件下的语句。初始化 nMaxVersion,并赋值为 upgradewallet 的值,如果其值为空,那么赋值为 0。如果 nMaxVersion 为 0,即-upgradewallet 没有参数,那么输出"正在将钱包升级到 i"(i 指 FEATURE_LATEST,FEATURE_LATEST 的值为最新的版本号),并将 nMaxVersion 赋值为 CLIENT_VERSION(客户端版本号)。同时,将 pwalletMain 允许升级到的版本改为 nMaxVersion,并且立即升级钱包。如果 nMaxVersion 不为 0,那么输出"允许钱包升级到 i"(i 指 nMaxVersion,同时也是-upgradewallet 的值)。如果 nMaxVersion 小于钱包当前的版本,那么输出错误信息"无法为钱包降级"。最后将钱包的最大版本号设置为 nMaxVersion。

- 如果参数 fFirstRun 的值为 true,那么执行以下操作来创建新密钥用户并将其设置为默认密钥。创建一个 CPubKey 类对象 newDefaultKey(CPubKey 类对象是封装的公钥)。如果能从密钥池中找到 newDefaultKey,那么执行以下操作,即将默认主键赋值为 newDefaultKey。如果在 addressBook 中注册地址,设其 purpose 为 receive,代表接收币的默认地址不成功,那么输出错误信息"无法写入默认地址"。执行 walletInstance->SetBestChain,传入 chainActive 的 locator(CBlockLocator)。CBlockLocator 类的注释写道:"描述区块链中其他节点的一个位置,如果其他节点没有相同的分支,那么它可以找到一个最近的中继 (最近的相同块)"。ChainActive 的 GetLocator 的大致获取步骤为 CBlockLocator 内有一个 vHave 数组用来存放区块的哈希值,从尖端(分叉出现前)开始,将区块加入这个数组,并沿着父区块一直加。刚开始连着加 10 个,然后开始跳 1 个、跳 2 个、跳 4 个地加,直到加进创世区块。虽然 CBlockLocator 可以描述其他节点的位置,但是这里因为是对 chainActive 进行访问,所以路遇的所有节点一定是存放在 chainActive 内的。

- 输出 strErrors 的值。
  首先,输出当前时间。然后,执行 RegisterValidationInterface(),给那些 g_signals 绑定上 walletInstance 的版本信息。如果用户设置了 rescan 参数,那么从创世区块开始获取需要重新更新钱包的数据,即置 pindexRescan 为创世区块,否则先置

pindexRescan 为尖端（此时尖端代表了 chainActive 上出现分叉前的状态），然后从钱包数据库中读取 bestblock 类型的数据，置于 locator 中。此次这个 locator 中的区块特征与 chainActive 不一定相同。如果遇到 chainActive 上没有的区块，那么求同存异，取 pindexRescan 作为它们的分叉前状态。如果钱包数据库没有 bestblock 类型（或 bestblock_nomerkle 类型）的数据，那么保险起见，需要设置 pindexRescan 为创世区块。

- 如果 chainActive.Tip() 和 pindexRescan 不符，那么执行 if 条件下的语句。第一个 if 条件 (fPruneMode) 用来判断当前区块是否为精简模式 (pruned mode)，如果不是精简模式，那么无法进行 rescan 操作，因此需要在精简模式下重新下载整个区块链数据。在完成判断之后，进行 rescan 操作，并实时更新当前正在进行重新扫描的区块位置。通过 GetTimeMillis() 函数得到当前系统的运行时间，以 ms 为单位，并赋值给 nStart。然后，调用 ScanForWalletTransactions(CBlockIndex* pindexStart, bool fUpdate) 函数对 pindexRescan 进行扫描。最后，通过 SetBestChain() 函数将扫描后的 chainActive 中的钱包数据写入 pwalletMain，并执行 nWalletDBUpdated++，记录更新次数，使钱包数据的更新次数加一。

- 如果之前使用了 "-zapwallettxes" 参数，那么之前就备份了旧钱包中的交易数据，则执行 if 条件下的语句。如果在更新后的钱包中能找到旧钱包的交易数据，那么就恢复元数据。

3.10　数据目录维护

在比特币更新到 0.11 版本后，需要进行区块裁剪，以防止区块链出现软分叉。在此处的裁剪，会剪掉所有输出都被花费的叶节点和所有子节点均已被修剪的节点。进行裁剪操作后，一个节点已经失去了帮助新节点进行同步操作的能力，除非重新下载整个链上的信息，否则无法在网络中参与同步。用来裁剪数据目录的代码如下：

```
1    // 如果是裁剪模式，那么取消设置服务位并执行初始区块来存储裁剪操作
2    // 在进行任何钱包重新扫描后
3    if (fPruneMode) {
4        LogPrintf("Unsetting NODE_NETWORK on prune mode\n");
5        nLocalServices &= ~NODE_NETWORK;
6        if (!fReindex) {
7            uiInterface.InitMessage(_("Pruning blockstore..."));
```

```
8          PruneAndFlush();
9      }
10  }
```

首先，我们通过在 step3 中设置过的参数 fPruneMode 来判断当前系统是否处于 Prune Mode 模式，若处在此模式下，则系统会为当前的数据文件进行裁剪，具体操作如下：首先在日志文件中，log 输出 "Unsetting NODE_NETWORK on prune mode"，以记录此次操作；然后去除掉 nLocalServices 中的 NODE_NETWORK 标识符（用与运算符 "&" 实现）。对于 NODE_NETWORK，这个标识符出现在 protocol.h 中，如果设置了该符号位，那么表示该节点可以向外提供完整的区块链服务，目前所有的 Bitcoin Core 节点在非剪枝模式下都会设置该符号位，而 SPV 节点或者其他轻量级节点则不会设置该符号位。在剪枝模式下，由于节点对数据进行了删改，因此无法作为全节点向外提供服务，所以将此符号位删去了。在设置符号位后，需要通过 step7 中设置过的参数 fReindex 来判断当前系统是否设置重建索引，若 fReindex 参数值设置为 true 则跳过，若为 false 则在 UI 中输出 "Pruning blockstore..."，同时进入剪枝操作。剪枝操作调用的函数均处在 main.h 中。其中，PruneAndFlush() 函数主要用于调用 FlushStateToDisk() 函数，而 CValidationState 类位于 validation.h 中，用于捕获有关块/事务验证的信息。参数 fCheckForPruning 的默认值为 false，此处置为 true 代表此时有块可剪（删）。

FlushStateToDisk() 函数是此功能的主体部分，其通过一系列逻辑与运算对区块链进行剪枝。首先，通过 FindFilesToPrune() 方法来确定当前是否含有能够修剪的数据；其次，设置读写缓冲区（避免在启动后立即写入/刷新）并判断当前状态；再次，将修剪好的数据写入磁盘；最后，刷新最佳链相关状态并刷新钱包中的最优块。

- 对于确定当前是否含有能够修剪的数据，具体操作如下：
  首先通过 FindFilesToPrune() 函数找出修剪的数据，并存入预先定义好的 set 容器，通过此容器是否为空来判断此时是否有可修剪的数据。若容器不为空，代表此时有可以修剪的数据，则更改 fFlushForPrune 的参数值为 true，fHavePruned 的参数值为 true，同时在日志文件中进行记录。该过程用到的主要功能函数 FindFilesToPrune() 的具体操作过程如下：首先，若当前的修剪目标为 0 或当前树的高度已经低于目标高度，则可直接返回（无须修剪）。而后，判断文件当前使用的磁盘空间量与两个文件（blk 与 rev）的预分配大小之和是否超过了目标大小，若未超过则此时并不需要进行进一步剪枝。当超过目标大小时，需循环 nLastBlockFile 次上述过程，每次循环中都要判断执行条件，若此次循环的文件大小为 0，则 continue；若此时已经满足了当前使用的磁盘空间量与两个文件（blk 与 rev）的预分配大小之和未超过目标大小的要求，则直接结束（以达到目标）。若此时树的高度达到要求但是总大小未达到要求，则 continue；而后通过 PruneOneBlockFile(fileNumber) 函数来修剪当前文件，同时更新文件当前使用的磁盘空间量。经过上述循环即剪枝成功，此时在日志当中记录剪枝结果即可。

- 对于设置读写缓冲区并判断当前状态，具体操作如下：

  首先，将三种数据由初始化时的 0 设置为当前时间戳，以记录此处的操作时间，同时防止在启动后立即写入/刷新。然后，设置 4 个 bool 类型的变量以判断当前系统状态，具体的状态参数及其说明如下：

  > fCacheLarge：缓存已经接近极限。
  >
  > fCacheCritical：缓存越界。
  >
  > fPeriodicWrite：过久未写入磁盘。
  >
  > fPeriodicFlush：过久未刷新缓存。
  >
  > fDoFullFlush：以上四种状态汇总。

- 将修剪好的数据写入磁盘，具体操作如下：

  首先，要对上述的 fDoFullFlush 与 fPeriodicWrite 的参数值进行判断，若都为 true 则继续通过 CheckDiskSpace(0) 函数来判断当前的磁盘空间，若空间不足则直接返回磁盘越界的 error 信息，然后确保所有的块和撤销数据都被刷新到磁盘上 [通过 FlushBlockFile() 方法]。其次，更新所有块文件的信息，即使用一个包含键值对的 vector 容器记录下文件索引表的所有信息，然后使用一个包含 CBlockIndex 的 vector 容器记录文件块表内的所有信息，接下来调用 WriteBatchSync() 函数对以上两个容器内容进行写入并判断，最后，通过 UnlinkPrunedFiles() 方法移除所有应当修剪的块。上述过程涉及的主要功能函数如下：

```
1  FlushBlockFile() // 更新块文件
2  WriteBatchSync() // 写入数据库
3  UnlinkPrunedFiles() // 将传递进来的要删除的文件号全部remove
```

- 刷新最佳链相关状态与钱包中的最优块，具体操作如下：

  首先，检测磁盘空间，由于一个块的大小是 128Bytes，其会在日志和表中存储两遍，因此当安全系数为 2 时，磁盘空间大小至少应为 $n \times 128 \times 2 \times 2$（$n$ 为块数），若不足则返回错误信息。然后，需要确定缓存中是否加载了当前的数据库与备份视图，这可以直接通过状态参数 Flush 来检验，若无此缓存则返回错误信息。最后，更新 nLastFlush（最后一次刷新的时间戳记录）。在刷新钱包最优块时，首先通过状态参数来判断当前是否可以开始此功能。该过程需要判断时间是否允许，在前面的代码中定义过参数 DATABASE_WRITE_INTERVAL，其值为 60×60，作用为记录块信息刷新的最小时间间隔。我们通过将时间戳与之进行比较，判断是否到了可刷新时间，在满足条件时，通过 SetBestChain() 函数对钱包的最优块进行刷新。SetBestChain() 函数调用代码如下：

```
1    SetBestChain（）// 设置此时的最佳链
```

3.11　导 入 区 块

在比特币区块链的源码中，导入区块涉及如何从网络中接收区块数据，并验证、存储到本地的区块链数据库中。以下是比特币源码中与区块导入相关的关键代码：

```
1    if (mapArgs.count("-blocknotify"))
2    uiInterface.NotifyBlockTip.connect(BlockNotifyCallback);
3    uiInterface.InitMessage(_("Activating best chain..."));
4    // 在区块链数据库中扫描尚未连接到当前最佳链的更好的链
5    CValidationState state;
6    if (!ActivateBestChain(state, chainparams))
7        strErrors << "Failed to connect best block";
8    std::vector<boost::filesystem::path> vImportFiles;
9    if (mapArgs.count("-loadblock"))
10   {
11       BOOST_FOREACH(const std::string& strFile, mapMultiArgs["-loadblock"])
12       vImportFiles.push_back(strFile);
13   }
14   threadGroup.create_thread(boost::bind(&ThreadImport, vImportFiles));
15   if (chainActive.Tip() == NULL) {
16       LogPrintf("Waiting for genesis block to be imported...\n");
17       while (!fRequestShutdown && chainActive.Tip() == NULL)
18           MilliSleep(10);
19   }
```

本段代码首先判断参数 -blocknotify 是否设置回调函数，以在区块链数据库中寻找最佳链（遵循最长链原则），这个链还未连接到激活的最佳链中。然后，通过判断 -loadblock

的参数值来确定是否设置执行 ThreadImport() 函数。最后，判断 Genesis 区块是否已经导入，如果未导入，那么执行循环语句以等待创世区块的导入。

3.12　启动节点

在比特币的源码中，启动节点主要涉及如何初始化比特币节点并使其连接到区块链网络。比特币启动节点过程的代码如下：

```
1   if (!CheckDiskSpace())
2       return false;
3   if (!strErrors.str().empty())
4       return InitError(strErrors.str());
5   RandAddSeedPerfmon();
6   // 调试print
7   LogPrintf("mapBlockIndex.size() = %u\n", mapBlockIndex.size());
8   LogPrintf("nBestHeight = %d\n", chainActive.Height());
9   #ifdef ENABLE_WALLET
10  LogPrintf("setKeyPool.size() = %u\n", pwalletMain ? pwalletMain->setKeyPool.size()
        : 0);
11  LogPrintf("mapWallet.size() = %u\n", pwalletMain ? pwalletMain->mapWallet.size() :
        0);
12  LogPrintf("mapAddressBook.size() = %u\n", pwalletMain ? pwalletMain->mapAddressBook
        .size() : 0);
13  #endif
14  if (GetBoolArg("-listenonion", DEFAULT_LISTEN_ONION))
15      StartTorControl(threadGroup, scheduler);
16      StartNode(threadGroup, scheduler);
17      // 监控链，并在区块生成速度远快于或远慢于预期时发出警报
18      // "坏链警报"调度器已被禁用，因为当前系统会产生太多误报，以至于用户开始忽略它们
19      // 这个代码将在0.12.1版本中被禁用，直到在#7568中讨论出修复方案
20      // 这在2016-03-31的IRC会议中讨论过
21      //
22      // --- 禁用 ---
23      //int64_t nPowTargetSpacing = Params().GetConsensus().nPowTargetSpacing;
24      //CScheduler::Function f = boost::bind(&PartitionCheck, &IsInitialBlockDownload,
25      //boost::ref(cs_main), boost::cref(pindexBestHeader), nPowTargetSpacing);
```

```
26    //scheduler.scheduleEvery(f, nPowTargetSpacing);
27    // --- 禁用结束 ---
28    // 在后台生成币
29    GenerateBitcoins(GetBoolArg("-gen", DEFAULT_GENERATE), GetArg("-genproclimit",
          DEFAULT_GENERATE_THREADS), chainparams);
```

当前面准备工作全部做完后，下一步将启动节点间的通信，具体步骤如下：

- 检查：首先，在开启节点之前，确认磁盘空间大小，至少需要有 50MB 的空间；然后，检查之前的代码是否有报错信息被添加到 strErrors 中，并生成了随机数种子，此处是比特币保证安全的核心步骤。

- 启动匿名地址监听：判断是否设置-listenonion 参数，以实现匿名地址监听，如果是，那么启动 TOR 控制，使用户可以通过 TOR 在互联网上进行匿名交流。

- 启动节点服务：首先通过 StartNode() 函数加载 peers.dat 中保存的连接节点信息，然后加载 banlist.dat 中保存的被禁用的节点列表。

- 启动网络线程：初始化连接信号量，最多将其设置为 9 个。CSemaphore 类对象代表 "信号"，在这里表示最多允许 9 个线程在进程中访问同一个资源。

- 创建本地节点：找到主机地址并将其放入 mapLocalhost 创建的 "dnsseed" 线程，以解析种子节点。其中，bitcoin-cli 会维护一个 list，用于记录长期稳定运行的节点（即种子节点），利用它们可以使新节点快速地发现网络中的其他节点。

- 在 0.12.1 版本中留下的接口，创建了几个新的线程，分别是：

```
1    ThreadSocketHandler: 通过socket收发消息，接受连接
2    ThreadOpenAddedConnections: 连接到从-addnode获取的节点
3    ThreadOpenConnections: 自动寻找节点进行连接
4    ThreadMessageHandler: 处理节点间的消息
```

- Scheduler 线程刷新。
- 在后台生成比特币。
- 创建比特币 CPU 挖矿线程。

3.13 模 块 完 成

经过以上操作，就可以判定模块是否完成了。其相关代码如下：

```
1    SetRPCWarmupFinished();
2    uiInterface.InitMessage(_("Done loading"));
```

```
3    #ifdef ENABLE_WALLET
4    if (pwalletMain) {
5        // 将尚未在区块中出现的钱包交易添加到mapTransactions中
6        pwalletMain->ReacceptWalletTransactions();
7        // 运行一个线程定期刷新钱包
8        threadGroup.create_thread(boost::bind(&ThreadFlushWalletDB, boost::ref(
            pwalletMain->strWalletFile)));
9    }
10   #endif
```

调用 SetRPCWarmupFinished() 方法，设置 fRPCInWarmup 变量的值为 false，以重新接受钱包交易，并把钱包中的交易添加到 mapTransactions 中，然后另起线程定期刷新钱包数据。

第 4 章 交易模块和区块模块

通过代码分析区块链技术中的交易模块和区块模块，加深读者对交易、区块的理解。本章主要内容包含交易结构、交易创建、交易签名、交易广播、区块结构和区块构建。

4.1 交 易 模 块

本节主要讨论了比特币交易的结构、交易的创建过程、交易的签名过程以及交易的广播机制。交易是比特币系统中最基本的操作单元，其通过输入（消耗之前的输出）和输出（生成新的未花费交易输出，UTXO）实现资金的转移。交易模块的主要功能包括管理和验证交易数据、构建新的交易、为交易生成有效的数字签名以确保其真实性和不可篡改性、将交易广播到区块链网络以供处理和验证等。

4.1.1 交易结构

CTransaction 类定义了比特币交易的基本结构，包括交易版本号、输入列表、输出列表、锁定时间和交易哈希值等；CTxIn 和 CTxOut 类分别定义了交易的输入和输出的结构，这些类共同构成了比特币交易的基本单位。CTransaction 类的具体代码如下：

```
1   class CTransaction{
2   public:
3       static const int32_t CURRENT_VERSION = 2;
4       const std::vector<CTxIn> vin;
5       const std::vector<CTxOut> vout;
6       const int32_t nVersion;
7       const uint32_t nLockTime;
8   private:
9       const uint256 hash;
10      uint256 ComputeHash() const;
11  public:
12      CTransaction();
13      CTransaction(const CMutableTransaction &tx);
14      bool IsNull() const {
```

```
15        return vin.empty() && vout.empty();
16    }
17    const uint256& GetHash() const {
18        return hash;
19    }
20    uint256 GetWitnessHash() const;
21    CAmount GetValueOut() const;
22    bool IsCoinBase() const {
23        return (vin.size() == 1 && vin[0].prevout.IsNull());
24    }
25    std::string ToString() const;
26    bool HasWitness() const;
27    template <typename Stream>
28    inline void Serialize(Stream& s) const {
29        SerializeTransaction(*this, s);
30    }
31 };
```

CTransaction 类定义了比特币中的交易，包含了交易所需的所有基本信息。其具体包括以下字段：

- 版本号（nVersion）：该字段表示交易的版本，目前比特币使用的标准版本为 2。版本号的存在使得交易格式和规则在未来可以进行升级和扩展。
- 输入列表（vin）：交易的输入列表存储了该交易所消耗的 UTXO（未花费的交易输出）。每个输入都引用了之前某一交易的输出，并提供了解锁该输出的必要信息（通常是签名和公钥）。Vin 是一个包含了多个 CTxIn 对象的数组。
- 输出列表（vout）：交易的输出列表指定了资金的去向，每个输出都会生成一个新的 UTXO。Vout 是一个包含了多个 CTxOut 对象的数组，其中，每个输出都定义了接收方的地址和转账金额。
- 锁定时间（nLockTime）：锁定时间控制交易在何时生效。它可以被指定为一个区块高度或时间戳，当区块链达到指定的高度或时间后，交易才能被处理。
- 哈希值（Hash）：每笔交易都有一个唯一的哈希值，通过计算整笔交易的内容而生成。这个哈希值用于唯一标识交易，并在网络中进行传播和验证。

CTransaction 类提供了计算和获取交易哈希值的方法，以确保交易的唯一性和完整性。它还包含用于验证交易是否为空、是否为 coinbase 交易，以及计算输出总金额的功能，并支持隔离见证数据的处理，提升了交易的安全性和效率。同时，该类提供序列化和字符串转换方法，以便于交易的传输、存储和调试。总体而言，CTransaction 类封装了交易数据的管理与验证操作，是区块链系统中处理交易的核心组件。为了更好地理解交易的输入和输出结构，我们还需要深入了解 CTxIn 和 CTxOut 类，其中，CTxIn 类是比特币源码中的一个重要类，它定义了交易的输入结构。CTxIn 类的具体代码如下：

```
1   class CTxIn{
2   public:
3       COutPoint prevout;
4       CScript scriptSig;
5       uint32_t nSequence;
6       CScriptWitness scriptWitness;
7       static const uint32_t SEQUENCE_FINAL = 0xffffffff;
8       static const uint32_t SEQUENCE_LOCKTIME_DISABLE_FLAG = (1 << 31);
9       static const uint32_t SEQUENCE_LOCKTIME_TYPE_FLAG = (1 << 22);
10      static const uint32_t SEQUENCE_LOCKTIME_MASK = 0x0000ffff;
11      static const int SEQUENCE_LOCKTIME_GRANULARITY = 9;
12      CTxIn(){
13          nSequence = SEQUENCE_FINAL;
14      }
15      explicit CTxIn(COutPoint prevoutIn, CScript scriptSigIn=CScript(), uint32_t
            nSequenceIn=SEQUENCE_FINAL);
16      CTxIn(uint256 hashPrevTx, uint32_t nOut, CScript scriptSigIn=CScript(), uint32_t
            nSequenceIn=SEQUENCE_FINAL);
17      ADD_SERIALIZE_METHODS;
18      template <typename Stream, typename Operation>
19      inline void SerializationOp(Stream& s, Operation ser_action) {
20          READWRITE(prevout);
21          READWRITE(scriptSig);
22          READWRITE(nSequence);
23      }
24      friend bool operator==(const CTxIn& a, const CTxIn& b){
25          return (a.prevout == b.prevout &&
26                  a.scriptSig == b.scriptSig &&
27                  a.nSequence == b.nSequence);
28      }
```

```
29        friend bool operator!=(const CTxIn& a, const CTxIn& b){
30            return !(a == b);
31        }
32        std::string ToString() const;
33    };
```

交易的输入结构通过 CTxIn 类来表示，它包含了消费之前某笔交易输出所需的信息。CTxIn 类包含以下字段：

- 前序交易的输出点（prevout）：该字段指向前一笔交易的输出点，其包含了前一笔交易的哈希值和输出索引。通过 prevout，可以找到被引用的 UTXO。
- 解锁脚本（scriptSig）：解锁脚本是用来证明持有者有权花费该 UTXO 的信息，其通常包含签名和公钥。解锁脚本需要与前序交易中的锁定脚本匹配才能生效。
- 序列号（nSequence）：序列号是一个可选字段，通常用于支持相对时间锁定或替换交易（如 BIP38 中描述的功能）。在普通交易中，nSequence 的值通常设置为最大值 0xffffffff。
- 见证脚本（scriptWitness）：见证脚本用于存储隔离见证（SegWit）数据。这是关于比特币协议的一项重要升级，用来解决交易延展性问题，以便优化区块大小，并增强比特币的功能性和灵活性。

CTxIn 类的每一部分代码都在比特币交易系统中扮演了特定的角色。它描述了一笔交易输入的各个组成部分和属性，并实现了构造、序列化、比较和字符串转换等基本操作。在区块链网络中，CTxIn 用于表示交易的输入，其链式指向前一笔交易的输出，从而实现去中心化和不可篡改的交易账本。而 CTxOut 是一个用于表示比特币交易输出的类，其具体代码如下：

```
1    class CTxOut{
2    public:
3        CAmount nValue;
4        CScript scriptPubKey;
5        CTxOut(){
6            SetNull();
7        }
8        CTxOut(const CAmount& nValueIn, CScript scriptPubKeyIn);
9        ADD_SERIALIZE_METHODS;
10       template <typename Stream, typename Operation>
11       inline void SerializationOp(Stream& s, Operation ser_action) {
```

```
12       READWRITE(nValue);
13       READWRITE(scriptPubKey);
14    }
15    void SetNull(){
16       nValue = -1;
17       scriptPubKey.clear();
18    }
19    bool IsNull() const{
20       return (nValue == -1);
21    }
22    friend bool operator==(const CTxOut& a, const CTxOut& b){
23       return (a.nValue    == b.nValue &&
24            a.scriptPubKey == b.scriptPubKey);
25    }
26    friend bool operator!=(const CTxOut& a, const CTxOut& b){
27       return !(a == b);
28    }
29    std::string ToString() const;
30 };
```

交易的输出结构通过 CTxOut 类来表示，它定义了资金的去向并生成了新的 UTXO。CTxOut 类包含以下字段：

- 比特币数量（nValue）：该字段表示输出中包含的比特币数量，以聪为单位（1 比特币 =100000000 聪）。
- 锁定脚本（scriptPubKey）：锁定脚本定义了谁可以解锁并花费该输出。常见的锁定脚本是基于 P2PKH（支付到公钥哈希）的，其中包含接收方的地址（公钥哈希）和条件（如 OP_DUP、OP_HASH160、OP_EQUALVERIFY 和 OP_CHECKSIG 等）。交易输出通过锁定脚本将资金"锁定"到一个特定的地址，只有满足该锁定脚本条件的解锁脚本才能花费这个输出。

CTxOut 类不仅存储了输出金额和支付条件，还支持序列化、反序列化操作，使得它可以轻松地在网络上传播、在磁盘上存储。同时，通过重载操作符，可以方便地进行对象比较。而 TransactionSignatureCreator 类是用于创建交易签名的类，其具体代码如下：

```
1 class TransactionSignatureCreator: public BaseSignatureCreator {
2    const CTransaction* txTo;
```

```
3      unsigned int nIn;
4      int nHashType;
5      CAmount amount;
6      const TransactionSignatureChecker checker;
7  public:
8  TransactionSignatureCreator(const CKeyStore* keystoreIn, const CTransaction* txToIn,
       unsigned int nInIn, const CAmount& amountIn, int nHashTypeIn=SIGHASH_ALL);
9      const BaseSignatureChecker& Checker() const override {
10     return checker;
11     }
12 bool CreateSig(std::vector<unsigned char>& vchSig, const CKeyID& keyid, const CScript&
       scriptCode, SigVersion sigversion) const override;
13 };
```

下面是对该类及其字段的详细解析：

- txTo：一个指向 CTransaction 对象的指针，表示要签名的交易。
- nIn：一个无符号整数，表示交易中要签名的输入。
- nHashType：一个整数，表示签名的哈希类型，其默认值为 SIGHASH_ALL，表示签名所有交易的输入和输出。
- amount：一个 CAmount 类型的变量，表示交易输入的金额。
- checker：一个 TransactionSignatureChecker 类型的对象，负责检查签名是否有效。

TransactionSignatureCreator 是一个继承自 BaseSignatureCreator 的类，用于为比特币交易创建数字签名。该类包含了交易的必要信息（如交易指针、输入索引、签名哈希类型、金额等），并提供了创建签名的方法。

4.1.2　交易创建

比特币通过 CreateTransaction() 函数创建新的交易。该函数的主要内容包括验证输入有效性、设置交易时间、计算交易费用、选择合适的输入（UTXO），并处理找零金额。通过对各种条件的判断和计算，确保创建的交易合法且符合区块链网络的要求。当用户发起交易时，比特币钱包会通过调用 CreateTransaction() 函数来创建新的交易。CreateTransaction() 函数的具体代码如下：

```
1      CAmount nValue = 0;
2      int nChangePosRequest = nChangePosInOut;
3      unsigned int nSubtractFeeFromAmount = 0;
```

```
4    for (const auto& recipient : vecSend){
5    if (nValue < 0 || recipient.nAmount < 0){
6        strFailReason = _("Transaction amounts must not be negative");
7        return false;
8    }
9    nValue += recipient.nAmount;
10   if (recipient.fSubtractFeeFromAmount){
11       nSubtractFeeFromAmount++;
12   }
13   if (vecSend.empty()){
14       strFailReason = _("Transaction must have at least one recipient");
15       return false;
16   }
```

这段代码检查交易的输入是否有效。它计算总的交易金额 nValue，并统计从中减去费用的接收者数量 nSubtractFeeFromAmount。如果输入的接收者列表为空或者有负金额，那么函数将返回错误信息，其具体代码如下：

```
1    wtxNew.fTimeReceivedIsTxTime = true;
2    wtxNew.BindWallet(this);
3    CMutableTransaction txNew;
```

其中，"fTimeReceivedIsTxTime" 参数决定了交易接收的时间，并负责将交易绑定到钱包实例，同时初始化一个可变的交易对象 txNew。该参数的具体设置代码如下：

```
1    if (GetRandInt(10) == 0)
2    txNew.nLockTime = std::max(0, (int)txNew.nLockTime - GetRandInt(100));
```

上述代码用于防止费用拦截攻击（Fee Sniping）。它通过设置 "nLockTime" 参数，使得交易只能被包括在接下来的区块中，从而减少了矿工为了获取高费用而进行双花攻击①的可能性。

下述代码创建了一个用于找零的输出脚本（scriptChange）。在交易过程中，如果用户没有指定找零地址，那么该段代码会从密钥池中生成一个新的地址，以避免找零地址和原地址存在过于明显的关联。

```
1    if (!boost::get<CNoDestination>(&coin_control.destChange)) {
```

① 双花攻击（Double Spending Attack）是指攻击者通过技术手段将同一笔数字货币重复花费两次或多次的行为，其本质上是利用区块链交易确认的时间差或算力优势实现"一笔资金多次使用"的欺诈操作。

```
2     scriptChange = GetScriptForDestination(coin_control.destChange);
3  } else {
4     CPubKey vchPubKey;
5     bool ret;
6     ret = reservekey.GetReservedKey(vchPubKey, true);
7     if (!ret){
8        strFailReason = _("Keypool ran out, please call keypoolrefill first");
9        return false;
10    }
11    const OutputType change_type = TransactionChangeType(coin_control.change_type,
         vecSend);
12    LearnRelatedScripts(vchPubKey, change_type);
13    scriptChange = GetScriptForDestination(GetDestinationForKey(vchPubKey, change_type)
         );
14 }
```

　　下述代码负责从钱包的 UTXO 中选择合适的输入，以满足交易的金额需求。这个选择过程通过 SelectCoins() 函数来实现。这些输入的总金额必须大于或等于所需支付的金额（包括交易费用）。如果没有足够的资金满足交易需求，那么该函数会返回 false。

```
1  if (!SelectCoins(vAvailableCoins, nTargetValue, setCoins, nValueIn, coinControl)){
2     strFailReason = _('Insufficient funds");
3     return false;
4  }
```

　　下述代码负责处理比特币交易中的找零部分，其具体内容如下：判断生成的找零金额是否过小，如果过小，那么放弃生成找零，并将相应的金额加入手续费中。如果找零金额足够大，那么将找零金额输出，并插入交易的输出列表中。其中，插入位置是随机生成的，以便增加隐私性。

```
1  CTxOut newTxOut(nChange, scriptChange);
2  if (IsDust(newTxOut, discard_rate)){
3     nChangePosInOut = -1;
4     nFeeRet += nChange;
5  }else{
6     if (nChangePosInOut == -1){
7        nChangePosInOut = GetRandInt(txNew.vout.size() + 1);
8     }
```

```
 9      txNew.vout.insert(position, newTxOut);
10    }
```

在构建交易时，首先需要为交易填充虚拟签名，以便估算交易的大小；然后根据交易的大小、内存池等信息，计算出所需的最低费用；接下来，判断计算出的费用是否满足网络要求的最小中继费率。如果费用不足，那么交易会被拒绝。如果初始费用高于所需费用，那么系统会尝试减少费用，同时调整找零金额，以避免过度支付。如果费用不合适，那么系统会持续调整并重新计算，直到找到适当的费用水平。当所有条件满足时，函数会返回最终的交易数据和计算出的费用。该过程的具体实现代码如下：

```
 1    if (!DummySignTx(txNew, setCoins)) {
 2        strFailReason = _("Signing transaction failed");
 3        return false;
 4    }
 5    nBytes = GetVirtualTransactionSize(txNew);
 6    for (auto& vin : txNew.vin) {
 7        vin.scriptSig = CScript();
 8        vin.scriptWitness.SetNull();
 9    }
10    nFeeNeeded = GetMinimumFee(nBytes, coin_control, ::mempool, ::feeEstimator, &feeCalc);
11    if (nFeeNeeded < ::minRelayTxFee.GetFee(nBytes)){
12        strFailReason = _("Transaction too large for fee policy");
13        return false;
14    }
15    if (nFeeRet >= nFeeNeeded) {
16        …
17    }
```

4.1.3　交易签名

通常，使用 CreateSig() 和 SignSignature() 函数为交易生成签名。签名过程涉及获取私钥、计算待签名数据的哈希值，并生成数字签名等操作，以确保交易的输入经过签名后可以在区块链网络中得到验证和传播。其中，CreateSig() 函数用于为给定的交易生成签名，其具体实现代码如下：

```
 1    bool TransactionSignatureCreator::CreateSig(std::vector<unsigned char>& vchSig, const
        CKeyID& address, const CScript& scriptCode, SigVersion sigversion) const{
```

```
2      CKey key;
3      if (!keystore->GetKey(address, key))
4          return false;
5      if (sigversion == SIGVERSION_WITNESS_V0 && !key.IsCompressed())
6          return false;
7      uint256 hash = SignatureHash(scriptCode, *txTo, nIn, nHashType, amount, sigversion)
           ;
8      if (!key.Sign(hash, vchSig))
9          return false;
10     vchSig.push_back((unsigned char)nHashType);
11     return true;
12  }
```

CreateSig() 函数首先从密钥存储中获取与给定地址对应的私钥，以检查该密钥是否满足签名版本的要求。然后，该函数计算要签名的数据的哈希值，并使用私钥对其进行签名。最终，将生成的签名和哈希类型一起存储在输出参数中，并返回代表签名操作是否成功的布尔值。

SignSignature() 函数通过给定的密钥存储库 (keystore)、交易 (txTo) 及其输入索引 (nIn)，生成交易输入的签名。首先，该函数会检查输入索引是否在交易输入范围内。接着，它创建了一个不可变的交易副本 txToConst，并使用 TransactionSignatureCreator() 函数创建了一个 creator 对象。然后，调用 ProduceSignature() 函数生成签名数据（sigdata），并更新交易的相应输入部分 [通过 UpdateTransaction() 函数实现]。最后，SignSignature() 函数返回签名的结果（ret）。SignSignature() 函数的具体实现代码如下：

```
1   bool SignSignature(const CKeyStore &keystore, const CScript& fromPubKey,
        CMutableTransaction& txTo, unsigned int nIn, const CAmount& amount, int nHashType)
        {
2       assert(nIn < txTo.vin.size());
3       CTransaction txToConst(txTo);
4       TransactionSignatureCreator creator(&keystore, &txToConst, nIn, amount, nHashType);
5       SignatureData sigdata;
6       bool ret = ProduceSignature(creator, fromPubKey, sigdata);
7       UpdateTransaction(txTo, nIn, sigdata);
8       return ret;
9   }
```

第二个 SignSignature() 函数重载了第一个 SignSignature() 函数。它首先检查输入索引 nIn 是否有效，然后获取要签名的交易输入（CTxIn 类型）。接下来，它验证了这个输入引用的前一个输出是否有效，然后从 txFrom 中获取引用的输出（txout），并调用第一个 SignSignature() 函数，用从 txout 中提取的公钥脚本和金额来进行签名。这样操作的目的是对比特币交易进行签名，以便该交易可以在网络上传播并被矿工打包到区块中。第一个函数直接使用脚本进行签名，其更灵活但需要更具体的输入，适合高级用户或需要手动指定签名数据的场景；而第二个函数则基于一个已有的交易输出（txFrom）来获取签名所需的脚本和金额，然后通过调用第一个函数来完成签名操作，其更方便和自动化，适合在典型的交易签名场景下使用，尤其是在处理 UTXO 时，它通过从给定的前置交易中获取签名信息来简化流程。第二个 SignSignature() 函数的具体实现代码如下：

```
1  bool SignSignature(const CKeyStore &keystore, const CTransaction& txFrom,
      CMutableTransaction& txTo, unsigned int nIn, int nHashType){
2      assert(nIn < txTo.vin.size());
3      CTxIn& txin = txTo.vin[nIn];
4      assert(txin.prevout.n < txFrom.vout.size());
5      const CTxOut& txout = txFrom.vout[txin.prevout.n];
6      return SignSignature(keystore, txout.scriptPubKey, txTo, nIn, txout.nValue,
          nHashType);
7  }
```

4.1.4　交易广播

通常，通过 RelayWalletTransaction() 函数将已经创建和签名的交易广播到区块链网络中，该函数主要负责检查交易的有效性和状态，以确保交易符合广播条件，并通过网络向其他节点进行传播。RelayWalletTransaction() 函数的具体实现代码如下：

```
1  bool CWalletTx::RelayWalletTransaction(CConnman* connman){
2      assert(pwallet->GetBroadcastTransactions());
3      if (!IsCoinBase() && !isAbandoned() && GetDepthInMainChain() == 0){
4          CValidationState state;
5          if (InMempool() || AcceptToMemoryPool(maxTxFee, state)) {
6              LogPrintf("Relaying wtx %s\n", GetHash().ToString());
7              if (connman) {
8                  CInv inv(MSG_TX, GetHash());
9                  connman->ForEachNode([&inv](CNode* pnode){
```

```
10                 pnode->PushInventory(inv);
11             });
12             return true;
13         }
14     }
15 }
16 return false;
17 }
```

这个函数的主要作用是检查钱包中的交易是否符合广播条件，并将不是 Coinbase 交易、未被废弃、尚未被区块链确认且已经或能够进入内存池的交易通过 P2P 网络传播到其他节点。

4.2　区　块　模　块

本节讨论区块结构、区块的构建过程及其在区块链网络中的作用。区块是区块链网络中记录交易的单位，其通过区块头和区块体这两种数据结构来确保区块链的连贯性和安全性。其主要功能包括：定义区块的基本数据结构（如区块头、交易列表等）、生成新的区块、验证区块的有效性、准备区块进行挖矿和提交。区块的构建和验证是确保区块链网络安全、去中心化和不可篡改的关键步骤。

4.2.1　区块结构

本节介绍了区块头（CBlockHeader）和区块（CBlock）的类结构，定义了区块在区块链中的核心字段，包括版本号、前一个区块的哈希值、Merkle 根哈希值、时间戳、难度目标和随机数等。通过这些字段定义了区块的基本信息，并为区块链数据结构和共识机制提供了支持。CBlockHeader 类的具体实现代码如下：

```
1 class CBlockHeader{
2 public:
3     // 数据头
4     int32_t nVersion;
5     uint256 hashPrevBlock;
6     uint256 hashMerkleRoot;
7     uint32_t nTime;
8     uint32_t nBits;
9     uint32_t nNonce;
```

```
10      CBlockHeader(){
11          SetNull();
12      }
13  ADD_SERIALIZE_METHODS;
14  template <typename Stream, typename Operation>
15  inline void SerializationOp(Stream& s, Operation ser_action) {
16          READWRITE(this->nVersion);
17          READWRITE(hashPrevBlock);
18          READWRITE(hashMerkleRoot);
19          READWRITE(nTime);
20          READWRITE(nBits);
21          READWRITE(nNonce);
22      }
23  void SetNull(){
24          nVersion = 0;
25          hashPrevBlock.SetNull();
26          hashMerkleRoot.SetNull();
27          nTime = 0;
28          nBits = 0;
29          nNonce = 0;
30      }
31  bool IsNull() const{
32          return (nBits == 0);
33      }
34  uint256 GetHash() const;
35  int64_t GetBlockTime() const{
36          return (int64_t)nTime;
37      }
38  };
```

在区块链中，区块头通常由以下几部分组成：

- 版本号（nVersion）：用于标识区块的版本，随着区块链协议的升级，版本号可能会发生变化。

- 前一个区块的哈希值（hashPrevBlock）：当前区块的前一个区块的哈希值，用于将区块链中的所有区块按照时间顺序连接起来，形成区块链。

- Merkle 根哈希值（hashMerkleRoot）：当前区块中所有交易的 Merkle 根，用于快速验证区块内交易的完整性。

- 时间戳（nTime）：当前区块的生成时间，通常是自 UNIX 纪元（1970 年 1 月 1 日）以来的秒数。
- 难度目标（nBits）：当前区块的 PoW 难度，这个值决定了挖矿过程的计算难度。
- 随机数（nNonce）：挖矿过程中为了找到符合难度目标的哈希值所使用的随机数。
  这些信息共同决定了区块的唯一性，并用于链上数据的验证和共识。

CBlockHeader 类表示区块头，其包含了区块链中区块的基本信息。它提供了序列化和反序列化的方法，能够将区块头的状态重置为默认值，并且可以获取区块头的哈希值和时间戳。该类的设计对于实现区块链的 PoW 和区块链数据结构的验证是至关重要的。这些信息共同决定了区块的唯一性，并可用于链上数据的验证和共识。而 CBlock 类的具体实现代码如下：

```cpp
class CBlock : public CBlockHeader{
public:
    std::vector<CTransactionRef> vtx;
    mutable bool fChecked;
CBlock(){
        SetNull();
    }
CBlock(const CBlockHeader &header){
        SetNull();
        *((CBlockHeader*)this) = header;
    }
ADD_SERIALIZE_METHODS;
template <typename Stream, typename Operation>
inline void SerializationOp(Stream& s, Operation ser_action) {
        READWRITE(*(CBlockHeader*)this);
        READWRITE(vtx);
    }
void SetNull(){
        CBlockHeader::SetNull();
        vtx.clear();
        fChecked = false;
    }
CBlockHeader GetBlockHeader() const{
```

```
24        CBlockHeader block;
25        block.nVersion     = nVersion;
26        block.hashPrevBlock = hashPrevBlock;
27        block.hashMerkleRoot = hashMerkleRoot;
28        block.nTime        = nTime;
29        block.nBits        = nBits;
30        block.nNonce       = nNonce;
31        return block;
32     }
33     std::string ToString() const;
34  }
```

CBlock 类是对区块数据结构的一个完整实现。它继承了 CBlockHeader 类，以便包含区块头的所有基本信息，同时扩展了一个名为 vtx 的成员变量来存储所有的交易。序列化功能使得该类能够轻松地被保存到磁盘上或通过网络进行传输。该类提供的 SetNull() 和 GetBlockHeader() 方法则确保了对象的状态管理和灵活性。总体来说，这个类是区块链中实际使用的区块的一个核心数据结构。

4.2.2　区块构建

区块构建主要包括从内存池中收集未确认的交易、验证交易有效性、生成 Merkle 根、计算区块头信息（如难度目标和随机数）以及验证区块的有效性等。通过这些步骤生成了一个新的有效区块，并将其准备好以进行挖矿和提交。在区块构建开始后，矿工节点会从内存池中收集未确认的交易。这些交易首先会通过 CheckTransaction() 函数进行基本的有效性检查，包括签名验证、输入输出匹配性检查等。CheckTransaction() 函数的具体实现代码如下：

```
1  bool CheckTransaction(const CTransaction& tx, CValidationState &state, bool
      fCheckDuplicateInputs){
2  if (tx.vin.empty())
3        return state.DoS(10, false, REJECT_INVALID, "bad-txns-vin-empty");
4  if (tx.vout.empty())
5        return state.DoS(10, false, REJECT_INVALID, "bad-txns-vout-empty");
6  if (::GetSerializeSize(tx, SER_NETWORK, PROTOCOL_VERSION |
      SERIALIZE_TRANSACTION_NO_WITNESS) * WITNESS_SCALE_FACTOR > MAX_BLOCK_WEIGHT)
7        return state.DoS(100, false, REJECT_INVALID, "bad-txns-oversize");
8    CAmount nValueOut = 0;
```

```
9     for (const auto& txout : tx.vout){
10        if (txout.nValue < 0)
11            return state.DoS(100, false, REJECT_INVALID, "bad-txns-vout-negative");
12        if (txout.nValue > MAX_MONEY)
13            return state.DoS(100, false, REJECT_INVALID, "bad-txns-vout-toolarge");
14        nValueOut += txout.nValue;
15        if (!MoneyRange(nValueOut))
16            return state.DoS(100, false, REJECT_INVALID, "bad-txns-txouttotal-toolarge");
17    }
18 if (fCheckDuplicateInputs) {
19        std::set<COutPoint> vInOutPoints;
20        for (const auto& txin : tx.vin){
21            if (!vInOutPoints.insert(txin.prevout).second)
22                return state.DoS(100, false, REJECT_INVALID, "bad-txns-inputs-duplicate");
23        }
24    }
25 if (tx.IsCoinBase()){
26        if (tx.vin[0].scriptSig.size() < 2 || tx.vin[0].scriptSig.size() > 100)
27            return state.DoS(100, false, REJECT_INVALID, "bad-cb-length");
28    }else{
29        for (const auto& txin : tx.vin)
30            if (txin.prevout.IsNull())
31                return state.DoS(10, false, REJECT_INVALID, "bad-txns-prevout-null");
32    }
33    return true;
34 }
```

CheckTransaction() 函数负责验证比特币中的交易是否符合基本规则。它从多个维度（如输入/输出的有效性、大小限制、金额范围、重复输入等）进行检查，以确保交易的合法性。经过验证的交易会被临时存储，并等待进一步的处理。在收集和验证完交易后，系统会根据这些交易，通过 BlockMerkleRoot() 函数生成 Merkle 根。BlockMerkleRoot() 函数的具体实现代码如下：

```
1 uint256 BlockMerkleRoot(const CBlock& block, bool* mutated){
2     std::vector<uint256> leaves;
3     leaves.resize(block.vtx.size());
4     for (size_t s = 0; s < block.vtx.size(); s++) {
```

```
5        leaves[s] = block.vtx[s]->GetHash();
6    }
7    return ComputeMerkleRoot(leaves, mutated);
8 }
```

BlockMerkleRoot() 函数通过计算区块中所有交易的哈希值来生成 Merkle 根，其是整个区块的 "摘要"，用于验证区块内数据的完整性和一致性。如果在计算过程中发现了重复的节点，那么 mutated 的值将被设置为 true。

ComputeMerkleRoot() 函数的主要目的是计算 Merkle 根。它通过调用一个名为 MerkleComputation() 的函数来完成具体的计算过程，并将计算结果存储在变量 Hash 中。最后，它返回这个哈希值并将其作为 Merkle 根。ComputeMerkleRoot() 函数的具体实现代码如下：

```
1 uint256 ComputeMerkleRoot(const std::vector<uint256>& leaves, bool* mutated) {
2    uint256 hash;
3    MerkleComputation(leaves, &hash, mutated, -1, nullptr);
4    return hash;
5 }
```

CheckProofOfWork() 函数用于验证区块的哈希是否符合难度要求，其具体实现代码如下：

```
1 bool CheckProofOfWork(uint256 hash, unsigned int nBits, const Consensus::Params&
     params){
2    bool fNegative;
3    bool fOverflow;
4    arith_uint256 bnTarget;
5    bnTarget.SetCompact(nBits, &fNegative, &fOverflow);
6    if (fNegative || bnTarget == 0 || fOverflow || bnTarget > UintToArith256(params.
       powLimit))
7       return false;
8    if (UintToArith256(hash) > bnTarget)
9       return false;
10   return true;
11 }
```

CheckProofOfWork() 函数通过将难度值 nBits 转换为难度目标，并检查该难度目标是否在有效范围内，来验证给定的哈希值是否满足这一难度要求。如果所有检查通过，那么该函数返回 true，表示 PoW 有效；否则返回 false，表示 PoW 无效。

CreateNewBlock() 函数用于创建一个新的区块，并在区块链网络中添加区块和 Coin-base 交易。CreateNewBlock() 函数的具体实现代码如下：

```
1    int64_t nTimeStart = GetTimeMicros();
2    resetBlock();
3    pblocktemplate.reset(new CBlockTemplate());
4    if(!pblocktemplate.get())
5    return nullptr;
6    pblock = &pblocktemplate->block;
```

本段代码使用 resetBlock() 函数重置与当前区块相关的数据结构，并创建了一个新的 CBlockTemplate 对象，来存储新生成的区块数据。然后使用 pblock 指针来引用新创建的区块模板对象中的区块，该指针的具体设置代码如下：

```
1    pblock->vtx.emplace_back();
2    pblocktemplate->vTxFees.push_back(-1);
3    pblocktemplate->vTxSigOpsCost.push_back(-1);
```

上述代码在区块的交易列表中添加了一个空的 Coinbase 交易作为占位符，其中，vTxFees 和 vTxSigOpsCost 是代表交易费用和签名操作费用的向量，它们的第一个元素都被初始化为 −1。

在区块构建过程中，使用 LOCK2 () 函数来确保多线程环境下数据的一致性。该函数获取了当前区块链顶端（最新区块）的指针 pindexPrev，并确定了新创建区块的高度（nHeight），其具体实现代码如下：

```
1    LOCK2(cs_main, mempool.cs);
2    CBlockIndex* pindexPrev = chainActive.Tip();
3    assert(pindexPrev != nullptr);
4    nHeight = pindexPrev->nHeight + 1;
```

计算新创建区块的版本的具体实现代码如下：

```
1    pblock->nVersion = ComputeBlockVersion(pindexPrev,chainparams.GetConsensus());
2    if (chainparams.MineBlocksOnDemand())
3    pblock->nVersion = gArgs.GetArg("-blockversion", pblock->nVersion);
```

上述代码会根据前一个区块的版本和当前链的共识规则来计算新创建区块的版本。如果区块链参数允许，那么可以通过命令行参数来手动设置区块版本。

使用 GetAdjustedTime() 函数设置区块时间，其具体实现代码如下：

```
1    pblock->nTime = GetAdjustedTime();
2    const int64_t nMedianTimePast = pindexPrev->GetMedianTimePast();
3    nLockTimeCutoff = (STANDARD_LOCKTIME_VERIFY_FLAGS & LOCKTIME_MEDIAN_TIME_PAST)
4              ? nMedianTimePast: pblock->GetBlockTime();
```

根据共识规则决定锁时间的截止值（nLockTimeCutoff），其具体实现代码如下：

```
1    fIncludeWitness = IsWitnessEnabled(pindexPrev, chainparams.GetConsensus()) &&
        fMineWitnessTx;
2    int nPackagesSelected = 0;
3    int nDescendantsUpdated = 0;
4    addPackageTxs(nPackagesSelected, nDescendantsUpdated);
```

如果前一个区块启用了隔离见证（SegWit），并且将参数 fMineWitnessTx 的值设为 true，那么代表程序包括隔离见证交易。

使用 addPackageTxs() 函数将选中的交易添加到区块中，并更新相关数据，具体实现代码如下：

```
1    int64_t nTime1 = GetTimeMicros();
2    nLastBlockTx = nBlockTx;
3    nLastBlockWeight = nBlockWeight;
```

其中，nLastBlockTx 和 nLastBlockWeight 分别记录了区块中的交易数量和区块权重。

Coinbase 交易是挖矿区块的第一笔交易，其用于支付给矿工的奖励。其设置了交易输入（vin）和输出（vout），包括奖励金额和矿工的脚本公钥（scriptPubKey）。此外，其通过 vchCoinbaseCommitment 生成了一个特殊的 Coinbase 承诺，以符合比特币的共识规则，并更新第一笔交易的费用为负的总费用。Coinbase 交易的具体实现代码如下：

```
1    CMutableTransaction coinbaseTx;
2    coinbaseTx.vin.resize(1);
3    coinbaseTx.vin[0].prevout.SetNull();
4    coinbaseTx.vout.resize(1);
5    coinbaseTx.vout[0].scriptPubKey = scriptPubKeyIn;
6    coinbaseTx.vout[0].nValue = nFees + GetBlockSubsidy(nHeight, chainparams.
        GetConsensus());
7    coinbaseTx.vin[0].scriptSig = CScript() << nHeight << OP_0;
8    pblock->vtx[0] = MakeTransactionRef(std::move(coinbaseTx));
```

```
9    pblocktemplate->vchCoinbaseCommitment = GenerateCoinbaseCommitment(*pblock,
         pindexPrev, chainparams.GetConsensus());
10   pblocktemplate->vTxFees[0] = -nFees;
```

LogPrintf() 函数主要负责记录区块的权重、交易数量、总费用和签名操作数量等信息，其具体实现代码如下：

```
1    LogPrintf("CreateNewBlock(): block weight: %u txs: %u fees: %ld sigops %d\n",
         GetBlockWeight(*pblock), nBlockTx, nFees, nBlockSigOpsCost);
```

下述代码设置了前一个区块的哈希值、时间戳、难度目标（nBits）和 nonce（默认为 0）。

```
1    pblock->hashPrevBlock = pindexPrev->GetBlockHash();
2    UpdateTime(pblock, chainparams.GetConsensus(), pindexPrev);
3    pblock->nBits= GetNextWorkRequired(pindexPrev, pblock, chainparams.GetConsensus());
4    pblock->nNonce = 0;
5    pblocktemplate->vTxSigOpsCost[0] = WITNESS_SCALE_FACTOR * GetLegacySigOpCount(*
         pblock->vtx[0]);
```

下述代码通过调用 TestBlockValidity() 函数来检查新生成的区块是否合法。如果验证失败，那么抛出异常。

```
1    CValidationState state;
2    if (!TestBlockValidity(state, chainparams, *pblock, pindexPrev, false, false)) {
3        throw std::runtime_error(strprintf("%s: TestBlockValidity failed: %s", __func__,
             FormatStateMessage(state)));
4    }
```

最后，记录创建区块所用的时间，其具体实现代码如下：

```
1    int64_t nTime2 = GetTimeMicros();
2    LogPrint(BCLog::BENCH, "CreateNewBlock() packages: %.2fms (%d packages, %d updated
         descendants), validity: %.2fms (total %.2fms)\n",0.001 * (nTime1 - nTimeStart),
         nPackagesSelected, nDescendantsUpdated, 0.001 * (nTime2 - nTime1), 0.001 * (
         nTime2 - nTimeStart));
3    return std::move(pblocktemplate);
```

其中，CreateNewBlock() 函数用于创建一个新的区块模板，其包括初始化区块数据结构、添加 Coinbase 交易、从内存池中选择交易添加到区块、计算区块头信息（如版本号、时间戳、难度目标等），并验证区块的有效性等。最终，上述代码返回了一个包含所有必要信息的区块模板 (pblocktemplate)，以供后续的区块挖掘和提交使用。

第 5 章　共识模块和挖矿模块

比特币的共识协议基于 PoW 机制，其确保了网络的一致性和去中心化。节点通过计算区块的哈希值，来验证新区块的有效性，并根据当前的难度目标检查是否符合 PoW 要求。每生成 2016 个区块，区块链网络就会调整一次难度，以确保区块生成时间始终保持在 10 分钟左右。最长链规则确保了在分叉情况下，节点选择 PoW 最大的链作为主链。

挖矿模块负责区块的生成和挖掘过程。矿工通过调整区块中的 nonce 值来计算哈希值，直到找到符合 PoW 条件的哈希值。成功挖出的新区块会被广播到网络中，并由其他节点验证其有效性，主要包括 PoW、交易合法性等。矿工通过挖矿获得区块奖励，该奖励包括新生成的比特币和区块中的交易费，且每生成 210000 个区块，其奖励就会减半一次。

在比特币的源码中，pow.cpp、block.cpp 和 validation.cpp 等文件实现了上述过程，确保了区块链网络的去中心化、安全性和一致性。同时，分叉处理机制保证了即使出现区块链分叉，网络中的节点仍然能够自动选择最长且最难计算的链进行同步。

5.1　共　识　模　块

区块链网络采用的 PoW 机制要求网络中的矿工通过计算复杂的数学题（哈希运算）来竞争区块的创建权。矿工通过不断尝试不同的哈希值来寻找符合某个目标条件（区块哈希小于目标值）的有效区块。一旦找到，矿工就可以将新区块添加到区块链中，并获得比特币奖励。共识过程首先需要通过 CheckProofOfWork() 函数来检查 PoW 机制。CheckProofOfWork() 函数的具体实现代码如下：

```
1  bool CheckProofOfWork(uint256 hash, unsigned int nBits, const Consensus::Params&
     params){
2      bool fNegative;
3      bool fOverflow;
4      arith_uint256 bnTarget;
5      // bBits,是当前块的难度值
6      bnTarget.SetCompact(nBits, &fNegative, &fOverflow);
7      // Check range 检测难度值是否合理
8      if (fNegative || bnTarget == 0 || fOverflow || bnTarget > UintToArith256(params.
         powLimit))
```

```
9        return false;
10      // 检查PoW是否与声明的数量匹配
11      if (UintToArith256(hash) > bnTarget)
12      // 这里进行比较
13          return false;
14      return true;
15   }
```

params.powLimit 的值代表原始的难度，即下面提到的最小难度，而 bnTarget 的值代表真正的计算难度。将 bnTarget 的值和新挖区块的难度进行比较，如果 bnTarget 的值小于新挖区块的难度，那么返回 false，如果大于，则表明挖矿成功。但是这个难度并不是一成不变的，比特币允许通过以下代码进行难度设置：

```
1    // nFirstBlockTime,即前2016个块中的第一个块的时间戳
2    unsigned int CalculateNextWorkRequired(const CBlockIndex* pindexLast, int64_t
         nFirstBlockTime, const Consensus::Params& params){
3        if (params.fPowNoRetargeting)
4            return pindexLast->nBits;
5        // Limit adjustment step计算生成这2016个块花费的时间
6        int64_t nActualTimespan = pindexLast->GetBlockTime() - nFirstBlockTime;
7        if (nActualTimespan < params.nPowTargetTimespan/4)
8        // 不小于3.5天
9            nActualTimespan = params.nPowTargetTimespan/4;
10       if (nActualTimespan > params.nPowTargetTimespan*4)
11       // 不大于56天
12           nActualTimespan = params.nPowTargetTimespan*4;
13       // Retarget
14       const arith_uint256 bnPowLimit = UintToArith256(params.powLimit);
15       arith_uint256 bnNew;
16       bnNew.SetCompact(pindexLast->nBits);
17       // 计算前2016个块的难度总和,即单个块的难度*总时间
18       bnNew \*= nActualTimespan;
19       // 计算新的难度,即2016个块的难度总和/14天的秒数
20       bnNew /= params.nPowTargetTimespan;
21       if (bnNew > bnPowLimit)
22           bnNew = bnPowLimit;
23       return bnNew.GetCompact();
24   }
```

5.2　挖　矿　模　块

在比特币的区块链网络中，挖矿的主要目标是计算一个符合特定条件的哈希值。挖矿者的工作是通过反复计算哈希值，找到满足特定条件的难度目标。挖矿过程包括以下四个步骤：

- 构建区块：矿工将待确认的交易打包进一个新的区块。
- 计算哈希值：矿工使用区块头信息（包括前一个区块的哈希值、时间戳、Merkle 根、难度目标等）进行哈希计算。
- 验证 PoW：矿工通过调整区块的 nonce 值，不断进行尝试，直到找到一个使区块哈希符合网络难度要求的哈希值。
- 广播新区块：当矿工找到符合条件的哈希值后，他们会将新区块广播到网络中，其他节点验证其有效性并将新区块加入区块链。

挖矿过程的具体实现代码如下：

```
1  struct CBlockTemplate{
2     CBlock block;
3     std::vector<CAmount> vTxFees;
4     std::vector<int64_t> vTxSigOpsCost;
5     std::vector<unsigned char> vchCoinbaseCommitment;
6  };
7  // 利用上面的模板生成相关的区块，并填充数据
8  //下面的函数为通用的产生新块的函数，其位于miner.cpp
9  std::unique_ptr<CBlockTemplate> BlockAssembler::CreateNewBlock(const CScript&
      scriptPubKeyIn, bool fMineWitnessTx){
10    int64_t nTimeStart = GetTimeMicros();
11    resetBlock();
12    pblocktemplate.reset(new CBlockTemplate());
13    if(!pblocktemplate.get())
14       return nullptr;
15    pblock = &pblocktemplate->block;
16    // 为了方便使用指针
17    // 将虚拟的coinbase交易添加为第一笔交易
18    pblock->vtx.emplace_back();
19    pblocktemplate->vTxFees.push_back(-1);
20    // 在末尾进行更新
21    pblocktemplate->vTxSigOpsCost.push_back(-1);
22    // 在末尾进行更新
```

```
23    LOCK2(cs_main, mempool.cs);
24    CBlockIndex* pindexPrev = chainActive.Tip();
25    assert(pindexPrev != nullptr);
26    nHeight = pindexPrev->nHeight + 1;
27    pblock->nVersion = ComputeBlockVersion(pindexPrev, chainparams.GetConsensus());
28    // 仅在-regtest模式下，允许通过-blockversion=N来覆盖block.nVersion，以测试分叉场景
29    if (chainparams.MineBlocksOnDemand())
30        pblock->nVersion = gArgs.GetArg("-blockversion", pblock->nVersion);
31    pblock->nTime = GetAdjustedTime();
32    const int64_t nMedianTimePast = pindexPrev->GetMedianTimePast();
33    nLockTimeCutoff = (STANDARD_LOCKTIME_VERIFY_FLAGS & LOCKTIME_MEDIAN_TIME_PAST)
34                      ? nMedianTimePast: pblock->GetBlockTime();
35    // 决定是否包含见证交易
36    // 仅在见证软分叉激活被撤销时需要（需要非常深度的重组）
37    //或者当使用-promiscuousmempoolflags时需要
38    // TODO: 用主函数调用来评估内存池交易的有效性（在大多数情况下可以无此操作）
39    // 处理隔离见证
40    fIncludeWitness = IsWitnessEnabled(pindexPrev, chainparams.GetConsensus()) &&
41        fMineWitnessTx;
41    int nPackagesSelected = 0;
42    int nDescendantsUpdated = 0;
43    addPackageTxs(nPackagesSelected, nDescendantsUpdated);
44    int64_t nTime1 = GetTimeMicros();
45    nLastBlockTx = nBlockTx;
46    nLastBlockWeight = nBlockWeight;
47    // 创建coinbase交易
48    CMutableTransaction coinbaseTx;
49    coinbaseTx.vin.resize(1);
50    coinbaseTx.vin[0].prevout.SetNull();
51    coinbaseTx.vout.resize(1);
52    coinbaseTx.vout[0].scriptPubKey = scriptPubKeyIn;
53    // 费用+减半机制得到的创币奖励
54    coinbaseTx.vout[0].nValue = nFees + GetBlockSubsidy(nHeight, chainparams.
        GetConsensus());
55    coinbaseTx.vin[0].scriptSig = CScript() << nHeight << OP_0;
56    pblock->vtx[0] = MakeTransactionRef(std::move(coinbaseTx));
57    pblocktemplate->vchCoinbaseCommitment = GenerateCoinbaseCommitment(*pblock,
        pindexPrev, chainparams.GetConsensus());
```

```
58    pblocktemplate->vTxFees[0] = -nFees;
59    LogPrintf("CreateNewBlock(): block weight: %u txs: %u fees: %ld sigops %d\n",
          GetBlockWeight(*pblock), nBlockTx, nFees, nBlockSigOpsCost);
60    // 填写区块头
61    pblock->hashPrevBlock = pindexPrev->GetBlockHash();
62    UpdateTime(pblock, chainparams.GetConsensus(), pindexPrev);
63    // 更新难度，在这个函数中调用下文的难度计算函数
64    pblock->nBits=GetNextWorkRequired(pindexPrev, pblock, chainparams.GetConsensus());
65    pblock->nNonce = 0;
66    pblocktemplate->vTxSigOpsCost[0] = WITNESS_SCALE_FACTOR * GetLegacySigOpCount(*
          pblock->vtx[0]);
67    CValidationState state;
68    if (!TestBlockValidity(state, chainparams, *pblock, pindexPrev, false, false)) {
69        throw std::runtime_error(strprintf("%s: TestBlockValidity failed: %s", __func__,
              FormatStateMessage(state)));
70    }
71    int64_t nTime2 = GetTimeMicros();
72    LogPrint(BCLog::BENCH, "CreateNewBlock() packages: %.2fms (%d packages, %d updated
          descendants), validity: %.2fms (total %.2fms)\n",0.001 * (nTime1 - nTimeStart),
          nPackagesSelected, nDescendantsUpdated, 0.001 * (nTime2 - nTime1), 0.001 * (
          nTime2 - nTimeStart));
73    return std::move(pblocktemplate);
74  }
```

上面的过程会被两个函数调用，一个是 getblocktemplate()，另一个是 generateBlocks()，这两个函数都存放在 mining.cpp 中。getblocktemplate() 函数主要用于提供当前真正的挖矿矿池和矿机，即芯片上的软件不断地调用它，然后通过芯片硬件的哈希计算来得到结果，并填充这个区块，以便产生真正的区块。接下来重点介绍 generateBlocks() 函数，以分析挖矿过程。generateBlocks() 函数的具体实现代码如下：

```
1   UniValue generateBlocks(std::shared_ptr<CReserveScript> coinbaseScript, int nGenerate,
        uint64_t nMaxTries, bool keepScript){
2     static const int nInnerLoopCount = 0x10000;
3     int nHeightEnd = 0;
4     int nHeight = 0;{
5     // 不要保持cs_main锁定
6        LOCK(cs_main);
7        nHeight = chainActive.Height();
8        nHeightEnd = nHeight+nGenerate;
```

```
9     }
10    unsigned int nExtraNonce = 0;
11    UniValue blockHashes(UniValue::VARR);
12    // 循环挖矿
13    while (nHeight < nHeightEnd && !ShutdownRequested()){
14    // 创建区块
15        std::unique_ptr<CBlockTemplate> pblocktemplate(BlockAssembler(Params()).
              CreateNewBlock(coinbaseScript->reserveScript));
16        if (!pblocktemplate.get())
17            throw JSONRPCError(RPC_INTERNAL_ERROR, "Couldn't create new block");
18        CBlock \*pblock = &pblocktemplate->block;{
19            LOCK(cs_main);
20            // 处理nonce
21            IncrementExtraNonce(pblock, chainActive.Tip(), nExtraNonce);
22        }
23        // 循环计算哈希并进行验证
24        while (nMaxTries > 0 && pblock->nNonce < nInnerLoopCount && !CheckProofOfWork(
              pblock->GetHash(), pblock->nBits, Params().GetConsensus())) {
25            ++pblock->nNonce;
26            --nMaxTries;
27        }
28        if (nMaxTries == 0) {
29            break;
30        }
31        if (pblock->nNonce == nInnerLoopCount) {
32            continue;
33        }
34        std::shared_ptr<const CBlock> shared_pblock = std::make_shared<const CBlock>(\*
              pblock);
35        // 处理新块，验证并保存
36        if (!ProcessNewBlock(Params(), shared_pblock, true, nullptr))
37            throw JSONRPCError(RPC_INTERNAL_ERROR, "ProcessNewBlock, block not accepted
                  ");
38        ++nHeight;
39        blockHashes.push_back(pblock->GetHash().GetHex());
40        // 如果脚本来自钱包，那么将其标记为重要，因为它至少在一个coinbase输出过程中被使用过
41        if (keepScript){
42            coinbaseScript->KeepScript();
```

```
43          }
44      }
45      return blockHashes;
46 }
```

　　pblock->GetHash() 函数不断地对区块头进行哈希取值，并调用 CheckProofOfWork()
函数。如果哈希值不能满足条件，那么执行 nNonce++ 语句，并重复调用 pblock->GetHash()
函数，直到条件终止。真正的挖矿过程，就是通过这个函数来实现的。按照中本聪的设计
思想，创世区块的挖矿奖励不能被花费（实际无法使用），以下代码对此做出了解释。

```
1  /**
2   * 构建创世区块。请注意，其生成交易的输出无法被花费，因为它最初并不存在于数据库中
3   *
4   * CBlock(hash=000000000019d6, ver=1, hashPrevBlock=00000000000000, hashMerkleRoot=4
5         a5e1e, nTime=1231006505, nBits=1d00ffff, nNonce=2083236893, vtx=1)
5   *  CTransaction(hash=4a5e1e, ver=1, vin.size=1, vout.size=1, nLockTime=0)
6   *  CTxIn(COutPoint(000000, -1), coinbase04ffff001d0104455468652054696d6573203033
7         4a616e2f32303039204368616e63656c6c6f72206f6e206272696e6b206f66207365636f6e642062
8         696c6f757420666f722062616e6b73)
9   *   CTxOut(nValue=50.00000000, scriptPubKey=0x5f1df16b2b704c8a578d0b)
10  *  vMerkleTree: 4a5e1e
11  */
12 static CBlock CreateGenesisBlock(uint32_t nTime, uint32_t nNonce, uint32_t nBits,
       int32_t nVersion, const CAmount& genesisReward){
13     const char* pszTimestamp = "The Times 03/Jan/2009 Chancellor on brink of second
           bailout for banks";
14     const CScript genesisOutputScript = CScript() << ParseHex("04678afdb0fe5548271967f
           1a67130b7105cd6a828e03909a67962e0ea1f61deb649f6bc3f4cef38c4f35504e51ec112de5c
           384df7ba0b8d578a4c702b6bf11d5f") << OP_CHECKSIG;
15     return CreateGenesisBlock(pszTimestamp, genesisOutputScript, nTime, nNonce, nBits,
           nVersion, genesisReward);
16 }
```

应用开发篇

只有将区块链技术的理论与实践相结合，才能更好地加深对知识的理解和认识，因此本篇将从实践层面改造比特币系统，主要包括以下三个方面的内容：

- 编译运行比特币项目源码，使读者感受参与挖矿的过程，更深入理解比特币的原理和代码逻辑。
- 在比特币源码的基础上，改造一个代币系统，并部署一条新的区块链。
- 编写一个关于代币系统的信息查询网站，并使用图形界面友好地显示区块链的实时状态信息，从而摆脱枯燥的命令行。

本篇的内容可以支持高等院校针对区块链技术相关课程的实验实践，并提供了完整的代码和实验指导。

第 6 章 动手玩转比特币

为了能够实践比特币的完整操作过程，本章的比特币源码采用 V0.12.1 版本。为了更好地支持该版本的运行和操作，本项目实践的操作系统版本为 Ubuntu16.04。由于大部分命令是在终端命令行环境下执行的，因此读者需要具备一定的 Linux 编程基础。在比特币的官方网站上，可以获取比特币核心代码并下载可执行程序，其下载页面如图 6.1所示。在本地计算机上一键安装该可执行程序，我们的计算机就能成为比特币网络的节点，通过开启挖矿功能，该节点就可以参与到区块链的共识过程中，并有机会获得区块奖励。

图 6.1 比特币核心代码官方下载页面

对于区块链编程的学习者和技术从业者来说，需要对源码的实现逻辑进行深入理解，并进行代码优化/重构。因而我们需要选择一个更高级的方式来运行比特币核心代码。本章将介绍如何通过 Linux 终端编译比特币源码，启动比特币节点，查看区块链网络。

6.1 编译比特币源码

比特币是一个开源项目，其社区里有很多开发者贡献的代码，项目也在频繁地更新。值得注意的是，从 bitcoin V0.13.1 版本开始，其有了一个比较大的更新——移除了内置挖矿功能。在项目的 release 文档（位于 master 分支的 ./doc/release-notes/release-notes-0.13.0.md 文件）中能找到如下相关说明：

> 【原文】*Removal of internal miner*: *As CPU mining has been useless for a long time, the internal miner has been removed in this release, and replaced with a simpler implementation for the test framework. The overall result of this is that setgenerate RPC call has been removed, as well as the -gen and -genproclimit command-line options. For testing, the generate call can still be used to mine a block, and a new RPC call generatetoaddress has been added to mine to a specific address. This works with wallet disabled.*
>
> 【译文】移除内置挖矿：由于 CPU 挖矿已经很久不用了，因此本次更新移除了内置挖矿功能，取而代之的是一个测试框架的更简单的实现。这样的直接后果是移除了关于时间的 setgenerate RPC 调用以及 -gen 和 -genproclimit 命令行选项。为了测试，generate 调用仍然可以用于挖掘一个区块，并且增加了一个新的 RPC 调用命令 generatetoaddress，来挖掘比特币到特定地址，这适用于禁用钱包。

因而从 V0.13.0 版本以后，如果想要使用后面的版本进行挖矿，那么除了 bitcoin 项目代码，还需要额外的挖矿程序。挖矿是区块链网络中很重要的核心算法，为了学习挖矿原理，本书使用的 V0.12.1 版本，是支持内置挖矿的最后一个版本。下面我们将具体介绍代码获取、依赖安装和代码编译的实现过程。

6.1.1 代码获取

首先从 Github 仓库中克隆 bitcoin 项目的代码到本地，具体操作命令如下：

```
克隆 bitcoin 项目代码
$ git clone https://github.com/bitcoin/bitcoin.git
```

> **注：** 由于网络问题，克隆速度可能会很慢，而且 bitcoin 项目源码非常大，通常会达到 200MB 左右。因此直接克隆非常耗时。

业内有一种间接的加速方案，即先从 GitHub 导入国内代码托管平台，如"码云"；然后使用"码云"上对应的 bitcoin 项目地址进行克隆。这样能节省很多时间。使用"码云"上的地址克隆 bitcoin 项目代码的具体操作命令如下：

使用"码云"地址克隆 bitcoin 项目代码
```
$ git clone https://gitee.com/{你的码云用户名}/bitcoin
```

项目进度目录查看
```
$ cd bitcoin
```

然后，切换到我们需要的版本 V0.12.1，具体操作命令如下：

版本切换
```
$ git checkout v0.12.1
```

到此，我们完成了代码的准备工作。

6.1.2　依赖库安装

准备好代码之后，我们需要在系统中安装编译该项目需要的依赖程序。在 ./doc/build-unix.md 文件中，可以查看到当前版本编译所需的依赖库（如表 6.1 所示）及其详细安装指南。

表 6.1　bitcoin V0.12.1 编译所需的依赖库及其描述

库名称	功能	描述
libssl	Crypto	Random Number Generation, Elliptic Curve Cryptography（随机数生成，椭圆曲线加密函数）
libboost	Utility	Library for threading, data structures, etc（线程和数据结构等相关库）
libevent	Networking	OS independent asynchronous networking（不受操作系统限制的异步网络）

依赖库安装涉及的具体操作命令如下：

安装 libssl 库和 libevent 库

$ sudo apt install build-essential libtool autotools-dev automake pkg-config libssl-dev libevent-dev bsdmainutils

注：该命令不仅要安装两个目标库，还要安装该目标库的依赖库，因此该命令不只包含两个库名称。

安装 libboost 库

$ sudo apt install libboost-all-dev

为了支持钱包，需要安装 BerkeleyDB，通常我们直接安装 Ubuntu 系统支持的相关依赖库，具体操作命令如下：

$ sudo apt install libdb-dev libdb++-dev

（可选）如果需要生成可视化钱包，那么需要安装 Qt 5 相关依赖库，具体操作命令如下：

$ sudo apt install libqt5gui5 libqt5core5a libqt5dbus5 qttools5-dev qttools5-dev-tools libprotobuf-dev protobuf-compiler

6.1.3 代码编译

首先根据当前系统环境生成 configure 文件，并在 bitcoin 目录下执行如下命令：

$ ./autogen.sh

然后生成 Makefile 文件，具体操作命令如下：

$ ./configure

注：如果中途提示 "configure error: Found Berkeley DB other than 4.8, required for portable wallets (–with-incompatible-bdb to ignore or –disable-wallet to disable wallet functionality)"，那么说明我们安装的 BerkeleyDB 依赖库版本高于 4.8 版本，此时可以在命令后面加上 –with-incompatible-bdb 参数来忽略钱包兼容性问题，或者使用 –disable-wallet 参数，不生成钱包。

编译前需要进行检查，以便提前发现错误，并及时修改，具体操作命令如下：

```
$ make check
```

如果有错误提示，那么需要根据提示内容进行修正。如果我们在物理机上进行实测时没有出现编译错误问题，但在虚拟机环境下，提示"fatal error killed signal terminated program cc1plus compilation terminated"，那么是因为虚拟机内存不足，此时为虚拟机分配大于或等于 1GB 的空间即可。一旦没有错误，就可以进行编译了，具体操作命令如下：

```
$ make
```

编译成功后，在./src 目录下会生成 bitcoind、bitcoin-cli 和 bitcoin-tx 三个可执行文件，其中，bitcoind 是比特币客户端无界面启动程序，bitcoin-cli 是调用 RPC 接口实现分布式节点通信交互的可执行文件，bitcoin-tx 是与交易相关的可执行文件。如果安装了可视化钱包所需的依赖库，那么在./src/qt 目录下还会包含 bitcoin-qt 启动程序，以支持图形界面的启动。然后，执行下列命令就可将生成的可执行文件安装到系统中了。

```
$ sudo make install
```

这样我们就可以在命令行终端的任意路径下运行该可执行文件了。到这里，比特币源码就成功编译完成了。

6.2　启动比特币节点

6.2.1　节点发现

第一次启动时，程序不知道任何活动全节点的 IP 地址。为了发现某些 IP 地址，它会查询从硬编码到 Bitcoin Core 和 BitcoinJ 的一个或多个 DNS 名称（称为 DNS 种子）。查询的响应结果应包括一个或多个 DNS A 记录，其中包含可能被接受的新传入连接的完整节点的 IP 地址。例如，使用 UNIX "dig" 命令查询 <https://en.wikipedia.org/wiki/Dig_%28Unix_command%29 >，其响应结果如下：

```
;; QUESTION SECTION: ;seed.bitcoin.sipa.be. IN A
;; ANSWER SECTION: seed.bitcoin.sipa.be. 60 IN A 192.0.2.113 seed.bitcoin.sipa.
be. 60 IN A 198.51.100.231 seed.bitcoin.sipa.be. 60 IN A 203.0.113.183 [...]
```

DNS 种子由比特币社区成员负责维护，其中一些成员提供动态 DNS 种子服务器功能，他们通过扫描网络自动获取活动节点的 IP 地址；其他成员提供手动更新的静态 DNS 种子，并更可能为不活动节点提供 IP 地址。无论哪种情况，如果节点在主网的默认比特币端口 8333 或测试网的默认比特币端口 18333 上运行，那么它们都会被添加到 DNS 种子中。

由于 DNS 种子未经身份验证，因此恶意种子操作员或网络中间人攻击者只能返回被攻击者控制的节点的 IP 地址，以此隔离攻击者的网上程序并允许攻击者为其提供虚假交易和块。所以，程序不应完全依赖 DNS 种子。

一旦程序连接到网络，其对等点就可以开始向其发送包含网络上其他对等点的 IP 地址和端口号的 addr（地址）消息，从而实现完全分散的对等点发现方法。Bitcoin Core 在持久化的磁盘数据库中保存已知对等点的记录，这使其在后续启动时可以直接连接到这些对等点，而无须使用 DNS 种子。

然而，由于对等点经常离开网络或更改 IP 地址，因此程序可能需要在启动时进行多次不同的尝试才能成功连接。这可能会明显增加连接网络所需的时间，导致用户在发送交易或检查支付状态之前需要进行等待。

为了避免这种可能的延迟，BitcoinJ 始终使用动态 DNS 种子来获取当前被认为处于活动状态的节点的 IP 地址。Bitcoin Core 还试图在最小化延迟和避免使用不必要的 DNS 种子之间取得平衡，即如果 Bitcoin Core 在其对等数据库中有对应的条目，那么它会花费长达 11 秒的时间尝试连接其中至少一个，然后返回到种子；如果在该时间内建立了连接，那么不会查询任何种子。

Bitcoin Core 和 BitcoinJ 还包含了一个硬编码列表，其中包含数十个节点的 IP 地址和端口号，这些节点在该软件的特定版本首次发布时处于活动状态。如果没有任何 DNS 种子服务器在 60 秒内响应查询，那么 Bitcoin Core 将开始尝试连接到这些节点，并提供自动回退选项。

除了自动回退选项，Bitcoin Core 还提供了多个命令行连接选项，包括通过 IP 地址从特定节点上获取对等点列表或通过 IP 地址与特定节点建立持久化连接等。有关这些选项的详细信息，请参阅 -help 文本。而 BitcoinJ 也可以通过编程来做同样的事情。

多个由 Bitcoin Core 和 BitcoinJ 使用的 DNS 种子运行着 Bitcoin Seeder 程序，该程序实现了 Bitcoin Core 的 DNS 种子策略。此外，Bitcoin Core 和 BitcoinJ 使用的硬编码 IP 地址列表是通过 makeseeds 脚本生成的。

6.2.2　连接节点

连接到对等点是通过发送"版本号"消息来完成的，其中包含版本号、区块和远程节点的当前时间等内容。但远程节点用它自己的"版本号"消息进行响应。这两类节点都通过向另一个节点发送 verack 消息来表明连接已建立。

连接后，客户端可以向远程节点发送 getaddr 和 addr 消息，来收集其他对等点的信息。

为了保持与对等点的连接，默认情况下，节点如果 30 分钟不活动，那么会提前向对等点发送消息。如果 90 分钟过去了，对等点仍然没有收到消息，那么客户端将假定连接已关闭。

6.2.3　启动无图形界面程序

默认启动方法不需要使用任何参数，其具体操作命令如下：

```
$ bitcoind
```

上述命令没有输出任何信息则说明启动成功了，其运行效果如图 6.2 所示。这时候我们的计算机就已经成为一个比特币节点了。该节点可以作为一个普通的钱包节点，来查看节点的余额和交易信息。在默认启动方式下，节点并不参与挖矿，因此不是矿工节点。如果希望该节点参与挖矿，那么在启动的时候需附带参数。例如，使用参数 -gen，使节点作为矿工节点来进行启动，其具体操作命令如下：

```
$ bitcoind -gen
```

图 6.2　bitcoind 启动程序运行效果

这时候我们的计算机就成了一个矿工节点，如果其能成功找到满足难度要求的 nonce，那么就能获得相应的挖矿奖励。但是，随着比特币主网络中算力的骤增（截至 2021 年 6

月，已超过 200EH/s），使用 CPU 算力（几十 kH/s）挖到区块的可能性已经微乎其微。为了体验挖到新区块的快乐，可以使用-testnet 参数加入比特币测试网络或者使用 -regtest 参数启动本地测试网络，其具体操作命令如下：

```
$ bitcoind -testnet/regtest -gen
```

在这两个测试网络中挖到新区块的概率远高于比特币主网络，当然其得到的比特币奖励也仅限于在测试网内部进行交易转账，不能与主网比特币进行交易。除了上面列举的几个参数，还有很多其他参数，通过./src/bitcoind -help 可以查看完整的可用参数列表及其描述，具体内容如附录 B 中的表 B.1～表 B.7 所示。

使用上述参数的方式有以下两种：

- 第一种：通过命令行直接输入参数类型及参数值。例如，设置端口号：bitcoind -port=8899 或 -rpcport=8898；
- 第二种：将参数写入配置文件，上面的命令可以写在配置文件 /Desktop/bitcoin.conf 中。例如，port=8899 或 rpcport=8898。然后在命令行通过"-conf=<file>"命令输入该文件的路径，从而将文件中的参数配置应用到系统中，其具体操作命令为：bitcoind conf=" /Desktop/bitcoin.conf"。

6.2.4　启动图形界面程序

启动图形界面程序默认不需要配置参数，其具体操作命令如下：

```
$bitcoin-qt
```

该程序首次启动时，会引导用户设置数据存储目录。设置好存储目录后，就会进入 Bitcoin Core 主界面，如图 6.3 所示，在该界面中，可以看到自己的钱包余额、最近交易记录等信息，同时可以发送和接收比特币。此外，用户还可以通过选项设置界面，进行钱包、网络及显示等设置（如图 6.4 所示）。

同无图形界面程序类似，在启动命令后，通过配置参数选项即可实现定制化启动。例如，对测试网中的节点进行启动，可以附带参数选项-testnet，其具体操作命令如下：

```
$ bitcoin-qt -testnet
```

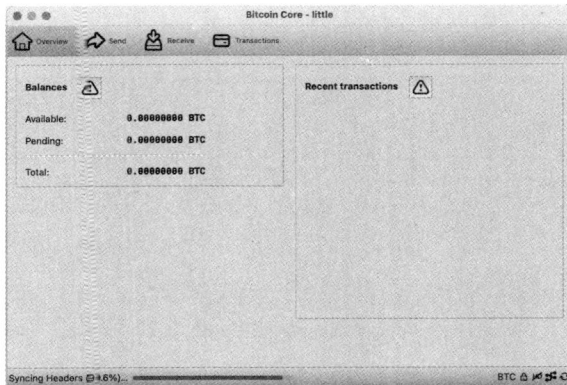

图 6.3　Bitcoin Core 主界面

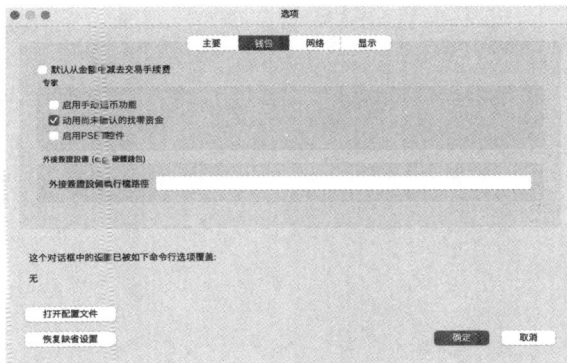

图 6.4　选项设置界面

6.3　查看区块链网络

启动比特币节点后，节点会一直处于运行状态，并同其他节点一起构建比特币区块链网络。查看区块链网络中的信息，可以通过设定-server 参数的用户名和密码，启动 RPC服务来实现，具体操作命令如下：

```
$ bitcoind -rpcuser="sunshuai" -rpcpassword="123456" -server
```

此时，我们可以运行可执行文件 bitcoin-cli，并通过 RPC 接口与比特币区块链网络进行信息查询交互。例如，要查看区块链信息，只需在命令行终端执行 getblockchaininfo 命令即可，其具体执行方式如下：

```
$ bitcoin-cli -rpcuser="sunshuai" -rpcpassword="123456" getblockchaininfo
```

上述命令的执行结果，如图 6.5 所示。

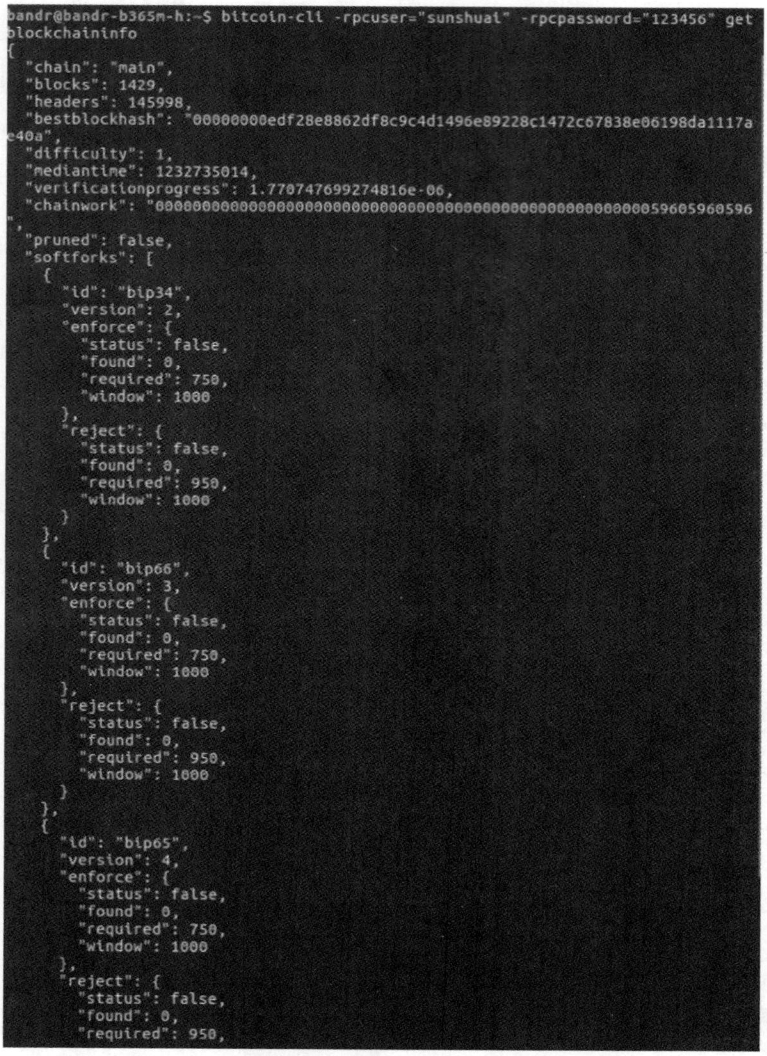

```
bandr@bandr-b365m-h:~$ bitcoin-cli -rpcuser="sunshuai" -rpcpassword="123456" get
blockchaininfo
{
  "chain": "main",
  "blocks": 1429,
  "headers": 145998,
  "bestblockhash": "00000000edf28e8862df8c9c4d1496e89228c1472c67838e06198da1117a
e40a",
  "difficulty": 1,
  "mediantime": 1232735014,
  "verificationprogress": 1.770747699274816e-06,
  "chainwork": "0000000000000000000000000000000000000000000000000000059605960596
",
  "pruned": false,
  "softforks": [
    {
      "id": "bip34",
      "version": 2,
      "enforce": {
        "status": false,
        "found": 0,
        "required": 750,
        "window": 1000
      },
      "reject": {
        "status": false,
        "found": 0,
        "required": 950,
        "window": 1000
      }
    },
    {
      "id": "bip66",
      "version": 3,
      "enforce": {
        "status": false,
        "found": 0,
        "required": 750,
        "window": 1000
      },
      "reject": {
        "status": false,
        "found": 0,
        "required": 950,
        "window": 1000
      }
    },
    {
      "id": "bip65",
      "version": 4,
      "enforce": {
        "status": false,
        "found": 0,
        "required": 750,
        "window": 1000
      },
      "reject": {
        "status": false,
        "found": 0,
        "required": 950,
```

图 6.5　命令的执行结果

通过 bitcoin-cli –help 命令可以查看 bitcoin-cli 的可用参数，如附录 B 中的表 B.8 所示，通过 bitcoin-cli-help 也可以查看全部命令，如附录中的表 B.9～表 B.15 所示。通过这些命令可以方便地使用 RPC 接口来获取比特币区块链网络的各类信息，并与比特币区块链网络进行交互。

至此，我们完成了编译比特币源码、启动比特币节点，并通过 RPC 接口查看了区块链网络信息。

第 7 章　发 行 代 币

本章介绍如何在比特币源码的基础上改造自己的代币系统,这里我们将其命名为"neu-bitcoin"(读者可以根据个人喜好进行命名)。

> 注: neubitcoin 代币系统仅用于研究学习,切勿用于违法违规,特此说明。

区块链的链式账本数据结构具有单向增长的特点,一个区块链系统一般会维护一条哈希可验证的有效数据区块链。通过每个区块的前一个区块的哈希值可以不停向前追溯,直到追溯到该链的第一个区块(也称为创世区块)。比特币系统的创世区块是由中本聪在 2009 年生成的,截至 2021 年 6 月,比特币系统已经生成了超过 68 万个区块。在本章中,我们将从创建创世区块开始,用我们生成的创世区块替换比特币源码中的原始创世区块信息及相关的验证信息,继而发布一个我们自己的代币系统。

7.1　创 世 区 块

前面的理论基础部分已经介绍过比特币区块链的区块结构,因此我们得知一个区块头的哈希值是由这个区块上的数据决定的。创世区块中的数据字段如表 7.1 所示。

表 7.1　创世区块中的数据字段

类别	标号	字段
区块头	a	版本号 version
	b	前一个区块的哈希值 hashPrevBlock= 空
	c	Merkle 根哈希值 hashMerkleRoot
	d	时间戳 timestamp
	e	难度目标 bits
	f	随机数 nonce
区块体	g	Coinbase 交易中公钥 pubkey,可转换为接收挖矿奖励的比特币的地址
	h	Coinbase 交易文字时间戳 pszTimestamp,记录当前时刻的一段文字,类似中本聪写的那句 "The Times 03/Jan/2009 Chancellor on brink of second bailout for banks"
	i	Coinbase 挖矿奖励金额 value,50 Bitcoin
	j	ICO (Initial Coin Offering) 首次币发行交易,比特币中没有 ICO 交易

我们首先逐一分析一下这些字段和它们之间的依赖关系。其中, (a)可以不修改;

（b）在创世区块中为空；（c）由区块体决定；（f）是挖矿过程中待求的值；剩下的（d）、（e）、（g）、（h）和（i）是需要我们指定的值。另外，还需要计算区块头的哈希值 [记为（k）]，以提供给下个区块使用。基于以上分析，我们编写一个脚本，包含设定（d）、（e）、（g）、（h）和（i），并计算（c）、（f）和（k）的操作过程，并按照这 8 个变量，更新修改比特币源码。一旦完成编译，就可以生成我们自己的代币系统了。这里的脚本我们是用 Python 实现的。

完整的脚本代码可以扫描旁边的二维码获取。首先，通过以下代码导入必要的库。

```
1  import hashlib
2  import struct
3  import time
4  from construct import *
5  from utils import *
```

然后，定义一个关于 Merkle 根的哈希计算函数 getHashMerkleRoot()，该函数需要输入的参数包括公钥（g）、交易文字时间戳（h）和挖矿奖励金额（i），其返回的参数是 Merkle 根哈希值（c）。该函数的具体实现代码如下：

```
1  def getHashMerkleRoot(pubkey, pszTimestamp, value):
2  # 拼接交易输出
3  scriptLen = '41'
4  OP_CHECKSIG = 'ac'
5  outputScript = hexstr2Str(scriptLen + pubkey + OP_CHECKSIG)
6  # 拼接交易输入
7  pszPrefix = ""
8  if len(pszTimestamp) > 76: pszPrefix = '4c'
9  scriptPrefix = '04ffff001d0104' + pszPrefix + str2Hexstr(chr(len(pszTimestamp)))
10 inputScript = hexstr2Str(scriptPrefix + str2Hexstr(pszTimestamp))
11 # 打包交易
12 transaction = Struct("version" / Array(4, Byte),
13                      "num_inputs" / Byte,
14                      "prev_output" / Array(32, Byte),
15                      "prev_out_idx" / Int,
16                      "input_script_len" / Byte,
17                      "input_script" / Array(len(inputScript), Byte),
18                      "sequence" / Int,
19                      "num_outputs" / Byte,
20                      "out_value" / Array(8, Byte),
```

脚本代码

```
21                    "output_script_len" / Byte,
22                    "output_script" / Array(0x43, Byte),
23                    "locktime" / Int)
24     # 4 + 1 + 32 + 4 + 1 + 4 + 1 + 8 + 1 + 0x43 + 4 = 127
25     tx = transaction.parse(b \x00' * (127 + len(inputScript)))
26     tx.version = struct.pack('<I', 1)
27     tx.num_inputs = 1
28     tx.prev_output = struct.pack('<qqqq', 0, 0, 0, 0)
29     tx.prev_out_idx = 0xffffffff
30     tx.input_script_len = len(inputScript)
31     tx.input_script = inputScript.encode('iso-8859-1')
32     tx.sequence = 0xffffffff
33     tx.num_outputs = 1
34     tx.out_value = struct.pack('<q', value)
35     tx.output_script_len = 0x43
36     tx.output_script = outputScript.encode('iso-8859-1')
37     tx.locktime = 0
38     # 返回Merkle根哈希值
39     return hashlib.sha256(hashlib.sha256(transaction.build(tx)).digest()).digest()
```

接下来，定义创建区块头的函数 createBlockHeader()，其输入的参数包括 Merkle 根哈希值（c）、时间戳（d）（一段用当前时间）及难度目标（e），最终该函数会返回区块头结构体类型数据。该函数的具体实现代码如下：

```
1      def createBlockHeader(hashMerkleRoot, time, bits, nonce):
2      blockHeader = Struct("version" / Array(4, Byte),
3                      "hash_prev_block" / Array(32, Byte),
4                      "hash_merkle_root" / Array(32, Byte),
5                      'time" / Array(4, Byte),
6                      "bits" / Array(4, Byte),
7                      "nonce" / Array(4, Byte))
8      genesisblock = blockHeader.parse(b'\x00' * 80)
9      genesisblock.version = struct.pack('<I', 1)
10     genesisblock.hash_prev_block = struct.pack('<qqqq', 0, 0, 0, 0)
11     genesisblock.hash_merkle_root = hashMerkleRoot
12     genesisblock.time = struct.pack('<I', time)
13     genesisblock.bits = struct.pack('<I', bits)
```

```
14    genesisblock.nonce = struct.pack('<I', nonce)
15    return blockHeader.build(genesisblock)
```

接着，定义挖矿函数 tryToGetHash()，其输入的参数包括数据（g）、（h）、（i）、（j）和难度目标（e），最终返回随机数（f）及创世区块的区块头哈希值（k）。该函数的具体实现代码如下：

```
1    def tryToGetHash(blockData, bits, nonce):
2    target = (bits & 0xffffff) * 2 ** (8 * ((bits >> 24) - 3))
3    while true:
4        sha256Hash = hashlib.sha256(hashlib.sha256(blockData).digest()).digest()[::-1]
5        if int(sha256Hash.hex(), 16) < target:
6            return (sha256Hash, nonce)
7        else:
8            nonce = nonce + 1
9            blockData = blockData[0:len(blockData) - 4] + struct.pack('<I', nonce)
```

最后，定义一个应用层的函数 getGenesisBlock()，来调用上面几个函数并打印信息。该函数的具体实现代码如下：

```
1    def getGenesisBlock(time=int(time.time()),
2                        pszTimestamp='The Times 03/Jan/2009 Chancellor on brink of second
                            bailout for banks',
3                        pubkey='045c13d245cfbe91faee
4                        1abc8edaa874cf9404eba4d280afed88
5                        2d57f09c5deefdc6b49047b6e0595e7858a
6                        00b5da95a9448ea9b9784dd876dfe898c1bdca048cd',
7                        nonce=0,
8                        bits=0x1d00ffff,
9                        value=5000000000):
10    print("start mining the genesis block...")
11    hashMerkleRoot = getHashMerkleRoot(pubkey, pszTimestamp, value)
12    blockHeader = createBlockHeader(hashMerkleRoot, time, bits, nonce)
13    genesisHash, nonce = tryToGetHash(blockHeader, bits, nonce)
14    print("\r\n------input------")
15    print("time: " + str(time))
16    print("pszTimestamp: " + pszTimestamp)
17    print("pubkey: " + pubkey)
```

```
18    print("bits: " + hex(bits))
19    print("value: " + str(value))
20    print("\r\n-----output------")
21    print("nonce: " + str(nonce))
22    print("genesis hash: " + genesisHash.hex())
23    print("merkle hash: " + hashMerkleRoot[::-1].hex())
```

现在，就可以调用 getGenesisBlock() 函数来生成我们需要的创世区块了。该操作的具体实现代码如下：

```
1    if __name__ == '__main__':
2            getGenesisBlock()
```

下一节将会把用该脚本生成的创世区块更新到比特币源码中，继而构造出我们自己的数字货币系统。

7.2 比特币源码修改

7.2.1 生成密钥

首先，需要准备一个存放密钥的文件夹。例如，在桌面上创建 sslkey 文件夹，来存放与密钥相关的文件，其具体操作命令如下：

```
$ cd  /Desktop
$ mkdir sslkey && cd sslkey
```

在该文件夹中，调用 openssl 库生成三组密钥对，分别用于正式网络、测试网络和创世区块。与比特币类似，我们也采用基于椭圆曲线数字签名算法的密码体制，并通过 secp256k1 参数来指定，具体操作命令如下：

```
$ openssl ecparam -genkey -name secp256k1 -out alertkey.pem
$ openssl ecparam -genkey -name secp256k1 -out testnetalert.pem
$ openssl ecparam -genkey -name secp256k1 -out genesiscoinbase.pem
```

现在文件夹中生成了三个文件，分别是 alertkey.pem、testnetalert.pem 和 genesiscoinbase.pem。通过 "openssl ec" 命令，可以文本的格式友好显示文件内容。下面分别给出这三个文件的具体内容。

```
$ openssl ec -in alertkey.pem -text
read EC key
Private-Key: (256 bit)
priv:
25:3d:78:69:49:ee:69:50:ac:c4:93:df:09:bb:29:
03:4d:b5:7c:20:c7:6d:ef:ae:69:a6:aa:99:ac:eb:
ed:a6
pub:
04:b4:51:92:a5:70:b4:eb:1d:32:10:ab:33:19:d9:
18:da:70:cc:85:11:8b:43:6d:8e:ce:6a:ef:53:dc:
b3:ff:8f:8a:39:b5:6d:bb:ef:d7:a0:83:7c:1d:95:
56:b4:19:1e:f0:c1:d6:e7:62:3f:86:1a:0c:35:c8:
22:2c:5d:90:64
ASN1 OID: secp256k1
writing EC key
——BEGIN EC PRIVATE KEY——
MHQCAQEEICU9eGlJ7mlQrMST3wm7KQNNtXwgx23vrmmmqpms6+2moAcGB
SuBBAAKoUQDQgAEtFGSpXC06x0yEKszGdkY2nDMhRGLQ22OzmrvU9yz/4+
KObVtu+/XoIN8
HZVWtBke8MHW52I/hhoMNcgiLF2QZA==
——END EC PRIVATE KEY——
```

```
$ openssl ec -in testnetalert.pem -text
read EC key
Private-Key: (256 bit)
priv:
00:db:44:49:74:3a:a9:e7:bb:8a:de:0c:4e:d4:78:
5a:67:fc:8f:0d:c3:7a:a1:03:39:e5:b0:d7:8d:3d:
```

65:ae:6d

pub:

04:4f:92:95:24:ed b5:81:61:35:57:ae:1b:3e:c5:

84:86:57:74:a9:74:23:31:13:79:de:9f:94:33:f3:

f6:fe:fc:1d:72:4a:a2:bc:28:69:ff:5d:3c:1f:f9:

55:c4:2c:32:95:69:84:48:01:3f:dc:c9:97:a6:2e:

bd:a9:7e:42:6e

ASN1 OID: secp256k1

writing EC key

——BEGIN EC PRIVATE KEY——

MHQCAQEEINtESXQ6qee7it4MTtR4Wmf8jw3DeqEDOeWw1409Za5toAcGBSuB

BAAKoUQDQgAET5KVJO21gWE1V64bPsWEhld0qXQjMRB53p+UM/P2/vwdc

kqivChp/108

H/lVxCwylWmESAE/3MmXpi69qX5Cbg==

——END EC PRIVATE KEY——

$ openssl ec -in genesiscoinbase.pem -text

read EC key

Private-Key: (256 bit)

priv:

00:d5:f4:4b:b2:91:6b:4f:e2:8c:d3:d2:9b:28:da:

5a:25:30:27:79:36:ed:d6:c2:ef:30:7a:8c:0d:41:

9e:5d:f2

pub:

04:5c:13:d2:45:cf:be:91:fa:ee:1a:bc:8e:da:a8:

74:cf:94:04:eb:a4:d2:30:af:ed:88:2d:57:f0:9c:

5d:ee:fd:c6:b4:90:47:b6:e0:59:5e:78:58:a0:0b:

04:5c:13:d2:45:cf:be:91:fa:ee:1a:bc:8e:da:a8:

1b:dc:a0:48:cd

ASN1 OID: secp256k1

```
writing EC key
——BEGIN EC PRIVATE KEY——
MHQCAQEEINX0S7KRa0/ijNPSmyjaWiUwJ3k27dbC7zB6jA1Bnl3yoAcGBSuBBA
AKoUQDQgAEXBPSRc++kfruGryO2qh0z5QE66TSgK/tiC1X8Jxd7v3GtJBHtuBZ
XnhY
oAtdqVqUSOqbl4Tdh23+iYwb3KBIzQ==
——END EC PRIVATE KEY——
```

其中，标号为“pub:”的 5 行内容是公钥的具体信息，后面需要用它们去替换掉比特币源码中对应的值，下面这段 Python 代码可以快速实现这一替换过程。

```python
1   # encoding: utf-8
2   # 替换为你自己的内容
3   s = '''04:5c:13:d2:45:cf:be:91:fa:ee:1a:bc:8e:da:a8:
4       74:cf:94:04:eb:a4:d2:80:af:ed:88:2d:57:f0:9c:
5       5d:ee:fd:c6:b4:90:47:b6:e0:59:5e:78:58:a0:0b:
6       5d:a9:5a:94:48:ea:9b:97:84:dd:87:6d:fe:89:8c:
7       1b:dc:a0:48:cd'''
8   l = s.split(':')
9   result = ''
10  for i in l:
11      result += i
12  print(result)
```

上述代码将完成替换三个公钥，其具体信息如下：

- 正式网络的公钥

  04b45192a570b4eb1d3210ab3319d918da70cc85118b436d8ece6aef53dcb3ff8f8a39b
  56dbbefd7a0837c1d9556b4191ef0c1d6e7623f861a0c35c8222c5d9064

- 测试网络的公钥

  044f929524edb581613557ae1b3ec584865774a97423311079de9f9433f3f6fefc1d724aa
  2bc2869ff5d3c1ff955c42c3295698448013fdcc997a62ebda97e426e

- 创世区块的公钥

  045c13d245cfbe91faee1abc8edaa874cf9404eba4d280afed882d57f09c5deefdc6b49047
  b6e0595e7858a00b5da95a9448ea9b9784dd876dfe898c1bdca048cd

7.2.2　计算创世区块信息

使用 7.1 节中的 Python 脚本计算 neubitcoin 的创世区块信息，并根据需要设定参数值。neubitcoin 的创世区块参数设定如下：pszTimestamp 使用文本 "neubitcoin was created on 2021-01-06. –sunshuai"；pubkey 使用上面生成的第三个公钥；bits 难度值为 0x207fffff；初始挖矿奖励为 50（个）* 100000000（聪）。其他参数不进行设定，即使用默认值。例如，time 默认为 "现在时间"。这里，对难度值 0x207fffff 的假定，参考了比特币的 regtest 网络中的难度值，从而实现了秒级出块速度，进而方便体验和观察挖矿难度的调整过程。上述过程的具体实现代码如下：

```
1    if __name__ == '__main__':
2        getGenesisBlock(pszTimestamp='Neubitcoin was
3        created on 2021-01-06. --sunshuai',
4            pubkey='045c13d245cfbe91faee \\
5            1abc8edaa874cf9404eba4d280afed882d\\
6            57f09c5deefdc6b49047b6e0595e7858a\\
7            00b5da95a9448ea9b9784dd876dfe898c1bdca048cd', \\
8            bits=0x207fffff,
9            value=5000000000)
```

其输出结果如下：

```
start mining the genesis block...
——input——
time: 1610105038
pszTimestamp: Neubitcoin was created on 2021-01-06. –sunshuai
pubkey:
045c13d245cfbe91faee1abc8edaa874cf94
04eba4d280afed882d57f09c5deefdc6b490
47b6e0595e7858a00b5da95a9448ea9b97
84dd876dfe898c1bdca048cd bits: 0x207fffff
value: 5000000000
——output——
nonce: 1
```

```
genesis hash: 6027d5f9ce1759f63cb77583ecda11c7ffce054d41c87949a31ba680768705ca
merkle hash: d1f296dc38081228c9c4345707574f9278ecf02c13f61fb7d1b25e87de97d6ac
Process finished with exit code 0
```

至此，我们生成了构造创世块所需的全部信息（a~k）。

7.2.3　准备代码

首先，按照 6.1 节介绍的内容来准备比特币源码并切换到 V0.12.1 版本，同时，在此基础上新建副本分支，将其命名为 neubitcoin，具体操作命令如下：

```
$ git branch neubitcoin v0.12.1
```

然后，切换到 neubitcoin 分支，具体操作命令如下：

```
$ git checkout neubitcoin
```

7.2.4　修改创世区块信息

在 neubitcoin 分支版本上，将前面准备好的 time、pszTimestamp、pubkey、bits、value、nonce、genesis hash 和 merkle hash 等字段的值更新到该版本中，其中 neubitcoin 参数修改对应的源码位置如表 7.2 所示。在这里，我们沿用 git 版本控制规则，使用"-"和"+"分别标注修改前和修改后的代码。这些参数的设置主要集中在./src/chainparams.cpp 和./src/chainparamsbase.cpp 中。首先，打开./src/chainparams.cpp 文件，该文件存储了 neubitcoin 主网、测试网络 (testnet)、回归测试网络 (regnet) 三个网络的主要参数。

表 7.2　neubitcoin 参数修改对应的源码位置汇总

带修改字段	主网参数修改（代码行数）	testnet 参数修改（代码行数）	regnet 参数修改（代码行数）
pszTimestamp		53	
time	109	197	269
pubkey	109	197	269
bits	109	197	269
powLimit（依赖于 bits）	79	172	—
value	109	197	269
nounce	109	197	269
genesis hash	111	199	271
merkle hash	112	200	272

> 注：由于篇幅限制，无法将文件./src/chainparams.cpp 和./src/chainparamsbase.cpp 中的代码放在本书中。因此，本章节只针对需要修改的代码进行解释。读者可以通过搜索参数变量定位到源文件的位置进行修改。

然后，修改主网参数，具体操作命令如下：

> - const char* pszTimestamp = "The Times 03/Jan/2009 Chancellor on brink of second bailout for banks"; + const char* pszTimestamp = "Neubitcoin was created on 2021-01-06. –sunshuai";

接下来，修改 CreateGenesisBlock() 函数的输入参数，将前面计算所得的 time、nonce、bits 和 value 的值分别作为第 1、2、3、5 个参数的值。第四个参数是版本号，可以保持与原始比特币相同，不做修改。上述过程的具体操作命令如下：

> - genesis = CreateGenesisBlock(1231006505, 2083236893, 0x1d00ffff, 1, 50 * COIN);
> + genesis = CreateGenesisBlock(1610105038, 1, 0x207fffff, 1, 50 * COIN);

随后，修改 genesis hash 的参数值，注意哈希值前面要添加 0x 作为前缀，具体操作命令如下：

> - assert(consensus.hashGenesisBlock ==
> uint256S("0x000000000019d6689c085ae165831e934ff763ae46a2a6c172b3f1b60a8 ce26f"));
> + assert(consensus.hashGenesisBlock ==
> uint256S("0x6027d5f9ce1759f63cb77583ecda11c7ffce054d41c87949a31ba680768 705ca"));

然后，修改 merkle hash 的参数值，其哈希值前面同样需要添加 0x 作为前缀，具体操作命令如下：

> - assert(genesis.hashMerkleRoot ==
> uint256S("0x4a5e1e4baab89f3a32518a88c31bc87f618f76673e2cc77ab2127b7afdeda 33b"));

```
+ assert(genesis.hashMerkleRoot ==
uint256S("0xd1f296dc38081228c9c4345707574f9278ecf02c13f61fb7d1b25e87de97
d6ac"));
```

最后，修改 powLimit 的参数值，这个值由 bits 难度确定，二者可以互相转换。例如，0x207fffff 对应的 powLimit 值为7fffffffffffffffffffffffffffffffffffffffffffffffffffffffffffffff。上述过程的具体操作命令如下：

```
- consensus.powLimit = uint256S("00000000ffffffffffffffffffffffffffffffffffffffffffffffffffffffff");
+ consensus.powLimit = uint256S("7fffffffffffffffffffffffffffffffffffffffffffffffffffffffffffffff");
```

重复上面几个步骤，就可以完成对 testnet(测试网络) 和 regnet(回归测试网络) 的参数的修改。修改测试网络中的输入参数的具体操作命令如下：

```
- genesis = CreateGenesisBlock(1296688602, 414098458, 0x1d00ffff, 1, 50 * COIN);
+ genesis = CreateGenesisBlock(1610105038, 1, 0x207fffff, 1, 50 * COIN);
// 修改测试网络中 CreateGenesisBlock 的输入参数
- genesis = CreateGenesisBlock(1296688602, 2, 0x207fffff, 1, 50 * COIN);
+ genesis = CreateGenesisBlock(1610105038, 1, 0x207fffff, 1, 50 * COIN);
// 修改回归测试网络中 CreateGenesisBlock 的输入参数
- assert(consensus.hashGenesisBlock ==
uint256S("0x000000000933ea01ad0ee984209779baaec3ced90fa3f408719526f8d77f
4943"));
+ assert(consensus.hashGenesisBlock ==
uint256S("0x6027d5f9ce1759f63cb77583ecda11c7ffce054d41c87949a31ba680768705
ca"));
// 修改测试网络的 genesis hash
- assert(consensus.hashGenesisBlock ==
uint256S("0x0f9188f13cb7b2c71f2a335e3a4fc328bf5beb436012afca590b1a11466e
2206"));
+ assert(consensus.hashGenesisBlock ==
```

```
uint256S("0x6027d5f9ce1759f63cb77583ecda11c7ffce054d41c87949a31ba630768705
ca"));
// 修改回归测试网络的 genesis hash
- assert(genesis.hashMerkleRoot ==
uint256S("0x4a5e1e4baab89f3a32518a88c31bc87f618f76673e2cc77ab2127b7afdeda
33b"));
+ assert(genesis.hashMerkleRoot ==
uint256S("0xd1f296dc38081228c9c4345707574f9278ecf02c13f61fb7d1b25e87de97d
6ac"));
//修改测试网络的 merkle hash
- assert(genesis.hashMerkleRoot ==
uint256S("0x4a5e1e4baab89f3a32518a88c31bc87f618f76673e2cc77ab2127b7afdeda
33b"));
+ assert(genesis.hashMerkleRoot ==
uint256S("0xd1f296dc38081228c9c4345707574f9278ecf02c13f61fb7d1b25e87de97d6
ac"));
// 修改回归测试网络的 merkle hash
- consensus.powLimit = uint256S("00000000ffffffffffffffffffffffffffffffffffffffffffffffffffffffff");
+ consensus.powLimit = uint256S("7fffffffffffffffffffffffffffffffffffffffffffffffffffffffffffffff");
//修改测试网络的 powLimit
```

在修改回归测试网络的参数时，由于 powLimit 的默认值是 7fffffffffffffffffffffffffff fffffffffffffffffffffffffffffffff，因此不需要修改。

7.2.5　修改密钥

这里需要修改两类端口，即节点间通信的端口和 RPC 服务端口。节点间通信端口的默认设置保存在./src/chainparams.cpp 文件中，具体的修改操作命令如下：

```
- nDefaultPort = 8333; + nDefaultPort = 8456; // 修改主网通信默认端口
- nDefaultPort = 18333; + nDefaultPort = 18456; // 修改测试网络通信默认端口
- nDefaultPort = 18444; + nDefaultPort = 18567; // 修改回归测试网络通信默认端口
```

RPC 服务端口的默认设置保存在./src/chainparamsbase.cpp 文件中，具体的修改操作命令如下：

```
- nRPCPort = 8332; + nRPCPort = 8455; // 修改主网络 RPC 服务端口
- nRPCPort = 18332; + nRPCPort = 18455; // 修改测试网络 RPC 服务端口
- nRPCPort = 18332; + nRPCPort = 18566; // 修改回归测试网络 RPC 服务端口
```

7.2.6　修改种子

与传统 C/S 架构下的 DNS 服务器类似，区块链网络中的 DNS 服务器为新加入的节点提供了查找其他节点 IP 的服务，从而实现了区块链的连接同步。官方文档中有一段关于 DNS 种子的说明，它指出，DNS 种子需要被比特币社区信任，其系统运行成本较大。在我们的系统中，考虑到学习的目的，暂不设置 DNS 种子。当一个节点进入 neubitcoin 网络时，需要提前获取其他节点的 IP，并建立连接完成区块链的同步。在./src/chainparams.cpp 中，我们注释掉了关于 DNS 设置的 5 处代码，被注释掉的具体代码如下：

```
1 - vSeeds.push_back(CDNSSeedData("bitcoin.sipa.be", "seed.bitcoin.sipa.be")); // Pieter
    Wuille- vSeeds.push_back(CDNSSeedData("bluematt.me", "dnsseed.bluematt.me")); //
    Matt Corallo- vSeeds.push_back(CDNSSeedData("dashjr.org", "dnsseed.bitcoin.dashjr.
    org")); // Luke Dashjr- vSeeds.push_back(CDNSSeedData("bitcoinstats.com", "seed.
    bitcoinstats.com")); // Christian Decker- vSeeds.push_back(CDNSSeedData("xf2.org",
    "bitseed.xf2.org")); // Jeff Garzik- vSeeds.push_back(CDNSSeedData("bitcoin.
    jonasschnelli.ch", "seed.bitcoin.jonasschnelli.ch")); // Jonas Schnelli
2 + //vSeeds.push_back(CDNSSeedData("bitcoin.sipa.be", "seed.bitcoin.sipa.be")); //
    Pieter Wuille+ //vSeeds.push_back(CDNSSeedData("bluematt.me", "dnsseed.bluematt.me
    ")); // Matt Corallo+ //vSeeds.push_back(CDNSSeedData("dashjr.org", "dnsseed.
    bitcoin.dashjr.org")); // Luke Dashjr+ //vSeeds.push_back(CDNSSeedData("
    bitcoinstats.com", "seed.bitcoinstats.com")); // Christian Decker+ //vSeeds.
    push_back(CDNSSeedData("xf2.org", "bitseed.xf2.org")); // Jeff Garzik+ //vSeeds.
    push_back(CDNSSeedData("bitcoin.jonasschnelli.ch", "seed.bitcoin.jonasschnelli.ch
    ")); // Jonas Schnelli

1 - vFixedSeeds = std::vector<SeedSpec6>(pnSeed6_main, pnSeed6_main + ARRAYLEN(
    pnSeed6_main));
2 + //vFixedSeeds = std::vector<SeedSpec6>(pnSeed6_main, pnSeed6_main + ARRAYLEN(
    pnSeed6_main));
```

```
1  - vFixedSeeds.clear();- vSeeds.clear();- vSeeds.push_back(CDNSSeedData("bitcoin.
     petertodd.org", "testnet-seed.bitcoin.petertodd.org"));- vSeeds.push_back(
     CDNSSeedData("bluematt.me", "testnet-seed.bluematt.me"));- vSeeds.push_back(
     CDNSSeedData("bitcoin.schildbach.de", "testnet-seed.bitcoin.schildbach.de"));
2  + //vFixedSeeds.clear();+ //vSeeds.clear();+ //vSeeds.push_back(CDNSSeedData("bitcoin.
     petertodd.org", "testnet-seed.bitcoin.petertodd.org"));+ //vSeeds.push_back(
     CDNSSeedData("bluematt.me", "testnet-seed.bluematt.me"));+ //vSeeds.push_back(
     CDNSSeedData("bitcoin.schildbach.de", "testnet-seed.bitcoin.schildbach.de"));
```

```
1  - vFixedSeeds = std::vector<SeedSpec6>(pnSeed6_test, pnSeed6_test + ARRAYLEN(
     pnSeed6_test));
2  + vFixedSeeds = std::vector<SeedSpec6>(pnSeed6_test, pnSeed6_test + ARRAYLEN(
     pnSeed6_test));
```

```
1  - vFixedSeeds.clear(); //! Regtest模式没有任何固定的种子。- vSeeds.clear(); //! Regtest
     模式没有任何DNS种子。
2  + //vFixedSeeds.clear(); //! Regtest模式没有任何固定的种子。+ //vSeeds.clear(); //!
     Regtest模式没有任何DNS种子。
```

7.2.7 修改 checkpoint

比特币系统通过设置和更新 checkpoint 的参数值的方式，提高了区块验证的效率。每个 checkpoint 都由区块高度和该高度区块的哈希值组成，因此在验证过程中，节点只需要验证 checkpoint 中最高区块以后的区块即可。所以，我们需要将 neubitcoin 的创世区块作为 checkpoint，同时更新最新的 checkpoint 状态信息，包括时间戳、checkpoint 前的总交易量和 checkpoint 后的预计日交易量等。修改主网 checkpoint 的具体代码如下：

```
1  - checkpointData = (CCheckpointData) {
2  -  boost::assign::map_list_of boost::assign::map_list_of
3  -  ( 11111, uint256S("0x0000000069e244f73d78e8fd29ba2fd2ed618bd6fa2ee92559
     f542fdb26e7c1d"))
4  -  ( 33333, uint256S("0x000000002dd5588a74784eaa7ab0507a18ad16a236e7b1ce69
     f00d7ddfb5d0a6"))
5  -  ( 74000, uint256S("0x0000000000573993a3c9e41ce34471c079dcf5f52a0e824a81e7
     f953b8661a20"))
6  -  (105000, uint256S("0x00000000000291ce28027faea320c8d2b054b2e0fe44a773f3ee
     fb151d6bdc97"))
```

```
7  -    (134444, uint256S("0x00000000000005b12ffd4cd315cd34ffd4a594f430ac814c91184
           a0d42d2b0fe"))
8  -    (168000, uint256S("0x000000000000099e61ea72015e79632f216fe6cb33d7899acb35
           b75c8303b763"))
9  -    (193000, uint256S("0x00000000000059f452a5f7340de6682a977387c17010ff6e6c3
           bd83ca8b1317"))
10 -    (210000, uint256S("0x00000000000048b95347e83192f69cf0366076336c639f9b7228
           e9ba171342e"))
11 -    (216116, uint256S("0x00000000000001b4f4b433e81ee46494af945cf96014816a4e2370
           f11b23df4e"))
12 -    (225430, uint256S("0x00000000000001c108384350f74090433e7fcf79a606b8e797f065
           b130575932"))
13 -    (250000, uint256S("0x000000000000003887df1f29024b06fc2200b55f8af8f35453d7
           be294df2d214"))
14 -    (279000, uint256S("0x0000000000000001ae8c72a0b0c301f67e3afca10e819efa9041
           e458e9bd7e40"))
15 -    (295000, uint256S("0x00000000000000004d9b4ef50f0f9d686fd69db2e03af35a100370
           c64632a983")),- 1397080064
16 // * UNIX 时间戳, 表示最后一个检查点区块- 36544669
17 // * 从创世区块到最后一个检查点区块之间的总交易数-
18 // (SetBestChain 调试日志中的 tx=... 数量) - 60000.0
19 // * 检查点之后, 预计每天会发生的交易数量- };
20 +    checkpointData = (CCheckpointData) {
21 +        boost::assign::map_list_of
22 +        (0, uint256S("0x6027d5f9ce1759f63cb77583ecda11c7ffce054d41c87949
           a31ba680768705ca")),
23 +        1610105038,
24 // * 最后一个检查点区块的UNIX时间戳
25 +        0,
26 // * 从创世区块到最后一个检查点之间的交易总数
27 + //     (在 SetBestChain debug.log中的tx=... 数量)
28 +        500
29 // * 检查点之后, 预计每天会发生的交易数量
30 +    };
```

修改测试网络的 checkpoint 的具体代码如下:

```
1  - checkpointData = (CCheckpointData) {
2  -   boost::assign::map_list_of
3  - ( 546, uint256S("00000002a936ca763904c3c35fce2f3556c559c0214345d31b1bcebf76acb70")
      ),- 1337966069,- 1488,- 300- };
4  +   checkpointData = (CCheckpointData) {
5  +       boost::assign::map_list_of
6  +       (0, uint256S("0x6027d5f9ce1759f63cb77583ecda11c7ffce054d41c87949
      a31ba680768705ca")),
7  +       1610105038,
8  // * 最后一个检查点区块的UNIX时间戳
9  +       0,
10 // * 从创世区块到最后一个检查点之间的交易总数
11 +                 //  （在 SetBestChain debug.log中的tx=... 数量）
12 +       500
13 // * 检查点之后，预计每天会发生的交易数量
14 +   };
```

修改回归测试网络的 checkpoint 的具体代码如下：

```
1  - checkpointData = (CCheckpointData){
2  -   boost::assign::map_list_of
3  - (0, uint256S("0f9188f13cb7b2c71f2a335e3a4fc328bf5beb436012afca590b1a11466e2206")),
      - 0,- 0,- 0- };
4  +   checkpointData = (CCheckpointData) {
5  +       boost::assign::map_list_of
6  +       (0, uint256S("0x6027d5f9ce1759f63cb77583ecda11c7ffce054d41c87949a31ba
      680768705ca")),
7  +       1610105038,
8  // * 最后一个检查点区块的UNIX时间戳
9  +       0,
10 // * 从创世区块到最后一个检查点之间的交易总数
11 +                 //  （在 SetBestChain debug.log中的tx=... 数量）
12 +       500
13 // * 检查点之后，预计每天会发生的交易数量
14 +   };
```

修改完成后，按照 6.1 节介绍的方法进行重新编译，即得到了 neubitcoin 的可执行文件。

7.3 部署 neubitcoin 区块链网络

在 neubitcoin 网络中，测试 bitcoin-cli 命令并显示网络中的节点，运行结果如图 7.1 所示。由于我们修改后的 neubitcoin 与 bitcoin 的部署方式不同，因此需要建立初始化网络。值得注意的是，初始节点数量不能少于三个，因为从源码中能看到，一个节点如果添加了 -connect 参数，就会把 -listen 参数对应的值置为 0，也就是说，不能再监听其他节点的连接了，其会报 "connection refused" 的错误，所以需要部署三个节点。其具体步骤为：首先，新建一个文件夹用来存放区块链数据，将其命名为 bitcoinconf；然后，在该文件夹里建立三个子文件夹（如图 7.2 所示），分别命名为 Alice、Bob 和 Cory。

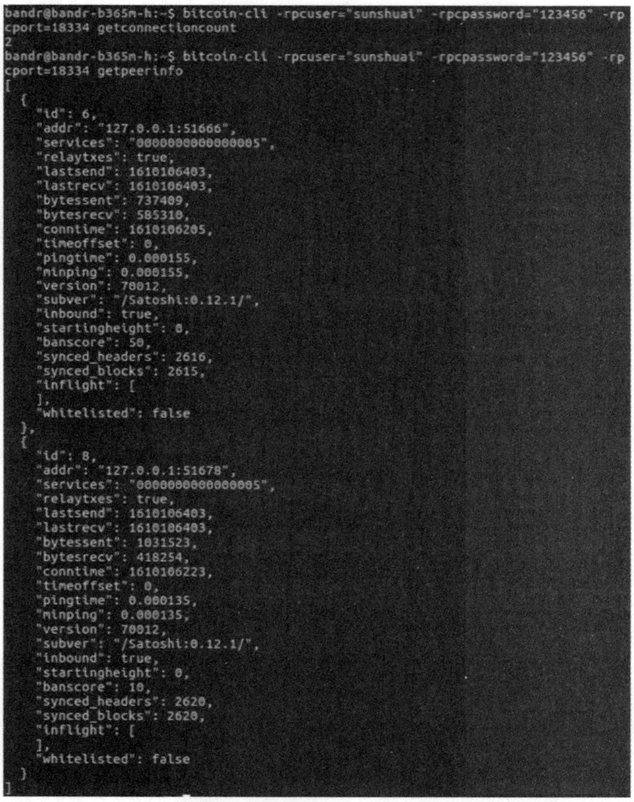

图 7.1   在 neubitcoin 网络中测试 bitcoin-cli 命令并显示网络中的节点

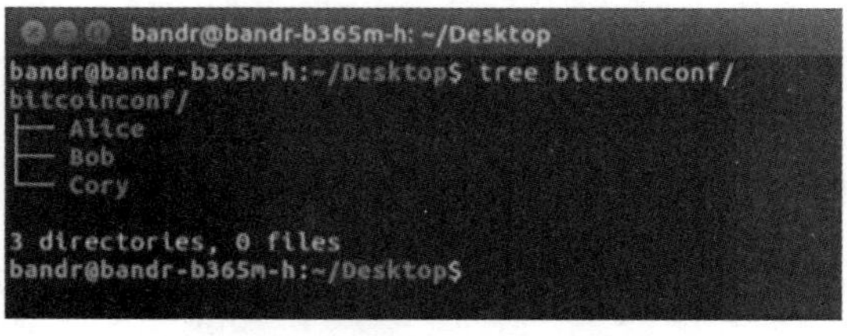

图 7.2   初始节点的文件存储结构

启动 Cory 节点，具体操作命令如下：

```
$ bitcoind -datadir="/home/sunshuai/Desktop/bitcoinconf/Cory/" -port=18333 -
rpcport=18334 -rpcuser="sunshuai" -rpcpassword="123456" -server -gen
```

其中，datadir 指定了数据文件夹的路径，而 rpcuser 和 rpcpassword 分别代表 RPC
服务的用户名和密码。启动 Cory 节点后，再启动 Alice 和 Bob，并将 Alice 和 Bob 连接
到 Cory，具体操作命令如下：

```
$ bitcoind -datadir="/home/sunshuai/Desktop/bitcoinconf/Alice/" -port=18444 -
rpcport=18445 -server -gen -connect=127.0.0.1:18333
$ bitcoind -datadir="/home/sunshuai/Desktop/bitcoinconf/Bob/" -port=18555 -
rpcport=18556 -server -gen -connect=127.0.0.1:18333
```

此时，三个初始节点都部署完成了。下面再打开一个终端，测试一下 bitcoin-cli 命令
是否可以正常使用。

而部署三个初始节点的过程，也可以通过 bitcoin-qt 来完成，从而实现可视化的界面
操作，如图 7.3 所示。

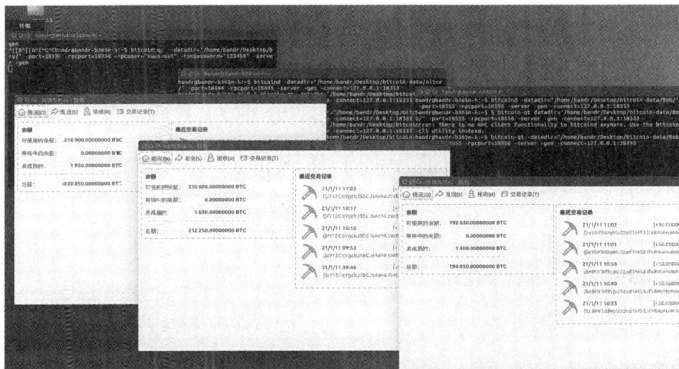

图 7.3　可视化部署

到这里，我们基本上就完成了对 neubitcoin 的改造。然而这个网络只能容许局域网内
的节点加入，因为上面启动的三个节点没有设置公网 IP。由于区块链节点之间的网络连接
仍然遵循互联网 IP 协议，因此没有公网 IP 的节点只能连接其他节点，但不能接受其他节
点的连接访问请求。如果想要实现公网的加入，那么需要进一步设置 IP。

第 8 章　区块链信息查询网站

本章着重介绍区块链信息查询网站的核心 JavaScript 代码，其完整的项目代码可以扫描旁边的二维码免费获取。

8.1　功能模块分析

网站设计了两个页面，分别显示区块链网络信息和区块信息，即区块链基本信息页面和区块详细信息页面。其中，区块链基本信息页面用于展示区块链网络信息，如区块高度、距离前一个区块的时间和算力等；而区块详细信息页面用于展示某个区块的内部信息，包括区块内的交易、生成时间和 Merkle 根哈希值等。

8.2　编码实现

8.2.1　区块链基本信息页面

该网站需要通过网络请求之前启动的 bitcoin 服务开放的 RPC 接口，因此开发者首先封装了一个请求函数，该函数包含三个参数，分别为 RPC 接口名、参数和回调函数。当请求函数执行网络请求成功后，会调用我们传入的回调函数。上述过程的具体实现代码如下：

```
1  requestRpc(method, params, callback) {
2      axios.post('api', {
3        method, params
4      }, {
5        auth: {
6          username: username,
7          password: password
8        }
9      }).then((response) => {
10       console.log(method + ': ' + response.data.result);
11       callback(response.data.result);
```

```
12      }).catch((error) => {
13        console.log('err:' + error);
14      })
15  }
```

下面开始编写业务代码。

第一步，通过 getBlockchainInfo() 函数获取区块链基本信息，其不需要参数。该函数的具体实现代码如下：

```
1  getBlockchainInfo() {
2      this.requestRpc('getblockchaininfo', null, (result) => {
3        this.blockCount = result.blocks;
4        this.currentDifficulty = result.difficulty;
5        this.getRecentBlocks();
6      });
7  }
```

第二步，通过 getRecentBlocks() 函数获取最新的 10 个区块，其参数为区块高度。该函数的具体实现代码如下：

```
1  getRecentBlocks() {
2      let times = this.blockCount;
3      for (let i = 0; i < 10; i++) {
4        if (times - i < 0) break;
5        this.requestRpc('getblockhash', [times - i], (result) => {
6          this.getBlockDetail(result);
7        })
8      }
9  }
```

第三步，通过 getBlockDetail() 函数，根据 hash (哈希值) 获取某个区块的详细信息，其参数为由区块哈希值组成的数组。因为这里使用的是并行请求，请求结果不一定是按照高度进行排序的，所以获取的结果需要按照 height (高度) 属性重新排序。该函数的具体实现代码如下：

```
1  getBlockDetail(hash) {
2      this.requestRpc('getblock', [hash], (result) => {
3        this.blockList.push(result);
4        this.blockList.sort(this.compare('height'));
```

```
5         });
6     }
```

其中，compare() 函数的定义如下：

```
1  compare(property) {
2      return function (a, b) {
3        return b[property] - a[property];
4      }
5  }
```

第四步，计算最新的区块生成时间与现在的时间间隔，具体实现代码如下：

```
1  setLastTime() {
2      setInterval(() => {
3        this.lastTime = new Date().getTime() / 1000 - this.blockList[0].time;
4      }, 1000);
5  }
```

第五步，将时间戳转换为日期格式的字符串，具体实现代码如下：

```
1  timestamp2date(timestamp) {
2      let date = new Date(timestamp * 1000);
3      return date.getFullYear() + '-'
4        + (date.getMonth() + 1 < 10 ? '0' + (date.getMonth() + 1) : date.getMonth() +
           1) + '-'
5        + (date.getDate() < 10 ? '0' + date.getDate() : date.getDate()) + ' '
6        + (date.getHours() < 10 ? '0' + date.getHours() : date.getHours()) + ':'
7        + (date.getMinutes() < 10 ? '0' + date.getMinutes() : date.getMinutes()) + ':'
8        + (date.getSeconds() < 10 ? '0' + date.getSeconds() : date.getSeconds());
9  }
```

第六步，跳转到区块详细信息页面，这里对搜索框中输入的内容做了兼容设计，既可以按照高度进行搜索，也可以按照哈希值进行搜索。首先用一个正则表达式判断输入的内容是否是纯数字，如果是纯数字，则说明输入的是高度，那么通过输入的区块高度得到这个区块的哈希值，然后再获取区块的详细信息并跳转；如果不是纯数字，则说明输入的是哈希值，直接获取区块的详细信息并跳转。该过程的具体实现代码如下：

```
1  goToDetail(heightOrHash) {
```

```
2      if (/^\d+$/.test(heightOrHash) || heightOrHash.startsWith('-')) {
3      //height
4        let height = parseInt(heightOrHash);
5        if (height < 0 || height > this.blockCount) {
6          this.$message({
7            duration: 0,
8            showClose: true,
9            message: 'Height out of range!',
10           type: 'error'
11         });
12         return;
13       }
14       this.requestRpc('getblockhash', [height], (result) => {
15         this.$router.push({name: 'blockdetail', params: {hash: result}});
16       })
17     } else {
18     //hash
19       this.$router.push({name: 'blockdetail', params: {hash: heightOrHash}});
20     }
21 }
```

8.2.2　区块详细信息页面

　　区块链基本信息页面显示了区块链的基本信息和每个区块的简略信息。在区块链基本信息页面中单击一个区块，就可以跳转到对应的区块详细信息页面。在区块详细信息页面中，通过 getBlockDetail() 函数，就可以获取区块详细信息，其参数为由区块哈希值组成的数组。该函数的具体实现代码如下：

```
1  getBlockDetail(hash) {
2      this.requestRpc('getblock', [hash], (result) => {
3        this.block = result;
4        for (let i = 0; i < result.tx.length; i++) {
5          console.log(result.tx[i]);
6          this.getTransactionsDetail(result.tx[i]);
7        }
8      });
9  }
```

　　此外，通过 getTransactionDetail() 函数还可以获取交易详细信息，其参数为交易的 id。需要注意的是，这里要使用 getTransactionDetail() 函数而不是 getTransaction() 函数。getTransaction() 函数已经在钱包模块进行了定义，它返回的数据包括发起交易时备注的明文信息，但其仅对交易双方可见，其他人都不可见，因此这个备注信息属于私密的数据。而 getrawtransaction 是交易模块的接口，它返回的数据不包括发起交易时的备注，但网络上所有人都能通过这个接口查看交易的公开信息，例如，发送方、接收方和交易金额等。GetTransactionDetail() 函数的具体实现代码如下：

```
1  getTransactionsDetail(txid) {
2      console.log(txid);
3      this.requestRpc('getrawtransaction', [txid, 1], (result) => {
4        this.txlist.push(result);
5      })
6  }
```

第 9 章　区块链安全

2018 年 3 月，德国亚琛工业大学（RWTH Aachen University）的研究人员发表的一篇名为 *A quantitative analysis of the impact of arbitrary blockchain content on bitcoin*（《比特币区块链中任意内容的定量分析》）[1] 的论文，揭示了比特币区块链中存在一些非法数据的问题，如色情内容、恶意软件和材料版权侵犯等。研究人员发现，使用者可以利用比特币区块链的交易脚本（如 P2PKH、P2SH 脚本）将任意数据嵌入区块链中，而这些数据由于区块链的去中心化和不可篡改性，无法被删除或修改，因此导致潜在的法律和道德风险。该论文详细讨论了比特币区块链如何通过特定的交易类型（如 OP_RETURN 和 Coinbase 交易）存储非财务数据，并评估了可能存在的风险，包括对使用者隐私的侵犯、恶意内容传播以及对整个区块链网络的法律合规性的挑战等。

Federico Franzoni 等人 [2] 提出了一个基于区块链测试网络的双向 C&C 通信系统。研究人员利用区块链网络中的 OP_RETURN 交易脚本来嵌入恶意命令，并在区块链测试网络中进行数据回传。他们提出了一种有效的通信协议，并通过实现了的实际原型展示了如何通过区块链网络实现加密和双向通信的 C&C 通道。Zhong 等人 [3] 提出的 DUSTBot 模型，利用区块链主网和测试网分别作为命令下行通道和数据上行通道，来规避传统 C&C 服务器的单点失效问题。DUSTBot 通过伪装成合法的比特币节点，使用非法交易嵌入命令，实现了隐蔽的双向通信。研究人员还在云平台上部署了一个小规模的 DUSTBot 网络来进行测试，验证了其可行性和性能。这些研究表明，区块链网络作为 C&C 通道，能够增强恶意软件的隐蔽性、抗查杀性和通信效率，具有广泛的应用前景和较高的潜在风险。上述方法和概念验证（Proof of Concept, PoC）进一步展示了如何利用区块链的去中心化、匿名性和不可篡改性来构建更加隐蔽和健壮的恶意网络。

区块链账本对于网络中的节点来说是透明的，即任何一个节点都可以获取区块链上的所有信息。虽然比特币使用随机数和非对称加密算法生成唯一地址作为用户的交易地址，在一定程度上能够保证用户的隐私，但其底层区块链的透明性仍存在显著的隐私泄露风险。像比特币这样的区块链系统使用的是伪匿名模式，即每个用户由公钥代表，而非直接由个人身份标识。然而，这种匿名性依然是有限的，因为公钥与用户的交易行为存在一定的关联，若公钥与用户身份信息泄露，则匿名性不复存在。如果交易节点被攻击，那么攻击者不仅可获得用户的交易信息，还很容易以此为跳板破坏整个交易链。

基于以上研究分析和区块链的自身特点，我们认为，区块链技术在带来去中心化和数据不可篡改等创新优势的同时，也面临着一些严重的安全问题。因此，对区块链技术的安全问题进行研究，不仅可以提高区块链系统的安全性与可靠性，还能为基于区块链技术的金融、医疗、数字货币的健康发展奠定基础。

9.1　影响区块链安全的因素

区块链作为一种具有颠覆性的互联网金融创新技术，引起了学术界和工程领域的广泛关注，并逐渐被推广、应用到各个行业。以公有链为代表的区块链系统具有去中心化、信任共识、平台开放、系统自治、用户隐私保护、数据不可篡改等特点，在没有中心可信机构的分布式场景中，实现了可信的数据管理和价值传递。然而，区块链作为一个新兴的信息技术，由于机制尚不完善、配套设施不成熟以及用户安全意识不足等原因，仍面临着诸多安全威胁和挑战，主要体现在软件钱包、数据隐私保护等方面，具体介绍如下：

- 软件钱包需要保护私钥在运行和存储时的安全，包括未经授权不允许访问、运行过程防止被监控，甚至要做到软件即使被控制、监视也无法获取私钥。此外，软件钱包也需要考虑用户密钥被盗或丢失后账户资产的安全问题。因此，如何保证私钥的运行和存储安全，以及在保证资产安全的前提下进行私钥备份，是软件钱包安全管理所面临的主要挑战。

- 数据隐私保护是区块链隐私安全的核心之一。区块链通过去中心化的特性，确保了数据不依赖单一的中央服务器或数据库进行存储，因此降低了数据泄露的风险。然而，公有链（如比特币、以太坊）上的交易记录是透明的，这意味着所有交易都可以被任何人查看。这一特性虽然增加了区块链的可审计性和信任度，但是在保护用户隐私方面存在问题。为了解决这一问题，许多隐私增强技术应运而生，如零知识证明（Zero-Knowledge Proofs, ZKP）和同态加密（Homomorphic Encryption）等。它们使得区块链在不泄露敏感信息的情况下，仍然可以验证数据的正确性。例如，Zcash 通过 zk-SNARKs 技术实现了交易的隐私保护，其允许用户在区块链上进行"隐私交易"，不透露交易金额和交易双方的信息。

从区块链架构的视角来看，区块链结构复杂，包括存储层、数据层、应用层、网络层、共识层及控制层等。无论在哪个层面出现安全问题，都有可能造成整个区块链系统的损失[4]。因此，我们从区块链技术涉及的技术组成角度出发，总结了区块链中的 6 个安全维度，如表 9.1 所示，具体介绍如下：

表 9.1　区块链常见的 6 个安全维度

安全维度	核心功能/目标	主要风险点
密码学	区块链信任基础 (哈希算法、数字签名、随机数生成等)	碰撞攻击、后门攻击、交易延展性攻击、恶意信息攻击、"彩虹攻击"
用户私钥管理	用户身份认证与资产控制权凭证	私钥泄露 (钓鱼攻击、恶意软件)、助记词丢失、钱包权限控制不足
节点系统安全	维护网络稳定性与数据一致性	缓冲区溢出、DDoS 攻击、节点间通信劫持、API 接口未授权访问
底层共识协议	保障区块链一致性与去中心化特性	女巫攻击、51% 攻击 (如 PoW 链)、无利害关系攻击、预计算攻击
智能合约	实现自动化业务逻辑与信任机制	不规范编程、恶意漏洞植入、不合理的代码应用和设计
庞氏骗局	利用匿名性隐匿身份，快速积累大量资金	投资者蒙受大量损失、削弱市场对区块链项目的信任

- 密码学。密码学是区块链的信任基础,包含哈希算法、数字签名、随机数等内容。区块链数据层使用了大量的密码学工具，来保证区块链数据的不可篡改性和安全性。然而，这些密码学工具的固有安全隐患给区块链的安全维护工作带来了严峻的挑战。此外，区块链网络中的用户节点在参与区块链交易、账本维护时，需要公开一些信息，如交易内容、交易金额、用户身份等，这些信息与用户节点的行为特征密切相关，所以存在泄露用户隐私的风险。数据层主要涉及区块链的数据结构、数字签名、哈希函数等密码学工具。这些密码学工具在保护区块链数据隐私的同时，其固有的碰撞攻击[5]、后门攻击[6] 等安全问题，也给区块链数据隐私带来了一定的威胁。同时，攻击者还可能通过交易延展性攻击[7] 和恶意信息攻击破坏交易秩序和区块链网络环境。此外彩虹表是一个用于加密散列函数逆运算的预先计算好的表，其是为破解密码的散列值（或称哈希值、微缩图、摘要、指纹、哈希密文）而准备的。彩虹表是马丁·赫尔曼早期提出的关于哈希算法的简单应用（详细内容可扫描旁边的二维码获取）。"彩虹攻击" 是一种用来破解哈希算法的技术[8]，是一个针对各种字母组合预先计算好的哈希值集合，其主要可破解 MD5/HASH 等多种形式的密码。

  用户私钥管理。在用户注册私钥时，系统为了帮助用户记忆私钥会生成一个助记词，助记词是明文私钥的一种表现形式，其目的是帮助用户记忆复杂的私钥（64 位的哈希值）。通常情况下，助记词一般由 12、15、18 或 21 个单词构成，且组合词越多破解难度就越大。有一些私钥生成工具在生成助记词时，允许用户采用较弱的助记词组合，比如 0 个或 1 个单词。假设 X 是采用 1 个助记词的组合，Y 是生成助记词类哈希的一种算法（暗箱），X 经过 Y 之后，会变成一串含公钥和私钥的组合，我们把它当成一串串 64 位字符，就可以将这些字符串和在 EOS 公有链上的公钥进行碰撞配对了，一旦有公钥匹配成功，相应的私钥也会暴露在黑客的视野之下，从而黑客就可以控制住用户的账户，盗取数字资产。

- 节点系统安全。其具体包含缓冲区溢出、DDoS 攻击、节点间通信劫持和 API 接口未授权访问等。应用层是区块链技术的应用载体，其为各种业务场景提供了解决方案。通常，可将应用层分为挖矿和区块链交易两类场景。在挖矿场景中，攻击者可能通过漏洞植入、网络渗透、地址篡改等方式攻击矿机系统，从而非法获利。"聪明"的矿工也可能利用挖矿机制的漏洞，通过算力伪造攻击[9]、扣块攻击[10]、丢弃攻击[11] 等方式谋求最大化的收益。在区块链交易场景中，攻击者可能利用撞库攻击[12]、0-day 漏洞[13]、API 接口攻击[14] 等方式非法获取交易平台中用户的隐私信息，也可能通过钓鱼攻击[15]、木马劫持攻击[16] 等方式获取用户账户的隐私和资产。

- 底层共识协议。共识层是区块链技术体系的核心组成部分，其中的共识算法可以保证全网节点在去信任化的场景中对分布式账本数据达成共识，为区块链的去中心化、去信任化提供保障。共识层面临的安全威胁主要指攻击者通过各种手段阻止全网节点达成正确的共识。在授权共识机制中，因为各节点对共识过程的影响相同，所以易遭受女巫攻击[17]；而在非授权共识机制中，各对等点利用自身所持资源 (如算力、权益) 竞争记账权，进而达成共识，由于投入的资源越多，成功率就越高，因此易遭受 51% 攻击。攻击者出于获取利益的目的，可能会通过贿赂攻击[18]、币龄累计攻击[19] 等方式非法获取大量资源，从而发起 51% 攻击，以实现代币双花、历史修复、期货卖空、自私挖矿等目标。此外，攻击者还可能会通过无利害关系攻击[20]、预计算攻击等方式影响全网共识进程，进而获利。

- 智能合约。智能合约（Smart Contract）是运行在区块链上的自执行协议，其能够在满足预定条件时自动执行合约条款，而无须中介。智能合约是通过编程语言（如 Solidity）编写的合约代码，通常用于区块链平台。作为新生事物，智能合约的编写给程序员带来了一定的挑战。受限于安全意识和代码能力，程序员可能在开发时无法意识到自己带来的安全隐患，因此难以保证智能合约代码的可靠性。智能合约的安全性会直接影响区块链的隐私和安全。智能合约在自动执行合约条款时，不仅涉及交易数据，还可能存储和处理私人信息。因此，智能合约的代码漏洞或不当编写，可能导致数据泄露或合约执行异常。通过形式化验证和安全审计来检查合约代码，是确保智能合约隐私安全的重要手段。近年来，许多区块链项目开始投入大量资源进行智能合约的安全性检测和漏洞修复，以增强合约的安全性，进而防止潜在的恶意攻击。如何保证智能合约的安全是区块链安全面临的一大挑战。随着区块链 2.0 的不断推进，智能合约在以太坊、EOS、Hyperledge 等平台上得到了广泛应用。区块链的智能合约一般用于控制资金流转，主要应用在贸易结算、数字资产交易、票据交易等场景，所以其漏洞的危害性远高于普通的软件程序。由于智能合约会部署在公有链上，并暴露于开放的网络中，因此更容易被黑客获得，进而成为黑客的金矿和攻击目标。一旦其出现漏洞，将导致直接经济损失。从 TheDAO 到 BEC 和 SMT 的整数溢出漏洞，再到 EOS 缓冲区溢出越界写漏洞，智能合约的安全漏洞频发，导致智能合约已经成为区块链安全的重灾区。例如，2016 年，黑客攻击 DAO 智能合约，成功盗取了 360 万个 ETH（当时价值约 5000 万美元）；2017 年，Parity 多重签名合约存在漏洞，两次被攻击，先后造成 15.3 万个 ETH 和 93 万个 ETH 的损失；2018 年 4 月，美链 BEC 出现合约无限复制 token 的 Bug，导致其公司市值蒸发约人民币 64 亿元；2018 年 7 月，Bancor 智能合约更新程序遭黑客攻击，损失约 2.5 万个 ETH 和一些其他加密货币。智能合约面临的安全威胁可以分为智能合约漏洞和合约虚拟机漏洞两种。智能合约漏洞通常是由开发者的不规范编程或攻击者恶意漏洞植入导致的，而合约虚拟机漏洞则是由不合理的代码应用和设计导致的。

- 庞氏骗局。由于区块链的去中心化和匿名性，因此基于区块链技术的应用及生态存在庞氏骗局的风险。庞氏骗局通常是指一种投资骗局，这类投资的早期投资者的收益来源于后期投资者的资金，而非实际盈利。由于区块链项目的公开透明特性，因此许多庞氏骗局项目会利用这种特点发布华丽的白皮书，声称投资回报高且风险低，从而吸引投资者加入。然而，这些项目的实际收益并非来自任何实质性业务，而是依靠不断吸引新的投资者来维持资金流动。一旦没有新的资金进入，那么庞氏骗局就会崩盘，进而导致投资者蒙受巨大损失。区块链生态中的庞氏骗局给整个行业的发展带来了巨大的负面影响。首先，骗局的存在削弱了市场对区块链项目的信任，尤其是那些缺乏明确商业模式或盈利能力的项目，其使投资者对区块链的长期潜力产生怀疑。其次，这些骗局的资金往往难以追踪和追回，从而造成了大量投资者的经济损失。同时，由于区块链具有匿名性，犯罪分子可以更容易地隐匿身份，因此增加了监管和打击的难度。此外，频繁的庞氏骗局事件也引发了更多国家和地区对区块链项目的严格监管，限制了其在金融领域的进一步创新和发展。

9.2　区块链不可能三角难题

区块链不可能三角难题最初由 Trent McConaghy 提出，并被 Vitalik Buterin 接受[21]。其通常指的是区块链系统设计中的一种理论限制，即难以同时实现可扩展性、安全性和去中心化这三个目标。不可能三角难题的出现是为了提高区块链的交易处理速度和容量，其通常需要更多的计算能力和网络带宽，这使得节点的运行变得更加昂贵和困难，进而可能导致网络上的节点数量减少且更加集中化，甚至还可能会损害其安全性和去中心化特性。因此，不可能三角难题凸显了区块链在追求可扩展性时面临权衡和实现真正的去中心化、可扩展区块链时遇到的挑战，具体体现在以下三方面：

- 去中心化与安全性：区块链的去中心化特性使其具备了比中心化系统更高的抗攻击和抗破坏能力，因为它们不会受单一节点故障的影响。为了消除对中间机构和可信第三方的依赖，区块链牺牲了一定的效率，以换取安全性和其他特性，比如抗审查性和无须许可性。这里的安全性是指区块链抵御不同类型攻击、持续运行的能力。在使用 PoW 的区块链中，一般通过网络的累计算力来衡量安全性，更高且分布更均匀的算力意味着更高的安全性；而在基于 PoS 的区块链中，其安全性一般通过累计的质押金额及其分布来衡量（同时也会考虑其他衡量指标）。简而言之，充分的去中心化使得网络参与者无法串通起来篡改或破坏区块链。增加节点数量可以提高去中心化程度和安全性，但可能会降低网络的处理速度，因为每个节点都需要验证所有交易。

- 去中心化与可扩展性：对区块链进行扩展的方法有很多种，每种方法都有自己的权衡取舍。例如，链上扩展意味着增加区块的大小、缩短出块时间或者两者兼而有之。虽然更大的区块可以容纳更多交易，但是更短的出块时间可以更快确认交易。然而，增加区块大小和缩短出块时间都可能导致网络更加集中化，因为这些变化可能需要更强大的硬件来验证和传播区块，可能会禁止某些节点参与共识过程。为了合理扩展区块链，需要平衡安全性、去中心化和性能等因素。通常，为了提高可扩展性会在某些方面做出牺牲。因此，链上扩展方法在本质上是受限的，这也是越来越多区块链采用分层架构进行链下扩展的原因。高度去中心化可能导致通信效率低下，因为每个节点都需要与网络中的其他节点进行通信，这在存在大规模节点的情况下难以快速执行。

- 安全性与可扩展性：提高交易速度和处理能力可以提高可扩展性，但如果减少了验证过程中的冗余或节点数量，可能会降低网络的安全性。

9.3　区块链攻击

区块链安全问题既包含传统安全问题中的 DoS 攻击、代码漏洞等安全威胁，又包含区块链独有的风险问题。本节将从四个方面分析攻击区块链的途径，即攻击基础组件和设施、攻击区块链系统核心设计、攻击区块链应用生态和攻击区块链网络。

9.3.1　攻击基础组件和设施

基础组件和设施可以实现区块链系统网络中信息的记录、验证和传播，其对应的安全风险包括网络安全问题、密码学问题和数据存储安全问题等。区块链技术本身采用了密码学中的很多加密算法，如非对称加密、哈希算法等，但人工智能和量子计算的兴起、超算的出现，对密码学构成了潜在威胁。此外，由于密码学算法也需要通过编程实现，因此可能存在代码实现方面的后门和安全漏洞。移动数字钱包等区块链客户端软件的安全，通常通过设计公私钥来实现，而公私钥又通过软件来生成，如果在不安全的环境中运行私钥，那么就会增加私钥的泄露风险。目前，针对区块链客户端软件进行攻击的基本方法是通过窃取凭据来获得系统未经授权的访问权限，以及通过捕获信息、植入恶意软件和/或使用社会工程学实现对用户机器中私钥的窃取。

9.3.2　攻击区块链系统核心设计

目前，常见的共识机制有 PoW、PoS、DPoS、Pool（验证池机制）和 PBFT 等，其主要面临的攻击有女巫攻击、51% 攻击、长距离攻击、短距离攻击、币龄累计攻击和预计算攻击等。

其中，51% 攻击是指攻击者占有超过全网 51% 的算力，在攻击者控制算力的这段时间内，他可以创造一条高度大于原来链的新链，这样旧链中的交易会被回滚，攻击者就可以使用同一个 Token 发送一笔新的交易到新链上了[22]。51% 攻击是双花攻击的主要实现方式。双花攻击的原理在于尝试让区块链网络接受同一比特币的多个不同交易（即"双花"）。这种攻击可能会发生在网络确认交易之前的时间段内，其主要利用了区块链的去中心化和区块确认机制。具体来说，双花攻击的实现方式通常有以下几种，包括竞争攻击、芬尼攻击、51% 攻击、边界网关劫持攻击（Border Gateway Protocol Hijacking Attack）和重放攻击（Replay Attack）[23]，具体内容介绍如下。

1. 竞争（Race）攻击

此攻击发生在商户在没有考虑确认的情况下立即接受付款，换句话说，也就是接受带有 0 个确认的付款。在这种方式中，攻击者可以创建两笔相同的交易，并将一笔交易广播给商户，另一笔广播给网络，即交易一发送 1 个 BTC 向商户 A，而交易二发送 1 个 BTC 给自己。

商户 A 很可能在第一笔交易 Tx1 之前挖到第二笔交易 Tx2，并将其作为最终交易而接受。由于商户 A 已接受未经确认的交易并进行支付，如果攻击者与商户 A 的节点有直接连接，那么这种攻击很容易成功。

2. 芬尼（Finney）攻击

芬尼是提出双花攻击的人，因此该攻击基于此人的名字来进行命名。此攻击也发生在商户接受 0 个确认就进行付款时。

在这种攻击方式中，攻击者必须能够生成自己的区块并控制区块链网络中的两个地址，分别记为地址 A 和地址 B。攻击者挖一个新的区块 block A，并包含一个从地址 A 到地址 B 的交易 Tx1。但是，攻击者不会广播这个区块。相反，他创建了一个新的交易 Tx2。由于商户不等待任何确认，因此会直接接受攻击者的交易。在此之后，攻击者会使用 Tx2 将 block A 广播到网络。

3. 51% 攻击

在 PoW 共识机制中，51% 攻击的实施成本非常高，因此研究人员和攻击者提出了多种方式来降低攻击难度或成本，其中一种方式就是贿赂攻击（Bribery Attack）。其目标是通过贿赂矿工来进行双花攻击，其核心思想是让某些矿工离开当前的链，去挖一个攻击链，从而提升攻击链的累计算力，其具体过程如下：

- 攻击者通过向矿工提供高额奖励（例如比正常挖矿收益更高的区块奖励）来贿赂矿工。
- 被贿赂的矿工会停止对主链的挖掘，并转而挖掘攻击链。
- 攻击者可以在攻击链上进行双花交易，最终导致攻击链在某个时刻超越主链，进而使得攻击者的双花交易被确认。

通用挖矿攻击（Generalized Mining Attack）是针对 PoW 矿工激励机制的 51% 攻击，它通过操纵矿工的策略来增加矿工挖掘非主链区块的概率，从而使得攻击者链超越主链。其具体内容如下：

- 攻击者可以设计一种新型的激励机制，如给出比当前链挖矿奖励更高的激励（可以是更高的区块奖励，也可以是某种形式的手续费补贴）。
- 在实际操作中，攻击者可以通过创建一个与主链平行的链，并提供比主链更多的收益来吸引矿工。
- 一旦足够多的矿工被吸引到攻击链，导致主链上的矿工数量减少，那么攻击链就有机会超过主链，进而使攻击链成为最长链。

币龄累计攻击（Coin Age Accumulation Attack）通常在使用 PoS 或基于币龄（Coin Age）的区块链系统中进行，它利用区块链系统将累计币龄作为权重的机制，来降低 51% 攻击的难度。其具体内容如下：

- 在一些 PoS 区块链系统中，权益（Stake）的权重通常和币龄成正比，即持有币的时间越长，生成新区块的权重越高。
- 攻击者可以长时间不参与区块链维护，只累计币龄。在攻击时突然利用这些累计的权重去生成大量区块，从而迅速超过主链。
- 由于币龄是通过持有币的时间来累计的，因此攻击者不需要长期控制大量的权益，只需在关键时刻使用累计的币龄来发动攻击即可。

4. 边界网关劫持攻击

边界网关劫持攻击是一种通过操纵互联网核心路由协议实现的双花攻击方式。其本质在于攻击者利用边界网关协议 (BGP) 的信任机制缺陷，伪造自治系统 (AS) 间的路由宣告信息，劫持目标区块链节点的网络流量，人为制造网络分区以实施交易欺诈。攻击者通过广播虚假路由更新，宣称其拥有特定 IP 地址段的控制权，利用路由策略优先级规则诱使其他自治系统将发往受害节点的流量重定向至由攻击者控制的网络。在此过程中，受害节点 (如交易所或矿池) 被隔离于主链网络之外，仅能接收攻击者构建的私有分叉链数据。攻击者可向受害节点发起一笔虚假存款交易并诱导其确认，待受害节点释放资产 (如提现加密货币) 后，攻击者终止流量劫持使网络恢复连通，受害节点重新同步主链时因私有链交易无效而完成双花。此类攻击无须控制算力或权益，但依赖互联网基础设施漏洞，例如，2018 年针对 MyEtherWallet 的攻击中，黑客通过劫持亚马逊 Route53 的 DNS 解析日志，非法获取当时价值约 1500 万美元的 ETH。防御此类攻击需部署资源公钥基础设施 (RPKI) 验证路由宣告合法性，强制实施 BGPsec 协议加密路由更新，并建立实时异常流量监测机制，以阻断恶意 AS 路径变更。该攻击揭示了区块链安全对底层网络协议的依赖性，需跨技术层协同防护。

5. 重放攻击

重放攻击是一种网络攻击。攻击者通过截获并重新发送合法的交易或消息，使接收方误以为这是新的合法请求，进而导致系统行为异常。在区块链中，重放攻击的典型表现形式是在不同链（如主链与分叉链、不同版本的区块链）之间或同一链内重复执行某笔交易。区块链中重放攻击的原理包含以下三个方面的内容：

- 当区块链进行硬分叉时，会生成两条链（如 "链 A" 和 "链 B"），两条链的交易历史在分叉点之前完全相同。
- 如果分叉后的链 A 和链 B 没有在交易格式或签名机制上做出显著区分，那么在链 A 上签名并广播的交易，可能也会在链 B 上被识别为有效交易，反之亦然。

- 攻击者可以截获链 A 上的有效交易，然后将其重新发送到链 B 上进行"重放"，这样相同的交易内容就会在两个链上被重复执行。

假设区块链 X 分叉成了链 A 和链 B，而某个用户在链 A 上进行了支付交易，那么攻击者可以将该交易重放到链 B 上，使得接收方在链 B 上也获得同样数量的资产。如果用户没有提前采取重放保护措施（如使用不同的地址或加入特定的链 ID），那么就可能导致资产在链 B 上被重复支付。

9.3.3 攻击区块链应用生态

区块链应用生态安全涉及数字货币交易平台、区块链移动数字钱包 App、网站和 DApp 等。结合各大交易所出现的攻击事件发现，这部分面临的安全威胁主要包括服务器软件漏洞、配置不当、DDoS 攻击和服务端 Web 程序漏洞(包括技术性漏洞和业务逻辑缺陷) 等。和其他网站一样，交易网站也会面临账户泄露、DDoS 和 Web 注入等攻击。对于规模较大、用户数量较多的交易所，还会面临用户被攻击者利用仿冒的钓鱼网站骗取认证信息等威胁。

常见的区块链应用包含以下几个：

Tether（泰达币，USDT）是一种和美元价格挂钩的加密货币，人们使用它而不是比特币那样价格更易变动的数字货币来作为稳定的价值储存。Blockchain.info 本身就是一个在线钱包，同时它也是全球最大的比特币数据供应商，其作为在线钱包是比较好用的。它是比特币基金会会员，同时也是比特币圈的明星企业、比特币创业公司的领头羊，曾获得了数千万美元的融资。

BitPay 一直被称为比特币上的 PayPal，其实这么说有些笼统。它是面向收取比特币商户的支付解决方案。当商户收到消费者的比特币（必须是使用比特币的个人消费者）时，会通过 BitPay 把钱转成自己使用的货币，并向 BitPay 支付 0.99% 作为手续费。

利用移动数字货币钱包 App 管理数字货币资产，可以随时查询钱包历史，获得全球实时交易行情。移动数字货币钱包 App 中保存的私钥是区块链节点和数字货币账户授权活动的直接手段，加密数字货币资产的安全性建立在加密数字钱包私钥本身的安全性上，因为私钥是唯一的数字资产凭证，攻击者一旦拿到私钥，就可以拿到私钥所担保的任何钱包，所以黑客会想方设法窃取私钥。移动数字货币钱包 App 与其他 App 一样，会遭受破解、内存篡改等攻击。

9.3.4 攻击区块链网络

网络的连通性越低，系统越容易出现分叉，矿工进行 51% 攻击所需的算力就会越低，区块链系统的安全性也就会越差。网络连通性的差异越大，具有更好连通性的矿工进行 51% 攻击所需的算力就会越低，区块链系统的安全性也就会越差。常见的区块链网络攻击类型包括以下几种：

- Eclipse 日蚀攻击：通过侵占正常节点的路由表，使得足够多的虚假节点添加到正常节点的邻居节点集合内。攻击者会征用受害者的挖掘能力，并用它来攻击区块链的一致性算法或用于"重复支付和私自挖矿"。

- 分割攻击：边界网关协议 (BGP) 是互联网协议的关键组成部分，其主要用于确定路由路径。通过劫持 BGP，攻击者可以将区块链网络划分成两个或多个无法通信的独立不相交网络，区块链也随之分叉为两条或多条并行链。攻击停止后，区块链会重新统一为一条链，并以最长的链为主链，而其他的链将被废弃，被废弃的链上的交易、奖励将全部失效，从而导致双重花费甚至是多次花费问题的出现。

- 延迟攻击：攻击者可以利用 BGP 劫持来延迟目标区块的更新速度，并且不会被发现。在目标请求获取最新区块时，攻击者可以基于中间人攻击修改目标请求为获取旧区块，从而使得目标获得较旧的区块。例如，在挖矿过程中，如果遭遇了延迟攻击，那么矿工获取最新区块的请求会被恶意修改，从而使其无法获取到新区块，这将导致矿工的算力无辜受损。

- DDoS（拒绝服务）攻击：DDoS 攻击者利用大量网络资源攻击计算机系统或网络，使其停止响应甚至崩溃，从而拒绝服务。实际中，用户节点资源通常受限，攻击者只能通过分布式 DoS 攻击[24] 整合零散网络带宽，来实施 DoS 攻击。2017 年 5 月，Poloniex 交易平台遭受了严重的 DDoS 攻击[25]，导致比特币价格被锁定在 1761 美元，且用户无法正常执行交易。

此外，BDoS(Blockchain Denial of Service) 攻击者通过仅发布块头的方式，降低矿工的期望收益。当区块链网络中的矿工无法盈利时，所有矿工停止挖矿，进而导致区块链网络瘫痪。BDoS 是一种专门针对区块链系统的新型拒绝服务（DoS）攻击。传统的 DoS 攻击通常针对少数服务器，而 BDoS 则旨在采用更复杂的机制攻击区块链的整个去中心化网络节点。BDoS 作为一种新的攻击模型，能够有效地阻止矿工验证和添加区块到区块链中。这种通过浪费计算资源来扰乱网络的攻击行为，可能导致明显的延迟和性能下降。虽然已有防御机制能够减少一些损失，但是在不妥协区块链效率的情况下，完全防御 BDoS 仍然是一个亟待解决的问题。

9.4　区块链攻击案例

9.4.1　区块链的系统漏洞

从区块链系统漏洞优化角度（核心代码缺陷）来看，2010 年 7 月，德国程序员 Art Forz 发现比特币脚本程序中有一处潜在破坏力极强的 Bug。该 Bug 被恶意用户利用后，可以越权动用他人钱包中的比特币，从而可能导致比特币变得一文不值。比特币的创始人中本聪，在邮件中对 Kavin 说（Kavin 是比特币早期的另一位主要开发者，中本聪消失后，其接手了比特币代码管理权）："对于其他不知道该 Bug 的人，要避免描述这个 Bug 的名字（1 Return）"。该 Bug 在大多数比特币节点经过更新修复、不再受此问题影响后，才被公之于众。程序员 Art Forz 在发现 Bug 后，选择将其悄悄告诉中本聪，这使得他成为比特币区块链历史上鲜为人知的安全救星。

2010 年 8 月，美国程序员 Jeff Garzik 发现比特币区块链中第 74638 个区块上，包含了一笔涉及 3 个地址、金额超过 1800 亿 BTC 的交易。经核实，检查交易的逻辑代码中存在求和溢出漏洞，其未被妥善处理。发现此 Bug 后，比特币开发者很快发布了含有补丁的新版本软件。在第 74691 个区块上，带补丁版本的比特币区块链的长度终于赶上并且超越了包含天量 BTC 漏洞的链，最终有惊无险地解决了这次比特币区块链历史上的重大危机事件。

9.4.2　区块截留攻击

区块截留（Block WithHolding，BWH）攻击是针对比特币等虚拟货币的一种攻击行为。攻击者通过加入目标矿池，在挖掘出完整区块后将其进行截留而不发布，从而达到降低目标矿池收益的目的。区块截留攻击首先由 Rosenfeld[28] 在论文中提出并进行研究。在 Rosenfeld 对区块截留攻击的研究中，将其视为一种"损人不利己"的攻击方式[29]。在基于矿池的区块链挖矿任务中，诚实矿工在收到管理员发布的任务后开始挖矿，在发现满足任务目标的部分工作证明（Partial Proof of Works, PPoWs）后直接提交给矿池管理员，以获得奖励[30]。但发动区块截留攻击的恶意矿工在寻找满足任务目标的过程中，如果发现 PPoWs 便提交给矿池管理员，但如果发现完整工作证明（Full of Proof of Works，FPoWs）则不提交而是选择抛弃。然而，矿池管理员不会得知恶意矿工抛弃 FPoWs 的行为，其会认为该矿工仍然在努力寻找 FPoWs。由于矿池管理员依旧认为该恶意矿工是诚实的，因此该恶意矿工依然会获得矿池分发的收益。恶意矿工并不会为矿池寻找 FPoWs 做任何贡献，相反地，其行为降低了该矿池内其他诚实矿工的收益[31]。Courtois[32] 和 Luu[33] 等相继提出了新的区块截留攻击模型，并证明了恶意攻击者可以通过区块截留攻击增加自己的收益。Bag[10]

创造性地提出了有关赞助的区块截留攻击，其指出，攻击者可以通过雇佣矿工去攻击受害矿池，降低受害矿池的有效算力比，进而提高攻击者矿池的有效算力比，并最终获得额外的收益。Kwon[34] 通过结合区块截留攻击及自私挖掘，提出了扣块后分叉攻击（Fork After Withholding，FAW），即攻击者在进行区块截留攻击后故意分叉，进而竞争主链，因此攻击者不仅会获得区块截留攻击的额外收益，还有可能获得成为主链后增加的收益。

以比特币为例，全网平均每 10 分钟产出一个区块，其奖励会被赋予这位"挖"出区块的幸运矿工，但其余矿工无法获取任何收益，这就导致少量算力很难通过挖掘区块而获得奖励。极低的获利概率促使矿工们将算力联合起来，组建算力庞大的矿池，以保证稳定的收入。截至 2020 年 6 月，算力前 4 的矿池占全网算力的 50% 左右。为方便管理，每个矿池都设有管理员，其负责为每个矿工收集交易、分配挖矿任务并分配收益。为保证矿工能够积极工作并获得稳定的收入，矿池管理员会设定一个低于全网难度的挖矿目标，将交易收集打包后与挖矿目标一并发送给各个矿工，在本轮任务结束时，汇总各个矿工的贡献量，并按贡献分配收益。矿工通过自身的算力实现管理员分配的挖矿目标，一旦达到目标值，便将满足目标值的 nonce 提交给管理员，作为 PPoWs[34]。部分工作量证明是矿工证明自己努力挖矿的凭证，同时也是矿池分配收益的凭据[35]。FPoWs 是区块链全网的任务目标，部分工作量证明是完整工作量证明的超集。因此，矿工在寻找满足 PPoWs 的 nonce 时，有可能直接找到 FPoWs 的 nonce。一旦矿工提交了 FPoWs，管理员就会向全网广播，该矿工所在的矿池获得了提交区块的奖励。矿池中的每个矿工都试图找到 FPoWs，一旦矿池找到了 FPoWs，该矿池会获得提交区块的奖励。由于矿工无法将 FPoWs 提交到其他矿池，因此矿池中的某个矿工找到了难题的解决方案，即 FPoWs，该矿工将有两个选择，一是将其提交给矿池管理员，二是隐瞒其找到了 FPoWs 的事实。

9.5　小结

目前，区块链网络中发生的安全事件以网络层、合约层和应用层攻击为主，其中网络层攻击多为传统网络中的常见攻击，这是由当前区块链网络是基于传统网络进行构建的现状导致的，因此传统网络中的安全防御技术也可以用于解决区块链网络层攻击问题，所以区块链安全防御体系可以通过不断兼容传统网络中已有或新兴的安全防御技术，来保证区块链网络的安全运行。此外，合约层攻击和应用层攻击大多是由代码漏洞、客户端漏洞和用户社会行为漏洞导致的，这些最底层的漏洞是无法完全避免的，所以区块链安全防御体系旨在不断完善区块链的底层模型设计，通过科学合理的制度不断规范用户行为，以减少安全漏洞。

同时，在技术兼容性方面，区块链安全防御体系可以通过不断兼容新型的漏洞检测方法或策略来完善自身集成式的代码评估模型，以保证区块链系统的鲁棒性。值得注意的是，目前已发生的区块链安全事件大多只会影响区块链网络的正常运行，而无法从根本上摧毁区块链系统，这是因为区块链的底层技术和合理运行机制在一定程度上保证了区块链系统的安全性。一旦数据层和共识层中的大多数攻击，如碰撞攻击、51% 攻击等目前仅理论上可行的区块链攻击具备实际发生的条件，那么区块链系统无疑面临着崩溃的风险。因此，构建区块链安全防御体系需要在保证当前系统安全的同时，通过技术预研增强自身的鲁棒性。

区块链技术的理论研究目前处于 2.0 甚至 3.0 阶段，而其应用与推广将在未来很长的一段时间内处于 1.0 至 2.0 的过渡阶段，因此这种预研优势是保证区块链技术在区块链攻防博弈中持续发展的根本。随着区块链技术的不断推广与应用，多样、复杂的应用场景将使区块链技术面临更加严峻的安全威胁。云计算、边缘计算、物联网等新兴技术体系与区块链技术的融合发展，势必成为一种颇具前景的区块链发展模式，而各种技术的短板及技术体系之间的耦合程度仍将成为攻击者的攻击目标。

最后，服务场景和技术架构的复杂化，可能为攻击者实现 51% 攻击等提供一条新的攻击序列。针对这些潜在的安全威胁，通过维护区块链攻击关联视图来准确评估系统的安全性，结合"底层模型设计 + 上层技术兼容"提供安全防御的模式，将成为区块链安全防御技术的主流。尤其是在技术兼容性方面，态势感知、溯源追踪和机器学习等新兴技术的应用，将大大提升区块链系统安全防御体系的网络监管和预警能力，为实现快速攻击检测与追踪溯源提供可能。

参 考 资 料

[1] MATZUTT R, HILLER J, HENZE M, et al. A quantitative analysis of the impact of arbitrary blockchain content on bitcoin[C]//Financial Cryptography and Data Security: 22nd International Conference, FC 2018, Nieuwpoort, Curaçao, February 26 - March 2, 2018, Revised Selected Papers 22. 2018: 420-438.

[2] FRANZONI F, ABELLAN I, DAZA V. Leveraging bitcoin testnet for bidirectional botnet command and control systems[C]//International Conference on Financial Cryptography and Data Security. 2020: 3-19.

[3] ZHONG Y, ZHOU A, ZHANG L, et al. DUSTBot: A duplex and stealthy P2P-based botnet in the Bitcoin network[J]. PloS one, 2019, 14(12): e0226594.

[4] 田国华, 胡云瀚, 陈晓峰. 区块链系统攻击与防御技术研究进展 [J]. 软件学报, 2021, 32(5): 1495-1525.

[5] BELLARE M, ROGAWAY P. Introduction to modern cryptography[J]. Lecture Notes, 2001.

[6] BERNDT S, LIŚKIEWICZ M. Algorithm substitution attacks from a steganographic perspective[C]// Proceedings of the 2017 ACM SIGSAC Conference on Computer and Communications Security. 2017: 1649-1660.

[7] DECKER C, WATTENHOFER R. Bitcoin transaction malleability and MtGox[C]//Computer Security- ESORICS 2014: 19th European Symposium on Research in Computer Security, Wroclaw, Poland, September 7-11, 2014. Proceedings, Part II 19. 2014: 313-326.

[8] 荣凯, 邱卫东, 李萍. 基于彩虹表的 Hash 攻击研究 [J]. 信息安全与通信保密, 2011, 9(4): 74-76.

[9] CHEN L, LIU Z, PENG B. Security protection against optical forgery attack[J]. Optics & Laser Technology, 2024, 168: 109889.

[10] BAG S, RUJ S, SAKURAI K. Bitcoin block withholding attack: Analysis and mitigation[J]. IEEE Transactions on Information Forensics and Security, 2016, 12(8): 1967-1978.

[11] NARAYANAN A, BONNEAU J, FELTEN E, et al. Bitcoin and cryptocurrency technologies: a comprehensive introduction[M]. Princeton University Press, 2016.

[12] THOMAS K, PULLMAN J, YEO K, et al. Protecting accounts from credential stuffing with password breach alerting[C]//28th USENIX Security Symposium (USENIX Security 19). 2019: 1556-1571.

[13] BILGE L, DUMITRAS T. Investigating zero-day attacks[J]. Login, 2013, 38(4): 6-13.

[14] ANDERSON R. Security engineering: a guide to building dependable distributed systems[M]. John Wiley & Sons, 2020.

[15] JIN C, WANG X Y, TAN H Y. Dynamic attack tree and its applications on trojan horse detection[C]//2010 Second International Conference on Multimedia and Information Technology: vol. 1. 2010: 56-59.

[16] GRUSTNIY L. Rakhni Trojan: To encrypt and to mine[EB/OL]. 2018. https://www.kaspersky. com/blog/ra khni-miner-cryptor/22988/.

[17] DOUCEUR J R. The sybil attack[C]//International workshop on peer-to-peer systems. 2002: 251-260.

[18] BONNEAU J. Why buy when you can rent? Bribery attacks on bitcoin-style consensus[C]//International Conference on Financial Cryptography and Data Security. 2016: 19-26.

[19] KING S, NADAL S. Ppcoin: Peer-to-peer crypto-currency with proof-of-stake[J]. self-published paper, August, 2012, 19(1).

[20] HOUY N. It will cost you nothing to 'kill' a proof-of-stake crypto-currency[J]. Available at SSRN 2393940, 2014.

[21] BUTERIN V. On sharding blockchains[EB/OL]. 2017. https://vitalik.ca.

[22] HUANG H, YIN Z, YANG Q, et al. Scalability and Security of Blockchain-empowered Metaverse: A Survey [J]. IEEE Open Journal of the Computer Society, 2024.

[23] 魏松杰, 吕伟龙, 李莎莎. 区块链公链应用的典型安全问题综述 [J]. 软件学报, 2021, 33(1): 324-355.

[24] SAAD M, THAI M T, MOHAISEN A. POSTER: deterring ddos attacks on blockchain-based cryptocurrencies through mempool optimization[C]//Proceedings of the 2018 on Asia conference on computer and communications security. 2018: 809-811.

[25] Cointelegraph. Bitcoin Exchange Poloniex Under Severe DDoS Attack Again[EB/OL]. 2017. https://cointel egraph.com/news/bitcoin-exchange-poloniex-under-severe-ddos-attack-again-users-outraged.

[26] MIRKIN M, JI Y, PANG J, et al. Bdos: Blockchain denial-of-service[C]//Proceedings of the 2020 ACM SIGSAC conference on Computer and Communications Security. 2020: 601-619.

[27] CHAGANTI R, BOPPANA R V, RAVI V, et al. A comprehensive review of denial of service attacks in blockchain ecosystem and open challenges[J]. IEEE Access, 2022, 10: 96538-96555.

[28] ROSENFELD M. Analysis of Bitcoin Pooled Mining Reward Systems[J] arXiv preprint arXiv: 1112.4980, 2011.

[29] 刘子州, 程晓荣, 王治博. 区块链中区块截留攻击的研究与分析 [J]. 计算机工程与应用, 2022, 58(4): 8.

[30] NAKAMOTO S. Bitcoin: A peer-to-peer electronic cash system[EB/OL]. (2008) https://bitcoin.org/bitcoin.pdf.

[31] EYAL I, SIRER E G. Majority is not enough: Bitcoin mining is vulnerable[J]. Communications of the ACM, 2018, 61(7): 95-102.

[32] COURTOIS N T, BAHACK L. On subversive miner strategies and block withholding attack in bitcoin digital currency[J]. arXiv preprint arXiv:1402.1718, 2014.

[33] LUU L, SAHA R, PARAMESHWARAN I, et al. On power splitting games in distributed computation: The case of bitcoin pooled mining[C]//2015 IEEE 28th Computer Security Foundations Symposium. 2015: 397-411.

[34] KWON Y, KIM D, SON Y, et al. Be selfish and avoid dilemmas: Fork after withholding (faw) attacks on bitcoin[C]//Proceedings of the 2017 ACM SIGSAC conference on computer and communications security. 2017: 195-209.

[35] MINGXIAO D, XIAOFENG M, ZHE Z, et al. A review on consensus algorithm of blockchain[C]//2017 IEEE international conference on systems, man, and cybernetics (SMC). 2017: 2567-2572.

附录 A 可能遇到的 Q&A

A.1 问 题 一

报错：error: no match for call to '(const key_compare aka const CompareTxMem-PoolEntryByScore) (const CTxMemPoolEntry&, CTxMemPoolEntry&)'。

分析原因：该错误是由系统安装的 boost 版本不合适造成的，目前版本可能太高了（Ubuntu20.04 自带的 boost 版本是 boost1.71，而 Ubuntu16.04 自带的是 boost1.58）。

解决方案：查看当前 boost 的版本，具体操作命令如下：

```
$ dpkg -S /usr/include/boost/version/hpp libboost1.71-dev:amd64: /usr/include/-
boost/version.hpp
```

卸载当前版本，具体操作命令如下：

```
$ sudo apt remove libboost1.71-dev
```

扫描旁边的二维码下载 1.58.0 版本的 boost，解压后进入 boost 文件夹，具体操作命令如下：

```
$ cd boost_1_66_0
$ sudo ./bootstrap.sh –prefix=/usr/local
$ sudo ./bjam install
```

执行完上述全部操作，该问题即可解决。

A.2 问 题 二

网络中其他主机访问 RPC 接口时提示 "connection refused"，如图 A.1所示。

```
sunshuai@sunshuaideMacBook-Pro - % curl --user sunshuai -H 'content-type:text/pl
ain;' http://219.216.86.222:18334/ --data-binary '{"jsonrpc":"1.0","id":"1","met
hod":"getblockhash","params":[1]}'
Enter host password for user 'sunshuai':
curl: (7) Failed to connect to 219.216.86.222 port 18334: Connection refused
sunshuai@sunshuaideMacBook-Pro - %
```

图 A.1　connection refused 问题

分析原因：默认情况下，RPC 接口只允许本机连接，也就是只能通过 127.0.0.1 进行连接，RPC 网络连接状态如图 A.2 所示。

```
bandr@bandr-b365m-h:~/Desktop/bitcoinconf$ netstat -nultp
(并非所有进程都能被检测到，所有非本用户的进程信息将不会显示，如果想看到所有信息，则必须切换到 root 用户)
激活Internet连接 (仅服务器)
Proto Recv-Q Send-Q Local Address          Foreign Address         State       PID/Program name
          0      0 0.0.0.0:18333          0.0.0.0:*               LISTEN      22378/bitcoind
Welcome to CLion  0 0.0.0.0:3389           0.0.0.0:*               LISTEN      -
tcp       0      0 127.0.0.1:18334        0.0.0.0:*               LISTEN      22378/bitcoind
tcp       0      0 127.0.0.1:5984         0.0.0.0:*               LISTEN      -
tcp       0      0 0.0.0.0:5900           0.0.0.0:*               LISTEN      2023/vino-server
tcp       0      0 127.0.0.1:18445        0.0.0.0:*               LISTEN      22412/bitcoind
tcp       0      0 127.0.1.1:53           0.0.0.0:*               LISTEN      -
tcp       0      0 0.0.0.0:22             0.0.0.0:*               LISTEN      -
tcp       0      0 127.0.0.1:3350         0.0.0.0:*               LISTEN      -
tcp       0      0 127.0.0.1:631          0.0.0.0:*               LISTEN      -
tcp       0      0 0.0.0.0:88             0.0.0.0:*               LISTEN      -
tcp       0      0 127.0.0.1:18556        0.0.0.0:*               LISTEN      31952/bitcoind
tcp6      0      0 :::18333               :::*                    LISTEN      22378/bitcoind
tcp6      0      0 ::1:18334              :::*                    LISTEN      22378/bitcoind
tcp6      0      0 :::5900                :::*                    LISTEN      2023/vino-server
tcp6      0      0 ::1:18445              :::*                    LISTEN      22412/bitcoind
tcp6      0      0 :::80                  :::*                    LISTEN      -
tcp6      0      0 :::22                  :::*                    LISTEN      -
tcp6      0      0 ::1:631                :::*                    LISTEN      -
tcp6      0      0 :::88                  :::*                    LISTEN      -
tcp6      0      0 ::1:18556              :::*                    LISTEN      31952/bitcoind
udp       0      0 127.0.1.1:53           0.0.0.0:*
udp       0      0 0.0.0.0:68             0.0.0.0:*
udp       0      0 0.0.0.0:631            0.0.0.0:*
udp       0      0 0.0.0.0:43471          0.0.0.0:*
udp       0      0 0.0.0.0:53638          0.0.0.0:*
udp       0      0 0.0.0.0:5353           0.0.0.0:*
udp6      0      0 :::50738               :::*
udp6      0      0 :::5353                :::*
bandr@bandr-b365m-h:~/Desktop/bitcoinconf$
```

图 A.2　RPC 网络连接状态

解决方案：如果想要其他机器能够访问 RPC 接口，那么需要在启动的时候添加 rpcallowip 参数，如图 A.3 所示。

```
-rpcallowip=<ip>
        Allow JSON-RPC connections from specified source. Valid for <ip> are a
        single IP (e.g. 1.2.3.4), a network/netmask (e.g. 1.2.3.4/255.255.255.0)
        or a network/CIDR (e.g. 1.2.3.4/24). This option can be specified
        multiple times
```

图 A.3　rpcallowip 参数添加

通过将参数 rpcallowip 的值设置为 0.0.0.0/0，即允许全部 IP 访问（如图 A.4 所示），就能实现在网络中的其他主机上进行访问了，如图 A.5 所示。

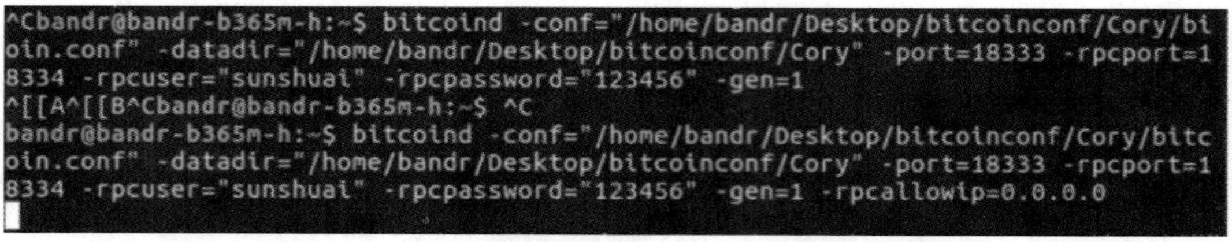

```
^Cbandr@bandr-b365m-h:~$ bitcoind -conf="/home/bandr/Desktop/bitcoinconf/Cory/bi
coin.conf" -datadir="/home/bandr/Desktop/bitcoinconf/Cory" -port=18333 -rpcport=1
8334 -rpcuser="sunshuai" -rpcpassword="123456" -gen=1
^[[A^[[B^Cbandr@bandr-b365m-h:~$ ^C
bandr@bandr-b365m-h:~$ bitcoind -conf="/home/bandr/Desktop/bitcoinconf/Cory/bitc
oin.conf" -datadir="/home/bandr/Desktop/bitcoinconf/Cory" -port=18333 -rpcport=1
8334 -rpcuser="sunshuai" -rpcpassword="123456" -gen=1 -rpcallowip=0.0.0.0
```

图 A.4　开放全部 IP

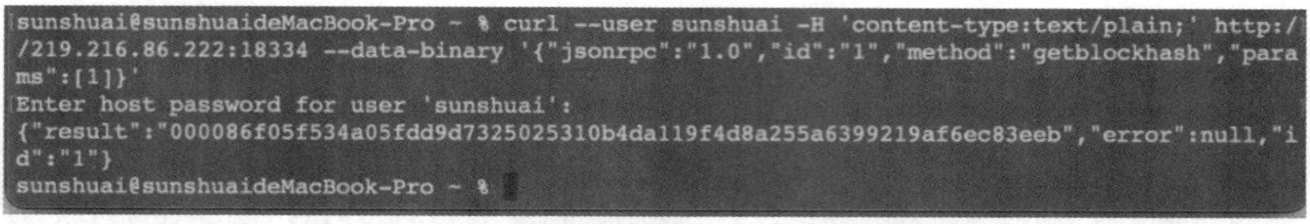

```
sunshuai@sunshuaideMacBook-Pro ~ % curl --user sunshuai -H 'content-type:text/plain;' http:/
/219.216.86.222:18334 --data-binary '{"jsonrpc":"1.0","id":"1","method":"getblockhash","para
ms":[1]}'
Enter host password for user 'sunshuai':
{"result":"000086f05f534a05fdd9d7325025310b4da119f4d8a255a6399219af6ec83eeb","error":null,"i
d":"1"}
sunshuai@sunshuaideMacBook-Pro ~ %
```

图 A.5　RPC 连接问题解决效果

A.3　问　题　三

使用 bitcoin-cli 命令时，提示"bitcoin is downloading blocks"。

分析原因： 这个提示通常出现在区块链的最后一个区块的生成时间在 24 小时之前，也就是最近 24 小时没有新区块生成（可能是网络中的全部节点都处于非挖矿状态）的情况下。

解决方案： 只需要将计算机的系统时间修改为稍晚于最后一个区块的生成时间，然后启动节点，最后再将系统时间修改到正常时间即可。

附录 B Bitcoin 操作命令解析

B.1 bitcoind 相关参数解析

表 B.1 bitcoind 启动程序的常规选项及描述

参数	描述
-?	显示帮助信息
-version	显示版本号
-alerts	是否接收并显示 P2P 网络的警报（默认值：0）
-alertnotify=\<cmd\>	当接收到相关警报或本地发生长分叉时执行 cmd 命令（cmd 命令中的%s 参数被警报中的 message 代替）
-blocknotify=\<cmd\>	当最好区块发生改变时执行 cmd 命令（cmd 命令中的%s 参数被区块哈希代替）
-checkblocks=\<n\>	启动时检查多少个区块（默认值：288, 0 表示检查全部）
-checklevel=\<n\>	区块验证的程度（取值 0~4，默认值：3）
-conf=\<file\>	声明配置文件（默认值：bitcoin.conf）
-daemon	在后台作为守护进程运行并接受命令
-datadir=\<dir\>	声明数据文件夹
-dbcache=\<n\>	设置数据库缓存大小（单位：MB，取值：4~16384，默认值：100）
-loadblock=\<file\>	启动时从文件中导入额外的区块
-maxorphantx=\<n\>	保持内存中最多有 n 个不可连接的交易（默认值：100）
-maxmempool=\<n\>	让交易内存池小于 n MB（默认值：300）
-mempoolexpiry=\<n\>	让交易在内存池中保存不超过 n 小时（默认值：72）
-par=\<n\>	设置验证脚本线程的数量（-8 到 16 之间，0 表示自动设置，小于 0 表示不使用多线程，默认值：0）
-pid=\<file\>	声明 pid 文件（默认值：bitcoind.pid）
-prune=\<n\>	通过剪枝移除旧区块来降低存储需求。该模式与-txindex 和-rescan 不兼容。警告：恢复此设置需要重新下载整个区块链数据（默认值：0，表示禁用剪枝）
-reindex	启动时从 blk000??.dat 文件重建区块索引
-sysperms	使用默认的权限创建新文件来代替 umask 077（仅在禁用钱包时有效）
-txindex	维护一份完整的交易索引，供 getrawtarasaction rpc 调用（默认值：0）

表 B.2 bitcoind 启动程序的连接选项及描述

参数	描述
-addnode=\<ip\>	添加要连接的节点，并尝试保持连接处于打开状态
-banscore=\<n\>	断开与行为不正常节点连接的阈值（默认值：100）

参数	描述
-bantime=\<n\>	防止行为不正常的节点重新连接的秒数（默认值：86400）
-bind=\<addr\>	绑定到给定的地址，并始终监听它。IPv6 的格式为 [host]:port
-connect=\<ip\>	只连接到指定的节点
-discover	发现自己的 IP 地址 [默认值：1（监听时并且没有添加-externalip 或-proxy 参数）]
-dns	使用-addnode, -seednode 和-connect 参数时允许 DNS 查找（默认值：1）
-dnsseed	如果地址少，则通过 DNS 查询对等地址（默认值：不使用-connect 参数时为 1）
-externalip=\<ip\>	指定自己的公共地址
-forcednsseed	总是通过 DNS 查找查询节点地址（默认值：0）
-listen	接受来自外部的连接（默认值：不使用-proxy 或-connect 参数时为 1）
-listenonion	自动创建 TOR 隐藏服务（默认值：1）
-maxconnections=\<n\>	最多保持 n 个节点的连接（默认值：125）
-maxreceivebuffer=\<n\>	每个连接的最大接收缓冲区的大小，n×1000 Bytes（默认值：5000）
-maxsendbuffer=\<n\>	每个连接的最大发送缓冲区的大小，n×1000 Bytes（默认值：1000）
-onion=\<ip:port\>	使用单独的 SOCKS5 代理通过 TOR 隐藏服务到达节点（默认值：-proxy）
-onlynet=\<net\>	只连接 net 网络中的节点（IPv4，IPv6 或 onion）
-permitbaremultisig	允许 non-P2SH multisig（默认值：1）
-peerbloomfilters	支持通过布隆过滤器过滤区块和交易（默认值：1）
-port=\<port\>	监听 port 的连接（默认值：8333 或 18333（测试链））
-proxy=\<ip:port\>	通过 SOCKS5 代理进行连接
-proxyrandomize	为每个代理连接随机化凭证，这将启用 TOR 流隔离（默认值：1）
-seednode=\<ip\>	连接到一个节点以检索节点地址，然后断开连接
-timeout=\<n\>	指定连接超时时间，单位为毫秒（最小值：1，默认值：5000）
-torcontrol=\<ip\>:\<port\>	TOR 控制端口（如果 onion 监听启用）（默认值：127.0.0.1:9051）
-torpassword=\<pass\>	TOR 控制端口密码（默认值：empty）
-whitebind=\<addr\>	绑定到给定地址并且白名单节点连接到它。IPv6 的格式为 [host]:port
-whitelist=\<netmask\>	从给定的网络掩码或 IP 地址连接的白名单节点。可以指定多次。白名单的节点不能被 DoS 禁止，它们的事务总是被中继，即使它们已经在内存池中
-whitelistrelay	接受从白名单节点接收的中继事务，即使没有中继事务（默认值：1）
-whitelistforcerelay	强制从白名单节点中继事务，即使它们违反本地中继策略（默认值：1）
-maxuploadtarget=\<n\>	尝试保持出站流量低于给定的目标值，以每 24 小时 MB 为单位，0 表示没有限制（默认值：0）

表 B.3　bitcoind 启动程序的钱包选项及描述

参数	描述
-disablewallet	不加载钱包，禁用钱包相关的 RPC 调用
-keypool=\<n\>	设置密钥池的大小（默认值：100）
-fallbackfee=\<amt\>	当费用估算数据不足时使用的费率（默认值：0.0002）
-mintxfee=\<amt\>	设置交易费用，小于此值的交易费用会被视为 0（默认值：0.00001）
-paytxfee=\<amt\>	添加到发送的交易中的交易费用（默认值：0.00）

续表

参数	描述
-rescan	在启动时重新扫描区块链以查找丢失的钱包交易
-salvagewallet	启动时尝试从损坏的 wallet.dat 中恢复私钥
-sendfreetransactions	如果可能，以零费用交易发送交易（默认值：0）
-spendzeroconfchange	在发送交易时花费未经确认的更改（默认值：1）
-txconfirmtarget=<n>	如果 paytxfee 没有设置，则包含足够的费用，以便在 n 个区块内平均开始交易确认（默认值：2）
-maxtxfee=<amt>	在单个钱包交易中使用的最大总费用；设置过低可能会中止大型事务（默认值：0.10）
-upgradewallet	启动时升级钱包到最新格式
-wallet=<file>	指定钱包文件（默认值：wallet.dat）
-walletbroadcast	使钱包广播交易（默认值：1）
-walletnotify=<cmd>	当钱包事务发生变化时执行命令 cmd（cmd 中的%s 为 TxID）
-zapwallettxes=<mode>	删除所有钱包交易，仅恢复在启动时通过-rescan 参数指定的那部分区块链 [1 表示保留元数据（如账户所有者、支付请求信息等），2 表示不保留元数据]

表 B.4　bitcoind 启动程序的调试/测试选项及描述

参数	描述
-uacomment=<cmt>	向用户代理字符串添加注释
-debug=<category>	输出调试信息（默认值：0，<category> 是可选的，如果声明 <category> 或 <category> 为 1，则输出所有调试信息。<category> 的取值可以为：addrman, alert, bench, coindb, db, lock, rand, rpc, selectcoins, mempool, mempoolrej, net, proxy, prune, http, libevent, tor, zmq）
-gen	生成新区块（默认值：0）
-genproclimit=<n>	设置挖矿的线程数（-1 表示使用全部 core，默认值：1）
-help-debug	显示全部调试选项
-logips	将 IP 地址包含在调试输出中（默认值：0）
-logtimestamps	用时间戳前置调试输出（默认值：1）
-minrelaytxfee=<amt>	设置中继费用，小于此值的交易费用会被视为 0（默认值：0.00001）
-printtoconsole	在控制台显示调试信息，代替输出到 debug.log 文件中
-shrinkdebugfile	在客户端启动时压缩 debug.log 文件（默认值：当没有-debug 参数时为 1）

表 B.5　bitcoind 启动程序的节点连接选项及描述

参数	描述
-bytespersigop	中继和挖矿时每个 sigop 的最小字节数（默认值：20）
-datacarrier	中继和挖矿时交易附带数据（默认值：1）
-datacarriersize	交易附带数据的最大大小（默认值：83）
-mempoolreplacement	在内存池中启用事务替换（默认值：1）

表 B.6　bitcoind 启动程序的创建区块选项及描述

参数	描述
-blockminsize=<n>	设置最小区块大小
-blockmaxsize=<n>	设置最大区块大小（单位：Bytes，默认值：750000）
-blockprioritysize=<n>	设置高优先级/低交易费用的交易的最大大小（单位：Bytes，默认值：0）

表 B.7　bitcoind 启动程序的 RPC 服务器选项及描述

参数	描述
-server	接受命令行和 JSON-RPC 命令
-rest	接受公共 REST 请求（默认值：0）
-rpcbind=<addr>	绑定到给定的地址来监听 JSON-RPC 连接。IPv6 使用 [host]:port 表示法。这个选项可以被指定多次（默认值：绑定到所有接口）
-rpccookiefile=<loc>	认证 cookie 的路径（默认值：与数据文件夹相同）
-rpcuser=<user>	JSON-RPC 连接的用户名
-rpcpassword=<pw>	JSON-RPC 连接的密码
-rpcauth=<userpw>	JSON-RPC 连接的用户名和哈希密码。<userpw> 字段的格式为 <USERNAME>:<SALT> $<HASH>。一个规范的 python 脚本包含在 share/rpcuser 中。可以多次指定此选项
-rpcport=<port>	在 <port> 端口监听 JSON-RPC 连接 [默认值：8332 或 18332（测试链）]
-rpcallowip=<ip>	允许来自指定源的 JSON-RPC 连接。格式为：一个单独 ip（如：1.2.3.4）、一个网络/掩码（如：1.2.3.4/255.255.255.0）、网络/CIDR（如：1.2.3.4/24）
-rpcthreads=<n>	设置 RPC 调用服务的线程数（默认值：4）

B.2　bitcoin-cli 相关参数解析

表 B.8　bitcoin-cli 的可用参数列表及描述

参数	描述
-?	显示帮助信息
-conf=<file>	声明配置文件（默认值：bitcoin.conf）
-datadir=<dir>	声明数据文件夹
-testnet	使用测试链
-regtest	回归测试模式，它使用一个特殊的链，链中的区块可以立即生成。用于回归测试工具和应用程序开发
-rpcconnect=<ip>	发送命令到运行在 <ip> 的节点（默认值：127.0.0.1）
-rpcport=<port>	连接到 <port> 端口的 JSON-RPC[默认值 8332 或 18332（测试链）]
-rpcwait	等待 RPC 服务器开启
-rpcuser=<user>	JSON-RPC 连接的用户名
-rpcpassword=<pw>	JSON-RPC 连接的密码
-rpcclienttimeout=<n>	HTTP 请求的超时时间（默认值：900）

表 B.9　bitcoin-cli 程序支持的区块链相关命令及描述

命令	描述
getbestblockhash	返回最长链上的最高区块的哈希
getblock "hash" (verbose)	根据指定 index，返回对应区块信息
getblockchaininfo	返回区块链信息
getblockcount	返回最长链区块数量

续表

命令	描述
getblockhash index	根据指定 index，返回对应区块哈希
getblockheader "hash" (verbose)	根据指定 index，返回对应区块头信息
getchaintips	获取包括分叉链的所有区块链的最高区块信息
getdifficulty	返回挖矿难度
getmempoolinfo	返回内存池信息
getrawmempool (verbose)	返回内存池中未确认的交易列表
gettxout "txid" n (includemempool)	根据指定哈希和 index，返回对应零钱信息
gettxoutproof ["txid",...] (blockhash)	返回某个 txid 在某个区块中的证明
gettxoutsetinfo	返回已确认的未支付交易的统计信息
verifychain (checklevel numblocks)	验证区块链
verifytxoutproof "proof"	验证 gettxoutproof 返回的证明

表 B.10　bitcoin-cli 程序控制相关命令及描述

命令	描述
getinfo	返回统计信息
help ("command")	帮助
stop	退出程序

表 B.11　bitcoin-cli 程序生成区块相关命令及描述

命令	描述
generate numblocks	回归测试模式中，立即生成 numblocks 个区块
getgenerate	返回生成的区块
setgenerate generate (genproclimit)	设置生成的区块

表 B.12　bitcoin-cli 程序挖矿相关命令及描述

命令	描述
getblocktemplate ("jsonrequestobject")	返回挖矿模板
getmininginfo	返回挖矿信息
getnetworkhashps (blocks height)	返回估算的挖矿算力
prioritisetransaction <txid> <priority delta> <fee delta>	提高交易被打包的优先级
submitblock "hexdata" ("jsonparametersobject")	提交新区块（广播到网络）

表 B.13　bitcoin-cli 程序网络相关命令及描述

命令	描述
addnode "node" "add|remove|onetry"	尝试从 addnode 列表加入或删除节点，或尝试连接节点
clearbanned	清理被禁用的 IP
disconnectnode "node"	从指定节点断开连接
getaddednodeinfo dns ("node")	返回节点信息

命令	描述
getconnectioncount	返回当前节点的连接数量
getnettotals	返回网络流量统计信息
getnetworkinfo	返回网络信息
getpeerinfo	返回当前连接的节点信息
listbanned	列出被禁的 IP
ping	发送 ping 命令
setban "ip(/netmask)" "add|remove" (bantime) (absolute)	尝试从禁用列表加入或删除节点

表 B.14　bitcoin-cli 交易相关命令及描述

命令	描述
createrawtransaction ["txid":"id","vout":n,...] "address": amount, "data": "hex", ... (locktime)	创建交易
decoderawtransaction "hexstring"	解码交易
decodescript "hex"	解码交易脚本
fundrawtransaction "hexstring" includeWatching	向 createrawtransaction 创建的交易中添加输入，直到满足数量要求
getrawtransaction "txid" (verbose)	根据指定的 txid，返回对应的交易信息
sendrawtransaction "hexstring" (allowhighfees)	广播交易到网络
signrawtransaction "hexstring" (["txid":"id","vout":n,"scriptPubKey": "hex","redeemScript":"hex",...] ["privatekey1",...] sighashtype)	对交易进行签名

表 B.15　bitcoin-cli 程序钱包相关命令及描述

命令	描述
abandontransaction "txid"	将交易标记为废弃，该操作只对未打包进区块的交易和未处于交易池中的交易有效
addmultisigaddress nrequired ["key",...] ("account")	添加多签地址
backupwallet "destination"	备份钱包文件
dumpprivkey "bitcoinaddress"	打印钱包私钥
dumpwallet "filename"	将钱包转存为可读文件
encryptwallet "passphrase"	加密钱包
getaccount "bitcoinaddress"	返回指定地址对应的账户名
getaccountaddress "account"	返回账户地址
getaddressesbyaccount "account"	返回比特币地址
getbalance ("account" minconf includeWatchonly)	获取钱包余额
getnewaddress ("account")	生成一个新地址
getrawchangeaddress	生成一个找零地址
getreceivedbyaccount "account" (minconf)	返回收到的交易数量
getreceivedbyaddress "bitcoinaddress" (minconf)	返回某个地址接收的金额
gettransaction "txid" (includeWatchonly)	返回钱包里某笔交易信息

续表

命令	描述
getunconfirmedbalance	返回未确认余额
getwalletinfo	返回钱包信息
importaddress "address" ("label" rescan p2sh)	导入比特币地址
importprivkey "bitcoinprivkey" ("label" rescan)	导入比特币私钥
importpubkey "pubkey" ("label" rescan)	导入比特币公钥
importwallet "filename"	恢复备份文件中的钱包
keypoolrefill (newsize)	预生成比特币地址
listaccounts (minconf includeWatchonly)	列出账户数量
listaddressgroupings	列出地址组
listlockunspent	列出临时未支付输出
listreceivedbyaccount (minconf includeempty includeWatchonly)	列出收到的比特币金额
listreceivedbyaddress (minconf includeempty includeWatchonly)	列出地址列表余额
listsinceblock ("blockhash" target-confirmations includeWatchonly)	列出自某个区块以来的全部交易
listtransactions ("account" count from includeWatchonly)	列出一段区块之间的交易
listunspent (minconf maxconf ["address",...])	列出未花费的交易
lockunspent unlock ["txid":"txid","vout":n,...]	锁定或解锁交易
move "fromaccount" "toaccount" amount (minconf "comment")	将指定金额从一个账户转移到另一个账户
sendfrom "fromaccount" "tobitcoinaddress" amount (minconf "comment" "comment-to")	从某个账户向某个地址发送比特币
sendmany "fromaccount" "address":amount,... (minconf "comment" ["address",...])	向多个地址同时发送比特币
sendtoaddress "bitcoinaddress" amount ("comment" "comment-to" subtractfeefromamount)	向某个地址发送比特币
setaccount "bitcoinaddress" "account"	设置交易地址和交易金额
settxfee amount	设置交易费用，覆盖默认的参数
signmessage "bitcoinaddress" "message"	用私钥对消息签名

表 B.16 bitcoin-cli 程序验证工具相关命令及描述

命令	描述
createmultisig nrequired "key",...]	创建多签地址
estimatefee nblocks	评估达到 n 个区块确认的交易费用
estimatepriority nblocks	评估优先级
estimatesmartfee nblocks	评估交易所需费用
estimatesmartpriority nblocks	评估交易所需优先级
validateaddress "bitcoinaddress"	验证比特币地址信息
verifymessage "bitcoinaddress" "signature" "message"	验证来自指定比特币地址的消息